EL DIVORCIO

Estimado Dr Espeidoz

Para explicarte la
crisis argentina, desde
esas lejanías, te envío
este libro, que analiza
la ruptura de la Alianza,
en la que algunos ciframos
esperanzas, que parecen
renovarse ahora.

[firma]

MARTÍN GRANOVSKY

EL DIVORCIO

LA HISTORIA SECRETA
DE LA RUPTURA ENTRE CHACHO Y DE LA RÚA,
LAS COIMAS EN EL SENADO
Y LA CRISIS EN LA ALIANZA

Ⓐ *Editorial El Ateneo*

Colección "Claves de Hoy"

Foto de tapa: Néstor Sieira / Clarín Contenidos
Diseño de tapa: Schavelzon|Ludueña. Estudio de diseño
Diseño de interiores: Mónica Deleis

© 2001, Martín Granovsky

ISBN 950-02-6356-4

Primera edición de Editorial El Ateneo
© 2001, LIBRERÍAS YENNY S.A.
Patagones 2463 - 1282 Buenos Aires - Argentina
Tel. (54 11) 4942 9002. Fax (54 11) 4308 4199
E-mail: editorial@elateneo.com

Impreso en la Argentina

En recuerdo del Gordo Lázara,
que (me) hace tanta falta

ÍNDICE

1

—*Lo hubieras pensado antes.*

Viernes 6 de octubre del año 2000, nueve y cuarto de la mañana. Carlos Chacho Álvarez camina de un lado al otro del living con el teléfono en la mano.

Enfundado en una bata blanca, como de hotel, recorre descalzo el espacio más amplio de su departamento de tres ambientes en un sexto piso de Paraguay y Scalabrini Ortiz. Libros, muchos libros. Un equipo de audio. La tele. Plantas en el balcón. Fotos. La casa de un matrimonio de profesionales de clase media. Nadie podría decir, recordando la ostentación que asaltó como deporte nacional a una buena parte de los políticos de primer nivel, que ese hombre de 51 años, de voz ronca y cabello crespo es el vicepresidente de la Nación. Viendo la escena nadie podría concebir, tampoco, qué cosa está en juego. Se trata del vicepresidente de la Nación quejándose por teléfono —y delante de testigos— del nuevo gabinete. Es el jefe del Frepaso, uno de los dos partidos de la Alianza formada en 1997, hablando con uno de los líderes de la Unión Cívica Radical, el partido mayoritario de la coalición que llegó al gobierno el 10 de diciembre de 1999. Y lo que le está informando a Fernando de la Rúa, el presidente de la Nación, es que deja el gobierno. Chacho Álvarez renuncia. No hay vuelta atrás. Ni siquiera está dispuesto a reconsiderarlo si, como imagina por un momento De la Rúa, quedan desplazados el jefe de la Secretaría de Inteligencia del Estado, Fernando de Santibañes, y el ministro de Trabajo, Alberto Flamarique. Álvarez repite una frase que dirá varias veces durante la conversación:

—*Te lo acabo de decir, Fernando. Lo hubieras pensado antes.*

—Chacho, ¿por qué no hablamos de esto?

Las cinco de la mañana. Liliana Chiernajowsky apenas había dormido, o quizás no había dormido nada, pero a diferencia de otras noches esta vez sabía a qué atribuir su insomnio. Apenas unas horas atrás su marido había estado barajando un abanico de posibilidades hasta dejar sólo dos alternativas a la vista. O seguía en la vicepresidencia de la Nación acompañando a Fernando de la Rúa, o tomaba la decisión que no había comentado con nadie salvo con ella. Por lo menos, estaba seguro de que no lo había dicho en voz alta. Que no había pronunciado el verbo "renunciar".

Liliana había decidido que acompañaría cualquier resolución de su marido, pero quería estar segura de que antes lo había ayudado a agotar todo el análisis, una y otra vez, para un lado y para otro, hasta quedar exhaustos después de examinar cada variante de la realidad.

Carlos Chacho Álvarez tenía los ojos cerrados y tal vez dormía cuando su mujer hizo la invitación, pero contestó en el acto.

—Ya lo pensé, voy a renunciar —dijo sin vueltas.

—¿No querés hablarlo con otra gente? —preguntó Liliana—. Me angustia que parezca como un abandono. Yo sé que también a veces pensar eso es una excusa, ¿no?

Chacho asintió y Liliana entonces siguió con el hilo que había tendido.

—Ya sé que quedándose y convalidando uno termina por no ser responsable, ni ante sí mismo ni ante nadie.

—Liliana, ya lo decidí —cerró Chacho.

—¿Y qué vas a hacer ahora? —continuó su mujer, habilitando el tema que seguía.

Esa era la palabra: habilitar. Liliana quería que Chacho se sintiera habilitado para explayarse sobre la renuncia, sobre los riesgos, sobre el Frepaso y la Alianza. Sobre el futuro.

Habían fantaseado muchas veces con un año sabático, un año entero sin rutina ni estrés, para pensar la vida y la política sin el condicionamiento cotidiano. Pero no lo habían hecho: amaban el vértigo, la tensión, la actividad y la política. Y además, ¿los vicepresidentes se toman año sabático? Esta vez, la fantasía ni siquiera figuró en la conversación que poco a poco fueron hilvanando, todavía en la cama de su departamento de Paraguay y Scalabrini Ortiz. Lo habían comprado con el dinero que Liliana cobró del Estado como reparación moral por siete años de cautiverio a disposición del Poder Ejecutivo, primero a fines del peronismo y después durante la dictadura. Llevaban por lo menos diez años con un ingreso familiar que para ellos, un matrimonio de clase media con un pacto implícito de militancia común, estaba más que bien. Según las épocas, les entraban entre cinco y nueve mil pesos. Ahora, por ejemplo, sumaban los 4500 de él como vicepresidente y los 6000 de ella como subsecretaria de Coordinación del gobierno porteño. Pero ése no era el punto decisivo.

—Si la política te importa, no puede ser un trabajo —dijo Chacho.

Liliana estuvo de acuerdo. Lo habían hablado muchas veces y los dos pensaban lo mismo.

Álvarez comenzó a militar en el peronismo a los 16 años. En esos treinta y cinco años, siempre convivieron en él dos sentimientos: una gran pasión por la política y al mismo tiempo cierta retracción, un hartazgo que reaparecía cada tanto, una sensación de angustia.

—¿Vale la pena lo que hacemos? —solía dudar, como un Woody Allen de la política argentina.

Por supuesto, Chacho siempre se contestaba a sí mismo en términos nobles y colectivos. Ninguno de sus interlocutores le escuchó nunca una frase que significara el reconocimiento de que estaba aburrido, o que simplemente quería cambiar, o que ya no le importaba nada lo que estaba haciendo. Los más maliciosos lo sospecharon muchas veces, pero Álvarez, un porteño encantador de apariencia siempre franca, parecía esconder sus razones cuando se daba cuenta de que eran abiertamente individuales. Y eso —lo sabía— está mal para un político, sobre todo si se propone mejorar la vida de la gente. En su caso, solía sortear cualquier posible bache de deshonestidad intelectual con una convicción: se veía a sí mismo en sintonía con la "sociedad", como acostumbraba llamar al pueblo, la ciudadanía, los votantes o los argentinos.

Entonces, cuando la angustia aparecía otra vez, agudizándole el asma, doblándole la columna, endureciendo su postura y otorgando a su rostro una rigidez que se hacía visible de inmediato, Chacho solía formularse varias preguntas en una. Palabras más, palabras menos, éste era el resultado: "¿Hasta dónde siento que esto me está sirviendo a mí porque sirve a lo que yo pienso? ¿Hasta dónde es coherente con mi gente, mi historia, mis ideales?".

En esa actitud, Álvarez se sentía distinto de buena parte de los políticos. No los veía en condiciones de ejercer esa libertad. Los notaba atrapados por las situaciones. Escuchaba un argumento: "En política, no se abandonan espacios, porque otro los ocupa". "Otro" podía ser *el enemigo*, *el adversario* o simplemente otro distinto de uno. Estaba acostumbrado a oír que ese cuidado por los espacios, ese celo de propietarios con pánico al desalojo, venía recubierto de un discurso de responsabilidad. Y muchas veces, sobre todo cuando no había fortuna de por medio o un estudio profesional que hubiera seguido su marcha sin el socio dedicado momentáneamente a la política, lo que se complicaba al dejar un puesto era la vida cotidiana, la economía.

Decididamente, la rutina de los Álvarez estaba alterada en la mañana del 6 de octubre del 2000. La pareja se despertaba habitualmente a las seis y media o siete de la mañana para atender la consulta de los periodistas, salvo que Chacho no quisiera hablar con los programas políticos de radio y descolgara el teléfono.

Ninguno de los dos solía mirar Internet de noche, donde los diarios aparecen entre la una y las cuatro. Tampoco lo hicieron ese día. Prefirieron dominar la ansiedad. Lucía, la hija adolescente, aún dormía y nadie había recogido los diarios de la mañana.

***

A las cinco, en la Quinta de Olivos, Fernando de la Rúa aún dormía. Antes de acostarse había comentado que el nuevo gabinete reforzaba su autoridad. ¿Pensó también que la presencia de Alberto Flamarique en la Secretaría General de la Presidencia irritaría a Chacho? ¿Calculó que mantener a Fernando de Santibañes en la Secretaría de Inteligencia del Estado potenciaría la permanencia de Flamarique? ¿Fue capaz de pronosticar que designar a Patricia Bullrich en Trabajo, quitándole el ministerio al Frepaso, era cuando menos una violación del pacto implícito de la Alianza y, como mínimo, una provocación que haría más sencilla una salida de Álvarez de la vicepresidencia? ¿En algún momento le pasó por la cabeza que estaba por quedarse sin vicepresidente? Días después, todavía apesadumbrado por la ida de Álvarez de su lado, confesaría que no.

—Si Chacho me lo hubiera dicho, no lo hubiera hecho —diría como reaccionando a una evitable pelea matrimonial.

Es lo mismo que le indicó a Chacho por teléfono en la mañana del 6 de octubre, cuando ya era tarde y Álvarez le llevaba cuatro horas de ventaja rumiando argumentos y réplicas con Liliana y consigo mismo.

***

Con Liliana, Chacho intercambió ideas sobre los fundamentos de la renuncia. Lo hizo al estilo Álvarez. Es decir: primero decide solo, aunque antes pueda haber escuchado, y después amplía al infinito los argumentos hasta ir redondeando el discurso. En este proceso, el interlocutor hace de frontón. Álvarez sólo vislumbra algún gesto, registra un *no* esgrimido por el otro en función de abogado del diablo y vuelve a la carga. Tiene la ventaja de contar con un buen *kit* para un político: aplica la misma dosis de intuición que de razonamiento. Más aún: muchas veces decide por intuición, cuando ya la decisión cae por su propio peso ante la meticulosa preparación previa, y recién después racionaliza el paso que acaba de dar. Necesita la intuición para sentirse seguro consigo mismo. Requiere de las racionalizaciones para satisfacer su bagaje de político que, al mismo tiempo, es un intelectual, ha sido siempre un buen lector y basa una parte de su carisma, además, en convencer.

Álvarez le explicó a Liliana –y *se* explicó– que las decisiones del Presidente no le permitían volver al Senado. Le dijo que eran totalmente funcionales a los que en el Senado querían dejar todo como estaba.

–Así sólo va a terminar decidiendo la Justicia con Liporaci –se quejó.

El esquema iba en contra del suyo, que consistía, en su propio razonamiento, en ser muy drástico en el plano de la política sabiendo que no podía esperarse mucho de la Justicia. Sobre todo con Carlos Liporaci, un juez destacado entre los que integraban la famosa servilleta de Carlos Corach, en la que, según Domingo Cavallo, el entonces ministro del Interior de Carlos Menem escribió qué jueces obedecían órdenes del Poder Ejecutivo como si fueran súbditos de una monarquía absoluta.

Liliana ya conocía el argumento, pero Chacho igual se lo repitió. En esos casos, cuando Álvarez estaba convencido, ya no importaba el interlocutor. Podía ser el Presidente, su mujer, un colaborador, un diputado o un periodista:

–Mirá, hay una certeza social sobre los sobornos, y va más allá de lo que está comprobado judicialmente.

Pero ¿no podía dudarse de ciertos humores colectivos? ¿Acaso Álvarez siempre había dado el sentimiento social por infalible?

El propio Chacho se contestó la pregunta:

–Uno puede dudar de ciertas certidumbres colectivas, pero hasta un punto. En la Argentina, hace mucho que la sociedad está procesando cómo funciona la política. Por eso, lo del Senado ni siquiera sorprendió a nadie. Son intuiciones que la sociedad ya tenía. La sociedad sabía que el sistema de decisión política en la Argentina es muy espurio.

***

A las seis y media sonó el primer llamado. Era la producción de una radio. Chacho no atendió. Necesitaba terminar de masticar la decisión. Por una vez, había resuelto que se la comunicaría al destinatario antes que a un medio de prensa. La diferencia no era peque-

16

ña. En el verano de 1997, Graciela Fernández Meijide se enteró de que Chacho la postularía como candidata a diputada nacional por la provincia de Buenos Aires, para disputarle el territorio al duhaldismo, leyendo un reportaje concedido por Álvarez a *Página/12*.

A las siete llegaron los diarios. Álvarez reparó en una nota de *Página/12* que transcribía una declaración de José Luis Gioja, el flamante presidente del bloque de senadores peronistas: "Con este gabinete le tenemos que hacer un monumento a Cantarero".

Emilio Cantarero era el senador salteño que, según la periodista de *La Nación* María Fernanda Villosio, le había confesado haber cobrado sobornos por el apoyo a la ley de reforma laboral. Cantarero también había sido denunciado por su colega Silvia Sapag de haber querido sobornarla para que votara un nuevo régimen de hidrocarburos en línea con los intereses de Repsol YPF.

Álvarez aún no terminaba de entender por qué De la Rúa había desatendido, en su opinión, la gravedad de la denuncia de coimas en el Senado. Para la Alianza y para el mismo Presidente, era una excelente ocasión para ejercer el liderazgo.

—¿Vos sabés qué opina De la Rúa? —preguntó Liliana.

—No hay otra que ésta —contestó Chacho.

Su mujer pensó que estaba emergiendo el amante de la Historia, el que quiere señalar un momento con un hecho público, con un gesto, cuando las palabras no alcanzaron.

La ruptura con el peronismo había sido otro gesto público. Entonces no eran más de cincuenta personas, que también compartían su angustia.

—Vos siempre dijiste que el peronismo era nuestro domicilio existencial. ¿Y ahora qué hacemos? —preguntó uno de ellos a Chacho.

—¿Saben qué? Estoy asqueado. No aguanto más. Ustedes hagan lo que quieran, pero yo me voy.

Como aquella vez, diez años atrás, ahora Chacho avanzaba en su resolución de pegar un portazo porque sentía que antes le habían dado con la puerta en la cara.

—Me parece que vio mi intervención en el tema del Senado como una disputa con él —ensayó delante de Liliana.

—¿Te lo dijo así?

—No, al contrario. Siempre planteó que estaba de acuerdo con lo que hacía, que yo había actuado de la mano de lo que él pensaba. Nunca me dijo que lo mío era disfuncional a lo de él.

Liliana sonrió. Naturalmente, De la Rúa nunca podía haberle dicho a su marido que era "disfuncional", una de las palabras que Chacho había incorporado a medida que se había ido desprendiendo del léxico de la militancia de los 70. Brillante analista político, había sumado palabras en todo caso vacías —como "gente" o "sociedad"— para reemplazar otras con sonido épico pero igualmente vacías al momento del análisis, como "pueblo" o "clase". Graduado en Historia, su práctica lo acercaba al análisis político y sociológico. "Es otra sociedad, y el deber es comprenderla y no anatematizarla", había escrito por ejemplo en 1985, cuando despuntaba la renovación peronista y el alfonsinismo aún demostraba su arraigo a sólo dos años de la vuelta a la democracia. Sus análisis siempre tenían en cuenta la construcción de las percepciones colectivas a través de la experiencia histórica y de la imagen que los medios devolvían a la gente. Y sentía que los medios habían jugado su papel de espejo en el recelo de De la Rúa hacia él.

—Siempre me dijo que por lógica él no podía tener el mismo grado de exposición que yo, aunque él mismo se daba cuenta de que los medios posicionaban el tema como que yo tenía una actitud frente a las coimas y De la Rúa otra.

Ese viernes, mientras ojeaba los diarios en la cocina, Chacho planteó varias veces un fantasma ante Liliana.

—Este tema puede complicar mi relación con él y generar una competencia entre el protagonismo del presidente y el del vice —le dijo—. Se juega la lealtad entre nosotros y la calidad de mi relación con De la Rúa.

Acababa de construir otro argumento más. No sólo renunciaría ante el peligro de la disfuncionalidad con De la Rúa: su salida de la vicepresidencia sería, también, un gesto de lealtad hacia el Presidente. Buceando y buceando, había encontrado la forma de llegar a un planteo por la positiva. Esto lo alegró. Rastreó en su relación con De la Rúa para ver otros matices que antes no hubiera registrado. Ninguna declaración desentonaba. "Vos hiciste las cosas en la misma línea en que yo las planteé", recordó haber escuchado varias veces del Presidente.

Pero, haciendo historia, no se sintió confortado por De la Rúa y el resto del gobierno tras lo que había vivido como un ataque personal, cuando el semanario *La Primera*, de Daniel Hadad, lo puso en su tapa con un montaje.

—Hadad es sensible al poder. Si me atacó tan fuerte es porque vio que el poder se lo toleraba —fue la primera conclusión de Álvarez.

En esa tapa Chacho era James Bond. De un brazo se le colgaba Liliana. Del otro, Vilma Ibarra, ex prosecretaria parlamentaria del Senado y hermana del jefe del gobierno porteño, Aníbal Ibarra. El título decía: "Las mujeres de Álvarez".

Con una de ellas se ocupaba Chacho de llenar de contenido esa primera visión compartida sobre la renuncia.

—No queríamos darnos manija para evitar que la decisión fuese forzada —contaría después a la segunda línea del Frepaso.

Indulgentes hacia Chacho, todos decodificaron el mensaje. Debía leerse así:

—La decisión estaba, pero le dábamos vueltas y vueltas para encontrarle puntos débiles y, si existían, superarlos con argumentos.

***

En la película que se le apareció ante los ojos esa mañana de octubre, Álvarez sintió que había vivido todo el proceso del Senado como una pelea con final muy abierto, sin ninguna forma posible de resolución negociada, como la guerra por el sobredimensionamiento del manejo del Senado, conocida a secas como "La batalla de los ñoquis". Hasta se había sentado con los jefes del bloque justicialista para llegar a un acuerdo que disminuiría la planta fija a quinientas personas y reduciría ciertos gastos de funcionamiento, que Álvarez consideraba descomunales.

En su recapitulación, Chacho recordaba la pelea como una batalla de varios capítulos, larga, desgastante, con un punto muy alto de crisis en los proyectos que amenazaban con quitarle las facultades administrativas como presidente del Senado. O con otro, cuando los legisladores buscaron impedir que se descontara el mismo porcentaje del 12 por ciento a los empleados del Congreso que al resto de los empleados públicos.

—Llegamos a un acuerdo en algún momento, pero fue muy endeble —diría Chacho después, en su balance. Ya se había quebrado la relación. Era una forma de describir la fricción con los senadores justicialistas y radicales, pero también un modo de prefigurar el punto de ruptura de su vínculo con De la Rúa. Quizás también en ese caso primero se había quebrado la relación, y luego sobrevinieron los choques, sordos, tensionantes, intolerables, que dejaban libre el camino de la ruptura final.

La endeblez de la pelea entre Álvarez y el Senado no soportó siquiera su momento de negociación. Las discusiones, incluso las más amistosas, no lograron recomponer la relación entre el presidente del cuerpo y los senadores que lo integraban.

—Muchachos, éste es un armisticio, no se engañen —decía Chacho por esos días—. Esto va a ser traumático y muy conflictivo.

Hasta cierto punto, la pelea de los ñoquis tenía su espacio de negociación. Podía desmontarse parte de ese aparato gracias a la comprensión de los senadores más lúcidos, peronistas o radicales, los que se habían dado cuenta de que si no hacían gestos públicos de achicamiento del aparato partidario serían barridos por la desconfianza en el 2001.

Álvarez sacó la conclusión de que, al revés de aquélla, la batalla de los sobornos en el Senado no tenía un final negociable.

—Cuando la conclusión es que hay un sistema, la batalla consiste en desmontarlo, para que el sistema no exista más —había definido su estrategia.

Por eso había puesto énfasis en el desplazamiento de las conducciones de los bloques. En realidad, no lo preocupaba Raúl Galván, el presidente del bloque de senadores radicales. Su atención se concentraba en Augusto Alasino, el jefe de los senadores peronistas.

La táctica de Chacho iba paso por paso.

Para presionar a los senadores, necesitaba la renuncia de Alasino. Para presionar a Alasino, precisaba que resignara el cargo Galván como jefe del oficialismo en el Senado.

Álvarez sabía que la batalla era difícil porque alteraba algo que en la jerga política ya se había popularizado como *"esquema de gobernabilidad"*.

Primera traducción: gobernabilidad es la posibilidad de que un gobierno débil ante los poderes económicos llegue con éxito al final de su mandato.

Segunda traducción: gobernabilidad es la chance de controlar el poder aun cuando el Ejecutivo está en minoría en el Senado, no cuenta con los jueces porque han sido nombrados como mayoría automática por la administración anterior y depende de una mayoría frágil en la Cámara de Diputados.

Tercera traducción: gobernabilidad es, al menos, durar.

El problema de pelear con y en el Senado es que Álvarez podía terminar transgrediendo los tres niveles de gobernabilidad entendidos de esa manera cruda y amplia.

Chacho lo había definido de esta forma ante sus colaboradores:

—Por un lado, la batalla no termina en una negociación sino con el triunfo de una de las partes. Por otro, yo necesito que el gobierno me acompañe mucho, porque si no, la batalla es muy desigual contra el Senado. Contra este Senado. Y, además, el gobierno precisa que para sacar leyes lo acompañe el Senado. Este Senado que el presidente del cuerpo, o sea yo, quiere cambiar. Son demandas difíciles de compatibilizar, ¿no?

Le dijo a Liliana:

—Me llegaban versiones de que yo estaba haciendo una política propia con el Senado. ¿Están locos estos tipos? ¿O no creían en serio las cosas que habíamos prometido a la gente en la campaña electoral? Si hasta De la Rúa repetía que el ajuste lo iba a hacer la política. Grabó un corto con eso.

Álvarez mismo, cuando en mayo se había discutido la rebaja de sueldos de los empleados estatales, había sugerido en una presentación pública que los legisladores de la Alianza deberían bajarse el sueldo a sí mismos para acompañar el recorte a los empleados públicos.

¿Y si abandonaba la batalla?

—No puedo, Liliana —se contestó ante una pregunta que ninguno de los dos había formulado—. Abandonar sería una forma de claudicación.

Volvió al núcleo de su razonamiento:

—Siempre planteé que el Presidente acompañaba. Y siempre me acompañó, por lo menos desde el día en que Terragno me vino a ver para discutir la reforma del Estado y Jorge Yoma dijo que De la Rúa tenía que ir a declarar a la Comisión de Asuntos Constitucionales.

Recordaba haber usado varias veces el teléfono negro que lo comunicaba directamente con De la Rúa, punto a punto con la Presidencia.

Cuando Antonio Cafiero comenzó con su denuncia, Chacho le avisó a De la Rúa:

—Voy a hacer una conferencia de prensa para pedir que Cafiero avance más en lo que conoce.

Cafiero ya había hablado con Terragno y Chacho para transmitir sus sospechas o indicios de que algo había pasado en la tramitación de la ley de reforma laboral en el Senado.

—Es muy importante que Cafiero desenrolle la madeja —afirmó.

Después de anunciarlo, Álvarez había vuelto a hablar con De la Rúa por el mismo teléfono negro.

—Me pareció bien, Chacho —lo bendijo el Presidente.

En verdad, Álvarez había ido más allá, hasta comparar la situación argentina con un aspecto de lo que, años atrás, había llevado a la operación manos limpias, la famosa *mani pulite* italiana que había desarmado el sistema de financiamiento ilegal de la política, sobre todo entre democristianos y socialistas.

***

Ya cerca del final de la película que pasaba ante sus ojos el día de la renuncia, Chacho recordó cómo algunos dirigentes radicales se pusieron en estado de alerta la última vez que habló de *mani pulite*. Es que antes había utilizado la misma comparación para descalificar al radicalismo en la pelea entre Fernando de la Rúa y Graciela Fernández Meijide. Había sido un modo de traer a la Argentina el sistema de *lotizzazione*, el loteo de porciones del poder del Estado entre los miembros de la mayoría gobernante y, en menor medida, de la oposición comunista. En Italia el sistema funcionó así durante las cinco décadas que mediaron entre la organización de la posguerra y la caída del Muro de Berlín.

Estimulada por la competencia de un enemigo externo –la Unión Soviética– y un enemigo interno –el Partido Comunista Italiano, el más poderoso de Occidente– la mayoría del gobierno consiguió créditos externos como parte del Plan Marshall de ayuda norteamericana a Europa, y una dispensa interna. Si por un lado los organismos financieros inyectaban dinero para garantizar la recuperación y garantizar el éxito frente al enemigo en plena Guerra Fría, por otro disculpaban el gasto social que luego terminarían condenando y perdonaban, también, el gasto cada vez más elevado en el financiamiento de la política. Gracias a ese sistema, los políticos comenzaron financiando a sus partidos, después se financiaron a sí mismos y terminaron juntando dinero para el bienestar de sus descendientes, contados por varias generaciones. El socialista Bettino Craxi, ex primer ministro y un buen amigo de radicales y peronistas, estimuló ese sistema basado en lo que la Argentina bautizaría como "retorno": un dinero de la empresa privada al partido a cambio de la concesión de obras públicas.

Otra parte de ese esquema de poder –la menor, pero importante para disminuir el nivel de crítica y oposición– se orientó a dotar con cargos públicos a los distintos partidos. La política tenía, incluso, una coartada ideológica, que aquí reproduciría por ejemplo el hiperpragmatismo de José Luis Manzano, el ministro del Interior de Menem: "Si los partidos populares no obtenemos el dinero de esta manera, sólo harán política los ricos, que tienen su propio dinero y pueden autofinanciarse". El planteo partía de una base seria, como la desigualdad de oportunidades entre unos y otros, pero socialistas y democristianos habían decidido tomar un atajo lleno de peligros para sortear la diferencia de poder económico entre los partidos populares y los que abiertamente representaban los intereses de los grandes empresarios. Un atajo que llevaría a que, caído el Muro de Berlín, a fines de 1989, ninguno de los dos quedara en condiciones de sobrevivir, desacreditados por los escándalos y deslegitimados ante la opinión pública, que los veía como una asociación formada para el propio beneficio de los políticos como secta separada de la sociedad.

Mientras existió el Muro, el conflicto ideológico de la Guerra Fría opacaba cualquier discusión y proveía excusas para un sistema de corrupción más o menos disfrazada. Europa disfrutaba aún del Estado de Bienestar, la construcción keynesiana posterior a la crisis del 30 según la que el Estado debía encargarse de brindar los servicios de salud, educación y jubilaciones para el mayor número posible de ciudadanos.

Sin el Muro, Europa perdía la coartada para la corrupción y también, una épica que justificara no sólo el armamentismo sino la guerra ideológica por ver cuál de los dos modelos —si el capitalista o el socialista, a la postre un socialismo de Estado— era superior y estaba destinado a triunfar a la vuelta del siglo.

Si ya no se discutía la naturaleza del Estado —la esencia de clase, dirían los leninistas—, podía debatirse, en cambio, sobre el modo concreto de gestionarlo. Un modo que no excluía las diferencias en la posibilidad de acceso a los bienes de la sociedad de masas. Sociedad politizada, Italia bien podía volver a Maquiavelo, que en el siglo XIV ya había trabajado sobre la corrupción en sus *Escritos sobre Tito Livio*. "La corrupción y la escasa disposición para la vida en libertad nacen de la desigualdad", había dicho el padre de la ciencia política moderna. E historiaba: "Sólo los poderosos proponían leyes, no para la libertad común sino para beneficio propio, y nadie podía hablar contra ellos por miedo, de modo que el pueblo era engañado o forzado a sancionar su propia ruina".

Pero no fue la resistencia a la desigualdad lo que provocó que un grupo de fiscales y jueces comenzara a investigar en Italia la madeja que unía las obras públicas con el financiamiento de los partidos. La obligación vino desde afuera, cuando Italia firmó el tratado de Maastricht, que debía consolidar la Unión Europea en una moneda común, y se comprometió a cumplir pautas máximas de déficit fiscal. Si no cumplía, no se integraba. Y si cumplía, los italianos tendrían garantizada la continuidad de su desarrollo y su envidiada calidad de vida. Era, al mismo tiempo, el único camino posible si Italia no quería quedar aislada de Europa.

—Yo sólo dije que era necesaria una autodepuración de la política —se defendía Chacho Álvarez extendiendo demasiado el fenómeno italiano, porque el sistema político allí había cambiado por implosión y no por la decisión propia de regenerarse—. Conté que *mani pulite* había surgido por una pesquisa de la comisión que se había pagado por *lavar* guardapolvos en un organismo del Estado. Desde ese hecho menor había aparecido la idea de desenrollar la madeja y seguir más arriba y hacia negocios más importantes.

De hecho, Álvarez no estaba de acuerdo con la variante de la autodepuración. No es que le disgustara por una cuestión de principios. Estaba seguro de que resultaba completamente inviable.

La primera vez que en el Senado se planteó una salida utilizando una comisión investigadora, Álvarez consultó su opinión a De la Rúa. El Presidente se la devolvió.

—¿Cómo fue en Diputados cuando investigaron a Varela Cid y a Luque?

Elegido originalmente en las listas del Partido Justicialista, el ex editor Eduardo Varela Cid había sido separado del cuerpo por corrupción. Guillermo Luque, padre de uno de los condenados por el crimen de la adolescente catamarqueña María Soledad Morales, había sido expulsado por una bravuconada:

—Si mi hijo hubiera matado a la chica, habría sabido cómo hacerla desaparecer —dijo ante la sorpresa del resto de los diputados, que dejaron de lado el espíritu de cuerpo y sancionaron a su colega.

Chacho recordó los antecedentes y describió a De la Rúa una conclusión común:

—Mirá, Fernando, el de Varela Cid era un caso muy personalizado. Sólo Varela Cid había cometido el delito que le recriminábamos.

Con Luque pasaba lo mismo. Nadie más que él había dicho lo que dijo. No había un cuerpo entero sospechado de lo mismo que Varela Cid o lo mismo que Luque. La frontera era muy nítida.

—¿Qué querés decir con eso?

—Que la situación con los senadores es distinta.

—¿Todos son sospechosos?

—No, pero hay un sistema que involucra a muchos, y el sistema abarca al Senado como cuerpo.

De la Rúa lo miró esperando la conclusión. Llegó rápido.

—Fernando, voy a ir a la Justicia.

—Está bien, andá —dijo De la Rúa.

Chacho aseguraría después que no notó nada raro en el comportamiento de Palacio, es decir de De la Rúa y su círculo más íntimo. Y se culparía por no haberlo notado.

El Presidente no era fácil en ese sentido. Nadie parecía capaz de semblantearlo y obtener una conclusión rápida sobre su estado de ánimo ni sobre su próxima decisión. En el gobierno de la ciudad, cuando De la Rúa era el jefe, se contaba una anécdota para graficar el carácter inescrutable del rostro de De la Rúa. Miguel Pesce, el actual secretario de Hacienda, era el encargado de escribir los números del presupuesto. Más allá del diseño grueso, debía refinar la asignación de partidas para cada departamento. Cuando tenía alguna duda importante, su impulso era recurrir al propio De la Rúa para que éste zanjara directamente y resolviera quién sería el beneficiado y quién el perjudicado. Los ex funcionarios todavía recuerdan cuando Pesce, que tiene reputación de ser un economista trabajador y meticuloso, corría al jefe de gobierno por los pasillos del edificio de Bolívar 1 para descubrir en él el gesto revelador. Hasta trataba de subirse al ascensor con De la Rúa para mirarlo cara a cara e interpretar si sus decisiones lo complacían. "Lo peor era que no lo descubría nunca", se ríen todavía algunos ex funcionarios porteños, algunos de ellos miembros del actual gobierno nacional. Y agregan: "No por culpa de Pesce".

O Chacho ya estaba poco perceptivo, o De la Rúa estaba más introvertido e impasible que de costumbre, o ambas cosas a la vez. Lo cierto es que no aparecía en el aire ninguna columna de humo anunciando la guerra de una tribu contra otra.

—Cuando en el gabinete expliqué lo de *mani pulite* y el sentido que le había dado a la comparación con Italia no noté nada extraño —insistía Chacho como para terminar de convencerse a sí mismo—. Tampoco me realizaron ninguna observación que indicara algún malestar que pudiera sentirse en algunas áreas del poder en relación con la denuncia. Pero, viendo lo que pasó ayer, cuando De la Rúa cambió el gabinete, es evidente que pasaban muchas cosas respecto del tema, ¿no?

Sin embargo, lo notara o no Chacho —quizás sería mejor decir: lo negara o no—, había aparecido un ruido en la comunicación entre ambos. Quizás ninguno estuviera dispuesto, por los recelos de cada uno, a confiar totalmente en el otro. Quizás De la Rúa puso un límite a las denuncias sobre el Senado porque, sencillamente, no quiso investigar. Quizás fuera, como decía Chacho, sólo un cambio de percepción o de humor del Presidente.

Semanas después, cuando ya la renuncia sonaba a una historia tan distante como el 25 de mayo de 1810, De la Rúa parecía rezar una letanía:

—Si lo hubiera sabido, no hubiera hecho los cambios.

¿Se hacía el ingenuo, o realmente se había equivocado? Puede tratarse de un error —un error fatal— pero no conviene atribuirlo nunca a un exceso de candidez en el político que llega a presidente. Cuando estuvo en Buenos Aires por primera vez, en septiembre de 1999, Luiz Inacio Lula Da Silva, el líder del Partido de los Trabajadores de Brasil, deleitaba a sus amigos argentinos con una anécdota sobre la experiencia política. Un día visitó en el Senado a Ulises Guimaraes, un legendario dirigente del centrista Partido del Movimiento Democrático Brasileño. Se pusieron de acuerdo en una estrategia común y Lula preguntó quiénes ejecutarían por cada partido el arreglo al que habían llegado. Cuando Guimaraes deslizó el nombre de la persona de su confianza, Lula dijo contrariado:

—Pero, don Ulises, ése que usted dice es un tarado.

—Mira, Lula, tú eres joven. Apréndelo. En política el que ya llegó al Congreso puede ser un mediocre o no gustarte, pero nunca es un bobo.

Los modales de De la Rúa desconcertaban.

—Cuando te habla y se mira la corbata, sonaste —se repiten unos a otros los ministros, ávidos por intercambiarse códigos sobre el jefe.

Pueden achacarle falta de energía o carencia de instrucciones concretas, pero nadie lo pinta como Lula describió al protegido de don Ulises.

Y sin embargo, Álvarez sentía que De la Rúa le había planteado cambios de gabinete en un sentido exactamente opuesto al que él mismo le había indicado antes.

Le explicó a Liliana que por eso no lo discutió cuando De la Rúa se los propuso:

—Eran tan distintos a lo que habíamos hablado, a lo que yo le había dicho, que no tenía sentido abrir una polémica.

El lunes 4 de septiembre, cuando De la Rúa salía para México, Nueva York y Pekín, Chacho insistió en que el tema no era reforzar la idea de que algún ministro o algún secretario de Estado era culpable desde el punto de vista penal.

—Hay que hacerse cargo de la política, Fernando.

***

Para Álvarez, hacerse cargo de la política significaba remover a Flamarique de Trabajo y a Fernando de Santibañes de la Secretaría de Inteligencia del Estado.

—Así despejamos la situación del gobierno y hacemos efectivas las demandas políticas planteadas por la cuestión del Senado —sintetizó ante De la Rúa.

Le dijo también que si seguía ese rumbo, el gobierno no estaría recurriendo a la coartada judicial como Menem, que sostenía a los funcionarios hasta el final, seguro de que una Justicia adicta no los condenaría nunca.

—Hay que diferenciarse del sistema decisional aplicado por Menem cuando surgían sospechas —le había dicho a De la Rúa—. Las sospechas no implican incriminación judicial. Ya hay suficientes datos políticos como para pensar que el proceso judicial puede tener vicios. Que el juez siga, pero nosotros adelantémonos a los hechos, ¿eh?

En una de las conversaciones con Flamarique, cada vez más espaciadas, Álvarez le había repetido esos argumentos y había añadido uno personal, sobre el destino que debía esperar el operador que estaba pasando rápidamente a la categoría de ex:

—Mirá, Alberto, la obligación de cualquier miembro del Frepaso es liberar políticamente al gobierno y a la fuerza —le dijo Álvarez al todavía ministro de Trabajo en la versión que después contó a sus íntimos—. La sociedad valora positivamente esos gestos.

Flamarique no estuvo de acuerdo. Chacho recordaba que después de la noche en que el ministro fue al Senado a poner la cara ante la acusación de haber pagado coimas, tomó un corto café con él.

—Andate, Alberto. Te conviene —le recomendó Chacho.

—Si me voy, me autoincrimino —fue la respuesta—. Voy a quedar condenado y me van a sacar del juego político y del poder.

Álvarez estaba seguro exactamente de lo contrario.

—Al revés. Si te vas ahora, es la forma de preservar tu juego.

Aunque no sonó a amenaza sino sólo a vaticinio, le dijo que había una sola manera de que tuviera una posibilidad de retorno al gobierno.

—Esto va a terminar siendo una situación insostenible, sobre todo para un gobierno de la Alianza. Éste no es el gobierno de Menem, y te aseguro que el tema no va a ceder.

No se trataba, entonces, de un simple vaticinio. Puesto en boca del vicepresidente, o sea del principal agitador, para ponerlo en términos antiguos, de la cuestión ética en el Senado, la certeza de que la cuestión de los sobornos seguiría bien alta era la confesión de una estrategia.

Y efectivamente Chacho se había comprometido a que el tema no cediera. Cuando notaba que perdía atractivo, convocaba a una conferencia de prensa. O hacía declaraciones de una hora por radio. O concedía un reportaje, seguro de que alguna de sus frases redondas, de palabras fuertes, merecería la tapa de un diario por la pegada, por la facilidad de recordación, por el ingenio, por esa coincidencia con la realidad que los científicos llamaban "encuestas" y los intuitivos, como él, "demandas de la gente".

Álvarez había dicho a sus amigos que, si el tema se desvanecía, no sólo no habría paz sino que se produciría un nuevo corto circuito en algún otro momento, no demasiado lejano.

—No quiero meter la basura debajo de la alfombra —repetía como un pastor en privado y en público.

Un diputado le preguntó si no estaba sobreactuando.

—No, no sobreactúo —respondió—. Sólo que no quiero ceder porque va a ser peor para todos nosotros.

***

Las dos horas de ping pong con Liliana parecían una cinta sinfín.

—No hay caso, Lily, por más vueltas que le doy no encuentro una explicación distinta. La reformulación del gabinete es la negación de mi planteo, y lo que me da más bronca es que mi planteo pretendía devolverle autoridad al Presidente. Pero si De la Rúa no da cuenta ante la sociedad de que la crisis del Senado es realmente grave, va a debilitar mi figura.

No hubo momentos de silencio en esas dos horas. Liliana habló algo, preguntó, apuntaló la decisión, pero más bien prestaba atención al cerebro de su marido. En el caso de Chacho, a veces hasta puede escucharse el crujido de su pensamiento, pueden seguirse las vueltas de cada idea como si todo fuera un espacio transparente o se viera el proceso de lectura de un disco duro de computadora.

—Yo no me puedo bajar, no me puedo bajar, ¿eh? Y esto va a instalar una pulseada insostenible desde el punto de vista institucional entre el Presidente y el vicepresidente. Agranda más lo que ya está instalado como disputa interna y crea una suerte de cinchada entre los dos. Y el sistema institucional argentino, que es presidencialista, lo que menos puede soportar es una disputa de ese nivel. Me quedé sin espacio.

30

Esa sensación de encierro fue una de las determinantes en la decisión de Álvarez. Así lo habían visto la noche anterior en la Casa Rosada algunos de sus seguidores, como Darío Alessandro, Ricardo Mitre, Nilda Garré, José Vitar, Ernesto Muro, Juan Pablo Cafiero y Rodolfo Rodil, que lo habían acompañado en su despacho de vicepresidente sin saber que sería la última noche con todos juntos allí.

—Estábamos casi de duelo —recordaría después Chacho—. Compartimos un balance de la decisión presidencial sobre el gabinete. Pero nunca se rozó el tema de la renuncia, ni siquiera cuando veíamos a los nuevos ministros designados, o a algunos de los viejos que no se habían ido.

Tenían un televisor encendido. Mostraba el Salón de los Bustos, en la planta baja de la Casa de Gobierno, cerca de la salida que da a la explanada de Rivadavia, con el micrófono que había ordenado colocar De la Rúa para que los funcionarios fueran compareciendo, de uno en fondo, ante la prensa que los esperaba tras el juramento.

Álvarez, por una vez, no bajó.

—No bajé porque lo que tenía para decir ya era rupturista, y no podía hacerlo como vicepresidente —(se) explicó Álvarez la mañana de la decisión—. Sobre todo si decía lo que pensaba realmente del nuevo gabinete, no sólo era rupturista en abstracto sino que sería cuestionador de las decisiones del Presidente.

Falta de espacio. Encierro. Clausura. *Asfixia*. Ésa era la palabra apropiada.

—Cuando uno no puede explicar públicamente una decisión tan trascendental como un cambio de gabinete, es evidente que está asfixiado —fue la explicación última de Álvarez.

Por una vez les dijo a todos que se fueran a su casa, dio por terminado el día y él mismo se fue a la suya. A la noche, como siempre que estaba en casa a una hora razonable, hizo *zapping*. Vio a Horacio Verbitsky haciendo una afirmación que congestionaría los celulares de políticos y periodistas hasta la medianoche.

—Chacho participa en una reunión con sus colaboradores y podría tomar la decisión de renunciar —dijo el periodista.

Álvarez miró a su esposa. Se rió.

—Liliana, ¿dónde estamos?

Pero era verdad. Mientras miraba la tele con su mujer, Chacho comenzaba a desgranar sus análisis sobre la crisis y la encerrona en que, sentía, lo habían metido. No sacó una conclusión, pero tres horas después, a eso de la una de la madrugada del viernes, quedaba muy claro que la balanza ya se había inclinado por la renuncia.

Se fueron a la cama para descansar algunas horas. El viernes pintaba como un día muy duro.

2

A las seis de la mañana, el diputado del Frepaso José Vitar recibe los primeros pedidos para salir al aire por las radios de la Capital Federal y de Tucumán, su provincia.

—No, no renuncia —es su respuesta única a los periodistas que lo entrevistan.

Ha estado con Álvarez la noche anterior y no tiene ningún indicio concreto de que el vicepresidente vaya a dejar su puesto. Tucumano y antiguo miembro de la Juventud Peronista en los 70, Vitar dejó el Partido Justicialista para acompañar a Álvarez. Después se incorporó a la conducción del Frepaso en la Cámara de Diputados y fue construyendo la Alianza en un bloque común mientras criticaba sin demasiado cuidado a los amigos hipermercadistas del Presidente.

—Es como Martínez de Hoz —dijo comparando a De Santibañes con el ministro de Economía de la dictadura.

Pero De Santibañes estaba firme en el gabinete.

Suena el teléfono. Por primera vez en la mañana no es un productor de radio.

—Turco, soy Hipólito —escucha Vitar.

Hipólito Covarrubias, secretario privado de Chacho Álvarez en el Senado, viejo amigo del vice, le indica que el jefe quiere verlo. Estará en su departamento, sí. Pero hay que tomar precauciones. Como en los viejos tiempos, le da una cita. Es en Scalabrini Ortiz y Santa Fe. Por allí pasará a recogerlo un auto de Chacho con un custodia que lo reconocerá, para transportarlo tres cuadras y entrar en el edificio de Álvarez sin despertar sospechas.

Vitar no puede menos que sonreír al llegar a la cita. En su época de la JP había visto muchas acciones parecidas, pero nunca las realizaba un policía federal que perteneciera a la custodia de un vicepresidente.

El auto, un Peugeot 405 clarito con vidrios polarizados, también recoge a Darío Alessandro, Juan Pablo Cafiero y Rodolfo Rodil.

—Che, esto huele mal —dice Vitar de entrada.

—Tenemos que hablar con Chacho, no sea que haga alguna boludez, ¿no? —coincide Alessandro.

Conoce bien a Álvarez de cuando él estudiaba Sociología y Chacho Historia y ambos militaban en el peronismo universitario. Su padre, que compartió en los años 30 con Arturo Jauretche la Fuerza de Orientación Radical de la Joven Argentina (FORJA, cuyos miembros terminaron en el peronismo pero siempre rechazaron una relación de obediencia hacia Juan Perón), formó con Álvarez y otros seis diputados el Grupo de los Ocho. Carlos Menem y sus indultos a los criminales de guerra condenados o bajo proceso por violaciones a los derechos humanos les parecieron la intolerable transgresión de un límite.

***

Pedro Del Piero desayuna en Dandy, una confitería de Libertador, cuando Antonio Cafiero llama a su celular.

—¿Puede ser que haya renunciado Chacho? —pregunta.

Del Piero pide unos minutos para contestar. Aún lo ignora. Corta y llama a Aníbal Ibarra.

—Me parece que sí —es la respuesta.

Marca el teléfono de Alessandro. Desconectado. Prueba con Ricardo Mitre.

—Sí, estamos en lo de Chacho.

Del Piero paga y sale apurado. Por suerte está cerca.

Único senador del Frepaso, Del Piero ocupaba la banca porque en la lista de la Capital Federal había sido suplente de Graciela Fernández Meijide. Cuando en 1997 Graciela renunció a su cargo para presentarse y ganar en las elecciones legislativas contra el peronismo en la provincia de Buenos Aires, fue su turno en el Senado. Se hizo muy conocido como el único senador que acompañó a Álvarez en su denuncia contra lo que el jefe del Frepaso llamaba "gobernabilidad tarifada" en la cámara alta. Su actitud provocó situaciones tensas, como el día en que los peronistas Remo Costanzo y Jorge Oudín lo insultaron en voz bien baja mientras pronunciaba un discurso.

—Vos los escuchaste, ¿no? —le preguntó después a Eduardo Bauzá, que estaba sentado cerca.

—Sí, pero no lo vayas a decir —respondió el ex secretario general de la Presidencia bajo Carlos Menem—. Las cosas ya están muy mal sin insultos.

Cuando Del Piero llegó al departamento de Chacho, una ojeada rápida le bastó para darse cuenta de que la renuncia era un hecho consumado. No polemizó con Álvarez.

—La última vez que discutí una renuncia fue con Bordón, a los gritos y por teléfono, el día que anunció que dejaba el Senado. Era el '96 y yo llevaba seis años trabajando con él —explicó después.

***

Lucía, la hija de 15 años de Chacho Álvarez y Liliana Chiernajowsky, duerme, como siempre, con la puerta cerrada, por la alergia a los pelos del perro de la familia, el caniche Teo. A las ocho y media Liliana escucha ruidos. Su hija se había despertado.

—Lucía, ¿sabés qué pasó?

—Sí, renunció papá.

—¿Cómo sabés?

—¿Y qué te creés, que soy boluda?

En las últimas semanas antes de la renuncia, Lucía quedó involuntariamente en el centro de los argumentos de Álvarez. Chacho estaba muy impresionado por los relatos de las elecciones para el centro de estudiantes del Colegio Nacional de Buenos Aires. Se enfrentaban tres agrupaciones, los trotskistas del Frente de Lucha Estudiantil, los radicales de Franja Morada y los izquierdistas independientes, estilo Frepaso, de la agrupación Puente. Franja recibió ayuda de punteros universitarios, un pequeño aparato que para comunicarse usaba celulares. Álvarez estaba obsesionado.

—No puede ser que chicos de 15, 16 o 17 años ya estén deformados por la relación entre la política y el dinero —decía—. Si pasa esto y no nos damos cuenta, estamos perdidos.

A la tarde retomará el argumento en su discurso de renuncia.

—Si llega a correr guita, yo no quiero saber nada.

Lo dijo seco, como si llevara mucho tiempo masticando una idea y hubiera decidido expulsar solamente la conclusión.

Estaba sentado en el lugar del acompañante. El conductor era Luis *Beto* Brandoni, actor, diputado y radical fanáticamente alfonsinista.

Brandoni se quedó callado. Con el cuerpo levemente girado hacia la izquierda, Carlos Chacho Álvarez le había dicho la frase a la persona que viajaba en el asiento trasero. En la oscuridad no pudo ver que alguien a quien sus amigos llamaban *Morpión* —una apurada traducción francesa de "ladilla"— le sonrió irónico antes de contestarle.

—Si no querés saber nada, ésa va a ser la segunda razón para puentearte —respondió, entre molesto y enigmático.

Quería provocar una pregunta.

—¿Y la primera cuál es? —automático, como un gatillo, Chacho.

—Que no sos el principal interlocutor político.

Álvarez se quedó callado y volvió a mirar hacia adelante. Brandoni lo dejó en Bartolomé Mitre y Callao, en la esquina de la Casa del Frente donde tenía su cuartel general antes del gobierno y volvería a tenerlo al salir de la vicepresidencia. Cuando bajó, *Morpión* también abrió la puerta para pasar adelante y seguir viaje.

—Vení a verme, así charlamos más —le dijo Chacho antes de despedirse.

Volvieron a verse en el Hotel Panamericano de Buenos Aires, a cien metros del obelisco, después del triunfo de la Alianza. La coalición había copado las habitaciones de los pisos superiores para convertirlas en una anticipación impersonal de la Casa Rosada.

En el Panamericano fue tomando forma lo inevitable. Poco a poco se desvanecía ese estado ideal de los políticos, cuando disfrutan el limbo que va entre la victoria y la asunción del gobierno. Un limbo sin costos ni desgastes, con el capital político incólume, caras dichosas y sin otras ojeras que las que suministra la vida.

Cierto aparato comenzaba a despuntar, marcando diferencias y señalando funciones. Todos los días, una lista disponible junto a los ascensores de la planta baja indicaba quién podía subir hasta el piso de Álvarez y el Frepaso, o hasta el de De la Rúa. (En su caso, como quedaría probado en el gobierno, no podría decirse que el piso pertenecía, también, a la Unión Cívica Radical.)

Pasillos brillantes, sillones de pana, rondas de buen café, baños confortables, prolijidad y orden por cuenta ajena, servicio de lavandería, cierta sensación de irrealidad. Gabriel García Márquez cuenta que cuando viaja elige hoteles con la mayor cercanía posible a las normas estándar porque así no extraña. Nada en ellos le recuerda su casa y el sonido del mar en su Cartagena de Indias.

En una situación como de luna de miel, los dirigentes de la Alianza vivían en el Panamericano un agradable cansancio que después extrañarían.

Los celulares permitían encuentros furtivos en los pasillos o en las habitaciones. En el garaje del subsuelo se mezclaban, cada mañana, los candidatos a futuros funcionarios de la Alianza por iniciativa propia y los que ya eran postulantes por voluntad ajena.

Tener el visto bueno de un jefe era un gran avance. El visto bueno de los dos significaba, casi, la bendición. Casi: muchos cargos se desvanecieron antes de nacer, víctimas del enroque, la arbitrariedad o la mala suerte.

Entre la maratón de entrevistas, dos marcarían puntos que serían relevantes muy pocos meses después, en el 2000 que se acercaba con su carga de inquietud.

Un día, Chacho Álvarez le comunicó a Rafael Bielsa:

—Vas a ser ministro de Justicia.

Bielsa recibió feliz el anuncio de Chacho. Jurista sin bufete, por vocación de funcionario público, ya era conocido en ámbitos judiciales y políticos como un abogado honesto y perspicaz, y un enamorado de Newells Old Boys y de la poesía.

Otro día, Álvarez volvió a llamarlo:

—Mirá, Rafael, las cosas se complicaron. Por un despelote que no viene al caso el ministro va a ser Ricardo Gil Lavedra. ¿Vos qué querés?

Bielsa trató de disimular la desilusión:

—Como querer, yo quería ser ministro de Justicia. No te lo voy a negar y vos lo sabés. Ahora, si me decís que piense en un puesto teniendo en cuenta sólo donde uno puede ser útil para el país y para la democracia, no tengo dudas.

Álvarez lo apuró.

—Mandame a la SIDE —sugirió Bielsa, y como adivinó el asombro dibujado en la cara de su jefe, pasó a explicar las razones—. En la SIDE hay mucho para democratizar, para adecentar. Mucho para laburar.

Chacho sólo le dio argumentos en contra.

—No, a vos no te conviene la SIDE —dijo pensando en la buena imagen de ese abogado rosarino que ya figuraba entre uno de sus mejores cuadros mientras su hermano Marcelo conducía la Selección Nacional hacia la clasificación para el Mundial del 2002—. La SIDE es algo oscuro, te va a joder. Vos tenés que cultivar lo que sos, la transparencia, el perfil alto. Nosotros te necesitamos acá y en Santa Fe.

Esos días, y aun meses después, Álvarez tuvo algunos impulsos para pedir una presencia del Frepaso en los servicios de inteligencia. Cada vez que lo hizo, desde las páginas de *Ámbito Financiero*, el diario con mejores relaciones en la SIDE, alguien escribió que no había nada más preocupante que imaginar a la izquierda espiando empresarios y fastidiando la vida de políticos y periodistas desde la Secretaría de Inteligencia del Estado. Lo cierto es que Chacho nunca se puso firme ante De la Rúa, y de hecho terminó despreciando la importancia de tener así fuera un observador en la SIDE. El argumento de los frepasistas que se oponían a pedir injerencia en los servicios era tan práctico como desprovisto de sentido de gobierno. Decían que sin ninguna duda la SIDE cometería macanas y entonces el Frepaso quedaría pegado y pagaría costos que de otro modo caerían sólo sobre los socios delarruistas.

En agosto del 2000, sólo nueve meses después de aquella charla en el Panamericano, el Frepaso pagaría cara esa ingenuidad.

La segunda conversación clave de Álvarez transcurrió, justamente, con *Morpión*, luego de aquella charla trunca con Brandoni de testigo.

Chacho llamó a *Morpión* con el pretexto de analizar con él el reglamento del Senado. *Morpión*, que había sido secretario parlamentario, un puesto legislativo equivalente al de secretario de Estado, apareció en el Panamericano con el reglamento y con la Constitución. No tardó más de un segundo en detectar que Álvarez estaba preocupado por dominar cómo se manejaba una sesión.

—Manejar una sesión es sencillo —dijo—. Hay un libreto ya diseñado que se parece mucho al de la televisión. Tenés dos columnas. En una está lo que el presidente del Senado, o sea vos, dice. En la otra figuran los actos que se van llevando a cabo mientras el presidente habla y ordena.

Después preguntó cómo era Ruckauf:

—¿Cómo era como presidente de la cámara? ¿Cómo manejaba las sesiones?

Sin que Chacho todavía lo percibiera, *Morpión* derivó a la función de vicepresidente.

—Ruckauf fue un muy buen vice —dijo con ironía e intención.

—¿Como presidente del Senado?

—No. Son cosas distintas. Una es ser vicepresidente de la Nación y otra, presidente del Senado. Ruckauf consiguió diferenciar las dos funciones y por eso acumuló el poder que acumuló.

—¿Y qué poder acumuló? —preguntó ansioso Chacho.

—Un vicepresidente da declaraciones, tiene despacho en la Casa de Gobierno y en el Senado, debajo de él hay dos secretarías de Estado. Ruckauf usaba todo eso, pero además hacía sentir a la gente que cuando Menem se iba él estaba realmente a cargo de la Presidencia, que no era una figurita decorativa.

En septiembre del 2000, cuando De la Rúa viajó a los Estados Unidos, Canadá y China, *Morpión* recordó la conversación del Panamericano. No pasó ningún día sin que Chacho diera una conferencia de prensa. Pero curiosamente el tema no era ya la marcha del gobierno sino el mismo que habían tratado juntos antes del 10 de diciembre de 1999: el Senado.

De la reunión en el hotel también participó Hipólito Covarrubias y, por momentos, Alberto Flamarique. Tal como lo haría después, en su oficina del Senado, Chacho trabajaba en el Panamericano con las puertas abiertas. José Genoud y Leopoldo Moreau, entre otros que revistarían muy pronto entre sus enemigos, pueden haberse enterado de que esa reunión con *Morpión* fue excepcionalmente larga.

—Y en el Senado, ¿cómo funciona la cosa? —quiso saber Chacho.

Morpión le dijo por primera vez:

—Es obvio que vos compraste un proyecto llave en mano.

—Explicame qué querés decir —pidió Álvarez.

—Que Genoud y Alasino te harán funcionar la casa...

Chacho no contestó.

—...entre otras cosas.

Álvarez sonrió y bajó la mirada. *Morpión* sintió que debía ser más claro y se animó:

—Efectivamente, si se ponen de acuerdo los dos te van a hacer funcionar el Senado. Pero también te van a puentear.

Morpión retomaba la conversación anterior con Álvarez. Tenía suficiente experiencia como para saber que Chacho no podía ni debía desentenderse del dinero, y que no podía ni debía aceptar el proyecto llave en mano por el que José Genoud y el peronista Augusto Alasino le proveerían la fábrica armada, la gerencia, la administración y el mantenimiento.

Quien había llevado la maqueta impecable al Panamericano había sido el propio Genoud, un viejo balbinista de excelente relación con De la Rúa.

En el Congreso veían a Genoud salir muy seguido para el Panamericano con carpetas. Y en el hotel pasaba muchas horas reunido con Álvarez y con Vilma Ibarra, futura funcionaria de la cámara alta.

Todos en el Senado —y *todos* significa radicales y peronistas— interpretaron que Álvarez había decidido mirar para el costado ante lo que sólo unos meses después terminaría definiendo como "gobernabilidad tarifada": un juego de toma y daca que incluía favores, prebendas, concesiones legítimas y de las otras, y un cuadro de relaciones internas en el Senado donde quedaban fijados implícitamente hasta los niveles de oposición.

—Chacho compró el paquete —decían los senadores más afines a Genoud y Mario Pontaquarto.

Pero el paquete necesitaba todavía dos elementos más. Había que llenar con gente de confianza las poderosas secretarías Parlamentaria y Administrativa, las tres a disposición del presidente del Senado junto con la de Acción Social.

El secretario parlamentario coordina la poderosa Comisión de Labor, formada por los presidentes de bloque, que son los que cocinan qué se trata, cuándo se trata y de qué forma se trata.

El secretario administrativo vigila el uso del dinero, una caja que trepó a los 174 millones en 1999 y bajó a 167 en el 2000. De esa cifra, 126 millones quedan consumidos por los sueldos de la voluminosa planta de empleados: 1600 permanentes más 1100 transitorios; 2700 personas que se distribuyen entre empleados *full time* y empleados sólo *full pay*.

Álvarez se concentró en la Secretaría Administrativa.

—Ahí poné a tu hermano —le habían dicho.

La recomendación había sido designar a una persona de la máxima confianza. Y las razones eran evidentes: el manejo del dinero es básico para un uso discrecional de fondos. Es más importante aún si ese uso discrecional había de ser, también, irregular. Pero si un político quiere cuidarse, como mínimo, porque su imagen pública está ligada a la transparencia, y más aún si intenta dar un ejemplo de austeridad y eficacia, el control administrativo debe ser celosísimo. Si en el manejo de la caja comienzan habitualmente las maniobras sucias, quitar el manejo de la caja generará otras operaciones de retaliación, y por eso conviene no ofrecer flancos débiles.

En el Panamericano, la Alianza definió que la Secretaría Administrativa quedaría para el Frepaso y la Parlamentaria, para el radicalismo.

Álvarez no buscó a su hermano —podría haberlo hecho, porque Fernando Álvarez es un prestigioso directivo de la Coca-Cola— pero sí a alguien que se le parecía bastante: su íntimo amigo Ricardo Mitre. Se conocían desde la adolescencia, Mitre era probablemente honesto y tenía experiencia como ejecutivo en la empresa privada.

Decir la palabra "amigo", en el caso de Chacho, no es aludir a una categoría de relaciones muy común en él cuando la amistad se cruza con la política.

—Yo no hago política con los amigos —suele decir.

Sus colaboradores y los dirigentes de segunda línea han reaccionado muchas veces contra esa frase. Les duele.

—Entonces, ¿con quién vas a hacer política? ¿Con los enemigos?

Si ésa es la opción, Álvarez prefiere la soledad.

"Nunca quiere quedar pegado a nada malo, incluso hundiendo a gente que está al lado suyo", se quejan con amargura los frepasistas. "Y cuando hay una cagada de por medio, él se distancia de más", lo cuestionan.

Chacho se pone mal con la crítica pública a su persona, pero se siente en condiciones de criticar públicamente a todos los demás. En una concepción personalista, son prerrogativas del jefe político, y él no lo niega. Pero como al mismo tiempo es un intelectual, tiene la obsesión y la ilusión de convencer.

Por eso pareció olvidar una conversación que había tenido con Graciela Fernández Meijide antes de que comenzara el gobierno de la Alianza. Mucho antes: Álvarez todavía no había aceptado la candidatura a la vicepresidencia y Graciela, que lo conocía muy bien, quiso anticiparse al futuro.

—¿Estás seguro de que querés ser vicepresidente? —le preguntó un día.

—Sí.

—Pero mirá que es un trabajo de dos partes —advirtió Graciela.

Sin saberlo, coincidía con lo que *Morpión* diría después a Chacho. Es que Fernández Meijide ya tenía su propia experiencia. Había sido legisladora constituyente de la Capital Federal y había terminado presidiendo la Estatuyente que sancionó la norma básica del gobierno autónomo porteño.

Álvarez lo tenía presente y se lo recordó.

—Sí —admitió Graciela—, yo pasé por un cargo parecido. Pero hay una diferencia: a mí me habían elegido legisladora. Entonces, cuando yo tenía necesidad de hablar y fijar posición pedía permiso, alguien me reemplazaba temporariamente en la presidencia, daba mi discurso y volvía. Vos no vas a poder hacer eso.

La ex candidata a gobernadora de la provincia de Buenos Aires temía que Chacho pudiera aburrirse ante la escasa capacidad de acción.

—Acordate: nunca vas a poder bajar a contestar, porque vos no fuiste electo senador y no tenés voz. Sólo vas a poder desempatar si hay votación pareja. El resto del tiempo tendrás que escuchar.

Lo miró una vez más, dentro de la confianza que aún no había perdido y que recién retomarían después de la renuncia de Álvarez a la vicepresidencia:

—¿Te lo vas a bancar?

3

Al entrar en el departamento desde el ascensor del garaje, los diputados se dan cuenta de que la renuncia es un dato inamovible.

De todos los que desfilan ese día por la casa de Álvarez, Darío Alessandro es el único que plantea abiertamente su desacuerdo. Aunque Chacho mantenga su decisión, quiere dejar establecido que ha iniciado una discusión, la discusión que el jefe del Frepaso no le ha dado posibilidad de abrir a su propia fuerza.

—Vas a romper la Alianza —le dice.

—Es al revés —quiere tranquilizarlo Chacho—. Voy a tener más libertad, voy a poder aportar ideas al gobierno, va a ser más fácil ayudar...

Insiste en que no quiere romper la Alianza. Que la renuncia es un hecho poderoso en términos políticos, pero también tiene un gran condimento personal.

—No puedo arrastrar al conjunto del Frepaso, Darío, y pienso que hubiera sido incorrecto plantear la ruptura de la Alianza a diez meses de gobierno, y más por un cambio de gabinete, aunque sea muy negativo para nosotros —dijo.

***

A las nueve de la mañana, el diputado radical Mario Negri parte a Córdoba como todos los viernes. Llega a las once. Pasa por su casa, deja el bolso, saca el auto y enfila al centro. Se dará una vuelta por la oficina. En la mitad suena el celular:

—Venite.

Es Horacio Pernasetti, desde Buenos Aires. El vicepresidente primero del *bloque de diputados de la Alianza, un correligionario, le comunica la renuncia de Chacho.*

Da la vuelta con el auto, otra vez para su casa. Llama a su despacho del Congreso. Tiene un mensaje dejado por un diputado del Frepaso: "Mario, anoche no sabíamos nada. Chacho nos tomó a todos por sorpresa". El jueves cenó con otro radical, Jesús Rodríguez, y también con Alessandro. Se acompañaron mutuamente después de los cambios en el gabinete.

Negri baja del auto ayudado por el bastón que usa desde que un accidente de auto lo puso al borde de la existencia, y en su casa carga el mismo bolso que dejó y vuelve al aeropuerto, de nuevo hacia Buenos Aires.

Enrolado en la tradición progresista del radicalismo cordobés, el mismo que en los 70 se acercó al dirigente sindical Agustín Tosco, un legendario independiente de izquierda, Negri está decidido a redoblar la apuesta en favor de la Alianza. Y razona que esa apuesta pasa por mantener el bloque común.

De todos modos, es realista.

—Cargando un herido se ayuda, pero pensar que el bloque puede resolver solo la crisis es demasiado —le dice a un amigo cordobés antes de embarcar.

Y remata:

—Chango, me parece que somos una ambulancia en Kosovo.

"VISTOS DE ARRIBA, PARECEN MOMIAS"

—No sabíamos que nos ibas a responder con un misil.

Chacho Álvarez se dio cuenta de que los senadores peronistas estaban desconcertados. Él sólo había ordenado la difusión de la lista de empleados de la cámara alta. Eran 3261 personas. De ese total, el 61 por ciento, 1994 personas, integraba la planta permanente del personal administrativo. El 36 por ciento, o sea 1163 empleados, era personal transitorio. Y había un 3 por ciento de contratados, 104 personas. El grueso trabajaba en los despachos de los legisladores, en los bloques y en las comisiones: 1813 empleados. La presidencia contaba con 158 personas, la Secretaría Administrativa con 995 y la Secretaría Parlamentaria con

238 empleados. Y todos, por primera vez, tenían nombre. Ése fue el misil Chacho-Senado que cayó en el Congreso a fines de junio del 2000. Álvarez había decidido que no se bancaría la función de tocar la campanita solamente, sin posibilidad de respuesta, y ya tenía en claro dos cosas: no deseaba el proyecto de Senado llave en mano y no sería indiferente a una sospecha de sobornos.

Naturalmente el ataque —que en rigor era sólo una forma de transparentar las cuentas de un organismo público— activó las defensas. Los misiles Senado-Chacho saldrían disparados de un momento a otro. Y en las rampas de lanzamiento no habría sólo peronistas.

Augusto Alasino se lo anunció con todas las letras a Pedro Del Piero:

—No crean que la batalla será fácil. Para nosotros es muy simple: nos abrazamos a los radicales y ya van a ver.

El presidente del bloque de senadores del PJ sabía de qué hablaba. La participación de muchos miembros del bloque de la UCR en el sistema de financiamiento irregular de la política con fondos públicos era un problema visible desde que Álvarez había resuelto difundir la lista de empleados, que muy pronto quedó grabada como "*la lista de los ñoquis*".

—Ojo, muchachos, que esto puede ser disruptivo —dijo Álvarez a sus colaboradores.

Sabía que la amenaza de Alasino tenía una fuerte base real, pero no veía otra alternativa. Durante dos años, Del Piero había trabajado en el proyecto "Otro Senado es posible". Su conclusión era que una de las claves de cualquier transformación debía ser el cambio en el criterio de contratación del personal.

Cuando en las reuniones un frepasista preguntaba a Chacho cómo haría el gobierno para tratar con un Senado opositor, recibía esta respuesta de su jefe:

—Las discusiones las vamos a hacer de afuera para adentro.

—¿Cómo?

—Vamos a difundir todos los debates. Y los vamos a apretar con la guita. El Senado va a empezar a ser creíble el día que anuncie el cese de seiscientos ñoquis.

Pero al maquinar el proyecto, Álvarez no se engañó.

—La cuestión de los ñoquis choca con las necesidades partidarias de la UCR, y va a prender muchas luces amarillas: algunos van a decir que yo tengo demasiado protagonismo —analizó con su habitual estilo descarnado.

Todo comenzó una noche de junio en Olivos, y pareció una comedia de enredos. A las siete de la tarde la lista de empleados, que ya estaba terminada de reconstruir, comenzó a filtrarse a algunos medios. Una parte la tenían periodistas de televisión y otra parte, periodistas de diario. Al día siguiente saldría, trunca o completa, pero saldría. Álvarez lo supo en viaje a Olivos, poco antes de las nueve de la noche. Viajaba en su Peugeot 405 rumbo a una cena entre el Presidente y el bloque de senadores convocada con un tema excluyente: cómo limar la relación con el bloque del Partido Justicialista en el Senado y recomponer un vínculo que permitiera tratar nuevas leyes.

—Manden a imprimir la lista —ordenó Álvarez al secretario administrativo Ricardo Mitre y al vocero Ernesto Muro—. Pongan los nombres por orden alfabético.

—¿La lista completa?

—Completa —repitió Álvarez.

La duda partía de un caso. Revisando los nombres, se habían dado cuenta de que figuraba la secretaria privada de Raúl Alfonsín.

—Chacho, malas noticias —le avisaron—. Está Margarita Ronco en la lista.

—¿¡Cómo!? —gritó Chacho.

Lo último que necesitaba era un conflicto con el ex presidente. Intuía que la jugada de Alasino era complicarlo sobre todo con Alfonsín. Chacho había sido convencional constituyente en 1994 y sabía del reconocimiento de Alfonsín a la capacidad negociadora de Alasino, un entrerriano simpático que se le sentaba en el despacho a contarle cuentos.

"*El Choclo* será lo que sea, pero a mí me cumplió", solía comentar Alfonsín en Santa Fe, cuando le daba forma constitucional al Pacto de Olivos que permitió la reelección de Menem.

—Mala suerte —dijo Chacho ante el dato, y ordenó que dejaran a

Ronco: tampoco quería que el justicialismo lo acusara de hacer una lista discriminatoria, sólo contra los peronistas.

A diferencia del grueso de los senadores, que se recostaron en el patriotismo radical para agredirlo, Alfonsín nunca lo atacó. Si estuvo irritado, la verdad es que guardó caballerosamente el enojo ante la inevitabilidad de las nuevas normas.

Durante la cena debatieron el grado de inflexibilidad hacia el PJ. Federico Storani planteó una posición dura en defensa de los proyectos del Ejecutivo. Álvarez también reclamó dureza.

Genoud tuvo una posición más conciliadora.

—Tenemos que garantizar el diálogo —dijo.

Los miembros del Frepaso trataron durante toda la noche de concentrarse en el debate y no en la lista. Por ejemplo, Ricardo Mitre, que sabía, estaba sentado frente a Mario Pontaquarto, que no sabía. Del Piero, que sabía, miraba a sus colegas, que no sabían, imaginando el escándalo. Chacho, también. En el medio de la cena, Genoud recibió un llamado telefónico. Le avisaron que se estaba filtrando una parte de la lista. Entonces Álvarez aprovechó y le dijo a Galván en un murmullo:

—Hay tanta presión de los medios, que sacamos la lista completa, y por orden alfabético.

—Uhh... —se impresionó el presidente del bloque de senadores radicales.

No dijo nada más. Álvarez se quedó más tranquilo. Por lo menos, había avisado. Del Piero y Mitre, también. A la salida fueron a un bar de Scalabrini Ortiz y Santa Fe, decididos a esperar los primeros diarios del día. Cuando estaban instalados en una mesa se les acercó un borracho.

—Ibarra... —dijo contento, y se tiró hacia Álvarez para abrazarlo.

—Yo no soy Ibarra, soy Álvarez —contestó Chacho divertido.

—¿Álvarez? ¿El vicepresidente?

—Sí —confirmó el vicepresidente.

El borracho se fue escéptico. Ya sin él, los frepasistas pudieron dedicarse a reconstruir las anécdotas de la noche. Después de la cena, el senador Luis León se quedó dormido. Cuando Eduardo Angeloz lo quiso tocar, para que no roncara delante del Presidente, se fue para atrás hasta caerse de la silla. El santiagueño Javier Meneghini quiso ayudarlo, pero quedó inestable. Angeloz logró recuperarse solo y consiguió pararse, acomodarse el traje y volver a su silla. León seguía durmiendo. Ignoraba la novedad del día siguiente.

Cuando salió la lista completa por primera vez en diecisiete años de democracia, Jorge Yoma buscó tranquilizar a los frepasistas.

—Los van a querer matar —dijo—, pero ustedes tienen cómo defenderse. Digan que por lo menos publicaron la lista completa, pero por orden alfabético. Si hubieran agrupado a los empleados por senador, se hubieran notado todas las novias.

Chistes aparte, la amenaza de Alasino fue cumpliéndose. Ya en medio de la guerra, Chacho comentó a sus amigos que no se había representado una batalla tan dura.

—Nunca me imaginé que el bloque de senadores radicales podía tomar el tema con tanta fuerza —se asombró—. Yo pensé que cuando ganamos nosotros se terminaba el costado más escandaloso del Senado, como cuando votaron la ley de correos entre sospechas.

Los radicales recibieron la mención de Chacho. Y la anotaron. Uno de los senadores que aprobó la ley de correos, que según Domingo Cavallo estaba redactada a la medida de Alfredo Yabrán, fue un legislador por la Capital Federal de nombre Fernando de la Rúa.

Álvarez y Mitre no pudieron neutralizar el odio, pero lo canalizaron en una desgastante negociación administrativa, senador por senador.

—Tenemos que demostrar que acá hay que cambiar —le dijo Álvarez a Alasino—. El Senado viene siendo administrado con desprolijidad. O lo rehacemos en conjunto, o lo rehacemos confrontando. Mirá, yo no tengo interés de mostrar una cruzada personal, pero me siento obligado a esta reforma porque lo que hagamos ahora tiene que estar en concordancia con lo que la Alianza le prometió a la gente.

Alasino le dijo que entendía sus razones políticas, y de hecho el peronismo comenzó a regalar algunos gestos mientras seguía masticando el odio. Habían perdido el 80 por ciento de los viáticos y sufrido la disminución de los contratos de locación de obra. Además, debían liquidar a parte de los empleados.

Algunos senadores del justicialismo se dieron cuenta de que podrían hacer una oposición creíble sin sacarse de encima, como imagen negativa, el lastre del sobredimensionamiento administrativo. Aceptaron bajar módulos de empleo y contratos Jorge Yoma, Héctor Maya e incluso Augusto Alasino.

La paradoja fue que cada vez que lograba un acuerdo pragmático con un peronista, Álvarez conseguía la irritación de un radical. En el bloque de la UCR la frase más repetida era peligrosa para el Frepaso:

—Chacho se corta solo. Está arreglando con el peronismo.

Algunos peronistas se confundieron. Remo Costanzo, que repartía la revista *Unidos* en Río Negro, se ilusionó con el panperonismo.

—Pedro, vos sos uno de nosotros, volvé —le dijo a Del Piero con ese estilo compinche de los viejos peronistas que conciben como propia incluso la identidad de los que se fueron.

Costanzo se empezó a presentar como el mejor interlocutor posible de Chacho. Y también Alasino, un ex miembro de la Juventud Peronista. Y Ricardo Branda, de Guardia de Hierro. Y Julio Argentino San Millán, a quien todos consideraban buena persona. El salteño Emilio Cantarero optó por presentar el perfil humano que le había servido para participar activamente en las negociaciones para la concesión del ferrocarril del norte. Chacho averiguó que lo llamaban *El Obispo*, y muy pronto supo por qué. Tenía un estilo de diálogo intimista, como de susurro de catacumbas. Quería a toda costa generar situaciones personales de vínculo estrecho, jugándola siempre de hombre campechano del interior. Muy pronto Álvarez conocería, por boca de la neuquina Silvia Sapag, cuál era el contenido que Cantarero acostumbraba poner dentro de sus formas agradables de salteño que debía estar agradecido a la fortuna de la fortuna.

El aire entre Chacho y la UCR se tornó irrespirable. Llegó a decirles a los radicales, en reunión de bloque:

—¿Pero ustedes entendieron para qué ganamos nosotros? Estábamos juntos en la tribuna. ¿Lo entendieron? ¿O los cambios eran sólo para los otros?

Ya había hecho lo mismo en la Casa de Gobierno, molesto por lo que consideraba una actitud demasiado pasiva del bloque oficialista.

—Yo tendría que estar tranquilo en el Senado escribiendo *papers* y viajando, y eso que no soy del partido del Presidente. Pero estoy acá defendiendo el plan económico.

Dos senadores peronistas aseguran haberle escuchado a Álvarez otra descalificación de sus compañeros de la Alianza.

—Yo, cuando presido la sesión, me siento arriba y los miro —dicen que dijo Chacho—. No puedo creer que los radicales no digan nada, que no respondan, cuando ustedes dicen que este gobierno es el más corrupto de la historia. ¡Que lo digan ustedes, que dejaron el país con el 18 por ciento de desempleo! Los radicales, mirados desde arriba, parecen momias.

Sin embargo, Álvarez no recibió críticas frontales. Los radicales parecían más bien ofendidos. Cuando se reunían a analizar juntos la pelea, los frepasistas coincidían en una conclusión. Uno de ellos describió una vez así la diferencia entre peronistas y radicales:

—El otro día me crucé en un pasillo con Alberto Tell [senador peronista por Jujuy]. El Gordo vino y me dijo: "Viejo, ya nos ganaron 100 a 1. ¿Qué quieren? ¿Fifarnos? Paren, ya está, perdimos, listo". Cuando Tell nos pueda matar nos mata, pero no saben cómo se cagaba de risa. Y un rato después lo vi a Genoud. Me dio vuelta la cara.

La ley de reforma laboral influyó también en el debate de los ñoquis. Con Alberto Flamarique, el Frepaso tenía el ministro-estrella del Poder Ejecutivo. El más ejecutivo, el mejor negociador y el más rápido para lograr resultados. Al mismo tiempo, el vicepresidente había defendido la desregulación de Obras Sociales, e incluso había firmado personalmente el decreto mientras De la Rúa visitaba Alemania, y también la rebaja del 12 por ciento a los empleados estatales. Sentía que si no podía resolver la administración del Senado perdería la pelea por la imagen de eficacia. Político de pelea, cómodo en la oposición, nunca había realizado gestión administrativa alguna. No podía ser que fuera incapaz de lograr un efecto concreto en su propio lugar de gestión y trabajo. El único límite a los desafíos de la oposición pasaba por la propia creatividad. Pero, una vez en el poder, los desafíos deben superar la traba de los límites objetivos, de la restricción presupuestaria y de los intereses surgidos no sólo de la maquinaria del Estado sino de la misma fuerza.

A medida que fue comprendiendo este desafío, Chacho detectaba la profundidad de los obstáculos. Su necesidad de demostrar resultados era directamente proporcional al freno burocrático accionado en defensa de los senadores prebendarios, clientelistas y corporativos.

La disciplina de gobierno, además, lo desgastó. Los senadores del PJ dicen recordar que cuando, tras la rebaja dispuesta para los sueldos públicos, el peronismo amagó con apoyar el reclamo de los trabajadores del Congreso de quedar exceptuados de la norma, Álvarez les dijo:

—A Machinea mátenlo, pero a mí no me jodan. En el Senado tengo que mostrar hechos que acompañen la política del gobierno.

Así lo habló con Alasino y Eduardo Menem, que integraban la conducción formal del peronismo.

El día que los trabajadores tomaron la imprenta del Congreso, que se iba a cerrar por disposición del Ministerio de Economía, Yoma redactó un proyecto declarando que la baja de salarios no era aplicable al Parlamento. También escribió que para que Chacho modificara el presupuesto del cuerpo tenía que contar con autorización de la cámara. Eso, y condenarlo definitivamente a tocar la campanita, era lo mismo.

—No cumplieron lo pactado —le dijo Álvarez muy enojado a Alasino—. Habíamos quedado en otra cosa.

Estaba muy irritado. Pensó que los senadores avanzaban sobre sus facultades. Varios miembros del bloque peronista sostienen, hasta hoy, que Álvarez apuró la difusión de la lista de empleados como *vendetta*, porque creyó que lo estaban descolocando ante De la Rúa y Machinea.

—Si no puedo bajar los salarios, voy a hacer el ajuste con ustedes —advirtió a los senadores.

Estaba furioso con Alasino, aunque la verdad es que el entrerriano no controlaba a francotiradores como Yoma. Un día le recriminó al riojano:

—Sos amigo mío, vivís hablando conmigo y me das la puñalada por la espalda.

—No seas boludo, yo soy opositor —contestó Yoma.

Los dos tenían realmente buena relación. Habían compartido desde 1989 la Cámara de Diputados, destino anterior de ambos, y en ese entonces Yoma había estado a punto de dejar el peronismo sumándose al Grupo de los Ocho. Más aún: antes de la crisis del Senado, Álvarez todavía estudiaba un acuerdo con Yoma para fracturar al peronismo de La Rioja. Pero Yoma no pudo convencer a Chacho de que su proyecto era para demostrar solidaridad con los empleados, casi un símbolo, y no un reto al poder del vicepresidente. Tampoco consiguió que Álvarez le prestara atención cuando le advirtió:

—Con los ñoquis creés que nos embromás a nosotros, pero se te va a pudrir con los radicales, porque la "capa sedimentaria", como decís vos, son todos empleados nombrados por los radicales desde el '83.

—Retirá el proyecto —dijo entonces Chacho, como si pidiera una prueba de amor.

—No se puede —respondió Yoma—. Si querés, no se trata, pero no se puede retirar cuando ya está presentado.

Hábil y buen orador, Yoma fue el protagonista de la sesión del 14 de junio. El día anterior, martes 13, De la Rúa había sido elogiado en la Casa Blanca por Bill Clinton como un gran líder del continente. El Presidente aún estaba fuera del país, disfrutando de los mimos internacionales, cuando el PJ aprobó sorpresivamente en el Senado, por 38 votos contra 19, la anulación de los decretos del Poder Ejecutivo imponiendo la rebaja salarial. La Alianza se quejó de que los peronistas no habían avisado su intención de discutir el proyecto en la Comisión de Labor Parlamentaria. "Nos tomaron por sorpresa", se lamentaban. Yoma, que antes había dado trabajo como asesor al jurista Rodolfo Barra, autocalificado "un soldado de Menem en la Corte", retrucó que lo importante era que "los decretos son ilegales e injustos". También recordó el miembro de la familia dueña de la curtiembre Yoma que Fernando de Santibañes había formado parte de una empresa que terminó endeudada con el Banco Nación.

Chacho se enojó, y Terragno fue más práctico. "El peronismo prefirió dar un golpe de efecto a mantener un diálogo franco", dijo.

Tenía razón, pero ya nada podía volver atrás. Ni la convicción de

Álvarez de que lo habían desafiado más de la cuenta, ni la seguridad de los senadores sobre las intenciones de Chacho de romper una caja de Pandora que estaba intacta desde 1983.

Un senador peronista lo explicó así a un colaborador de Álvarez, luego del episodio de los ñoquis:

—Ustedes no se dan cuenta de lo que tocaron. Afectaron la víscera más sensible, el corazón de cómo se construye el sistema político en la Argentina.

Álvarez entendió la guerra como una primera manera de encarar la lucha contra los famosos códigos y acuerdos no escritos entre la dirigencia política. Creía que había que mostrar cómo se usaban las instituciones para resolver problemas de construcción de estructura política o los nombramientos para la disputa de poder interno entre los senadores. Nada de esto era secreto —era, en todo caso, un secreto a voces— pero plantearlo públicamente fue leído como una amenaza de ruptura total.

Tiempo después, Chacho dijo a sus íntimos que la pelea en el Senado contra el sobredimensionamiento de la estructura para utilizarla en la práctica clientelística fue lo que desató la campaña de la SIDE para desgastarlo utilizando su vida privada.

4

A las 9.10 *Flamarique, que ha leído en los diarios la crónica de la conversación en la oficina de Álvarez la noche anterior, llama a Nilda Garré. Los dos llegaron al Frepaso desde el peronismo, junto con José Octavio Bordón. Los dos se quedaron en el Frepaso cuando Bordón dejó al mismo tiempo el Senado y la política, que retomó poco después de dos años sabáticos en los Estados Unidos ya como técnico del peronismo bonaerense, en el Ministerio de Educación de Carlos Ruckauf. Horas después, Garré contará a otros diputados del Frepaso esta versión de su diálogo con Flamarique:*

"—Nilda, ¿está muy loco Chacho?

"—Yo lo veo muy inteligente, no lo veo nada loco.

"—¿Qué dijo de mí?

"—De vos no hablamos. Estuvimos haciendo un cuadro de situación, analizando las nuevas alianzas.

"—¿Qué nuevas alianzas?

"—Que vos en una reunión arreglaste la sucesión con Patricia Bullrich y los Gordos."

Cuando cuente esta conversación a sus compañeros del Frepaso, Garré dirá que Flamarique no replicó nada ante su afirmación. Por eso, explicará, siguió en un tono irónico:

"—Alberto, ya que estás tan cerca del Presidente decime: ¿van a seguir atacando a Chacho y al Frepaso?

"—Al contrario, nadie en el gobierno piensa en otra cosa que en fortalecer al Frepaso y a la Alianza —dijo Flamarique como si hablara De la Rúa.

"—¿Hay que interpretar que en el Senado no van a hacer más nada, no van a menear más el tema?

"–¿Y por qué va a haber que menearlo?

"–Y... porque pasa como con las brujas. Que las hay, las hay. Acordate de la extraordinaria performance económica del senador Massat, de la ley de hidrocarburos...

"–Bueno, Nilda, las mismas sospechas que, si vamos al caso, hay sobre la Cámara de Diputados.

"–Ustedes marcaron la cancha, Alberto. El Presidente marcó la cancha. Ahora no empiecen a llenar de roña la Cámara de Diputados porque esto va a terminar en una guerra. Y los diputados vamos a demostrar que no es lo mismo. Le vas a hacer un daño a mi amigo Darío Alessandro y a tu amigo Rafael Pascual. Y como consejo, Alberto, no sigas sobreactuando porque esto va a terminar generando una respuesta seguramente un poco dura del Chacho."

Flamarique sostendrá después, ante los dirigentes del Frepaso que le comentaron la conversación, que el diálogo fue más suave. Retendrá haber escuchado de Garré que ella vio "tranquilo" a Chacho. Afirmará que nunca hablaron de su sucesión en Trabajo, y tampoco del papel de los Gordos de la CGT. Dirá que le quedó grabada una frase de la diputada sobre que alguien tramaba edificar un cordón sanitario alrededor de De la Rúa. Y dará una versión aun más fuerte de la discusión sobre la Cámara de Diputados. "Un periodista denunció el pago de coimas y todos se hicieron los boludos", afirmará haberle señalado a Nilda Garré. Una alusión, sin duda, a la declaración del ex corresponsal del semanario Newsweek en la Argentina, quien aseguraba haber presenciado un presunto reconocimiento de coimas por parte del diputado justicialista Claudio Sebastiani para votar contra los laboratorios extranjeros en la cuestión de las patentes farmacéuticas.

Garré no se cree dotada de poderes adivinatorios, pero le parece tenerlos cuando un rato después de la llamada de Flamarique y su anticipación de que habría "una respuesta un poco dura" de Álvarez, atiende a Rafael Flores, diputado santacruceño del Frepaso.

–Nilda, parece que está la renuncia de Chacho. Lo admitió Graciela. ¿Vos sabés algo?

–No puede ser, si yo ayer estuve...

Por un momento, la diputada se queda petrificada por la sorpresa. En *principio la actitud de Chacho no cuaja con las conversaciones de la noche anterior. Pero sólo en principio. Después, Nilda Garré se acuerda del momento en que Álvarez pidió quedarse a reflexionar solo en su despacho de la Casa Rosada. "Nunca nos fletó así", piensa. "Estaba distinto."*

"OS DEJARÉ DOS PRONÓSTICOS"

—Vosotros agigantáis el peso de Fernando de Santibañes —dijo muy seguro.

Tenía pose de caballero andante y comía con devoción una gruesa lonja de jamón serrano. Traje azul oscuro, corbata roja con lunares, podía ser un empresario o un diplomático. Sólo la camisa a rayas celestes muy finitas y guardas angostas, pasada de moda, delataba en él a un experto en finanzas que no estaba recién fabricado. Cuando terminó las dos cosas —su afirmación y su jamón— hizo una pausa para beber un sorbo de buen Rioja, el mejor tinto español, y siguió.

—¿Sabéis cuál es el problema? Muy sencillo. Durante muchos años Fernando de Santibañes habló con todos los consultores financieros que llegaban a la Argentina. Todos lo conocen. Y ahora, lo respetan. No hay más.

—¿Qué significa que no hay más?

—Que la economía no depende de él aunque él quiera hacer creer que es insustituible para que vuestro presidente pueda dialogar con los inversores del exterior.

La charla transcurrió una noche de octubre en el Palacio del Pardo, quince kilómetros al norte de la capital española. Fernando de la Rúa concluía su visita a Madrid y ofrecía una recepción a quinientas personas en el sitio donde había estado alojado. Nadie vive en El Pardo desde que Francisco Franco, Generalísimo por la Gracia de Dios, se fue de este mundo una mañana de 1975. Desde entonces sólo se usa para alojar a los visitantes extranjeros. Los argentinos lo conocen bien. Durante el gobierno de Felipe González, el socialismo español estaba tan interesado en ayudar a Raúl Alfonsín que su ministro de Hacienda, Carlos Solchaga, le organizó allí una reunión secreta con el director gerente del Fondo Monetario Internacional. Los españoles todavía recuerdan qué pocas ganas de aprender economía transmitía el Presidente.

—Cada vez que tenía que hablar le pasaba la palabra a Sourrouille. Decía: "Juan sabe" —es la imagen que tienen grabada los pocos testigos de aquellos encuentros.

Quince años después, los inmensos salones de El Pardo volvían a medir de qué modo se acercaba a la economía otro presidente argentino. La conclusión de los interlocutores españoles que esa noche fueron de corrillo en corrillo es que, como a Carlos Menem, a De la Rúa sí le interesa saber de economía. Pero que su falta de contactos con el mundo real de las finanzas lo lleva a sobrevalorar individuos como De Santibañes.

—Si no me citáis por mis señas, os dejaré dos pronósticos —prometió el de la camisa a rayitas a dos empresarios y un periodista empeñados como él en combinar jamón con mercados—. El primero es fácil de comprobar. Recorred este mismo salón y veréis que nadie os pregunta por De Santibañes. Para el segundo tendréis que esperar: yo digo que recién en el 2002 se invertirá la depreciación del euro frente al dólar.

Después saludó con un tenue movimiento de cabeza y se alejó hacia otra ronda donde el médico Alberto Eurnekian ganaba su apuesta de arrancarle al rey Juan Carlos la compañía de Isabel Preysler, la ex mujer de Julio Iglesias, y hablar con ella no menos de veinte minutos.

Ese día el dólar había pasado a valer 201 pesetas, una más de la barrera psicológica de las 200, y en Buenos Aires los operadores temían un golpe de mercado.

Fernando de Santibañes había dejado de ser el jefe de la Secretaría de Inteligencia del Estado y ya disfrutaba de unos días en los Estados Unidos.

Los ministros que trataron a De Santibañes siempre sintieron en él una adoración casi cándida por los Estados Unidos. Lo suyo era ideología en el sentido más primitivo de la palabra.

"Si hacés lo que los norteamericanos quieren, te va bien", parecía ser su catecismo, que por supuesto divertía a los propios norteamericanos.

No participaba de las reuniones de gabinete. Las aborrecía por "ineficientes". Mucha política. Mucho bla bla. Mucha discusión. Pero podía vérselo en cualquier momento en la Casa Rosada, pantalón claro y campera, camisa blanca sin corbata, cruzando pasillos y dejando descuidadamente las puertas abiertas a su paso como para demostrar que eso no era parte de su tarea.

Y ése era el problema: ¿cuál era la función de Fernando de Santibañes? Menem lo tenía claro. Cuando presentaba a su comprovinciano Elías Saad decía: "Él trabaja de amigo". De la Rúa, en cambio, tuvo que buscarle un puesto y, desconfiado como pocos, debió aprovechar la extraña situación de confiar en alguien. Por eso De Santibañes recaló en la SIDE.

Muy pronto no hubo duda de que lo suyo era hablar de economía con enviados extranjeros, analistas de las grandes consultoras o enviados especiales de los diarios de negocios.

Fue necesario que Carlos Becerra ocupara su lugar para recomponer los lazos que habían quedado cortados. Ningún servicio extranjero atribuyó mala intención a De Santibañes. Simplemente no confiaban ni en él ni en la estructura local de inteligencia y congelaron sus relaciones hasta que la SIDE se asentara.

Los agentes de otros países contaban historias tragicómicas, extrañados de la ligereza de sus colegas argentinos. Cuando hacía poco tiempo que De Santibañes se había instalado en la SIDE, un servicio extranjero le acercó material sobre la ETA. No le estaba pidiendo que coordinara acciones, cosa que ni figuraba en los planes. Sólo quería que la Argentina estuviera al tanto. Pero muy pronto se dieron cuenta de que también se habían puesto al tanto de la información, receptores que el servicio extranjero no había calculado ni deseaba como socios. Y la filtración venía de la línea de la SIDE, de la estructura de siempre. ¿Podía ser que la cúpula de la Secretaría hubiera bajado información sin que necesitara hacerlo, porque no había ninguna operación conjunta en juego? ¿Cómo podía ser que la conducción política de la SIDE no reparase en la diferencia entre contar con información para el Presidente y socializar datos con agentes poco confiables? Las dos preguntas circularon con discreción, pero resultó claro en los primeros meses del 2000 que los servicios occidentales amigos habían sacado la conclusión de que estaban ante amateurs, y amateurs peligrosos.

Otro dato preocupaba a los espías instalados en la Argentina. Tenían información según la que el Mossad, el servicio secreto israelí, había mudado su oficina de análisis de Buenos Aires a Montevideo. Y la razón era parecida a la anterior: no tenían suficiente confianza en la cúpula de la SIDE.

Por eso les sonó gracioso cuando el 12 de octubre del 2000, en medio del conflicto de Medio Oriente, De Santibañes anunció que no se iría del país. La noche anterior había dicho que viajaría a los Estados Unidos a presentar un *paper* sobre economía, cuando en realidad sólo aprovecharía el fin de semana largo del 14, 15 y 16. Después De la Rúa se obcecó en dar diez demostraciones diarias de que Fernando de Santibañes era honesto, probo, eficiente e imprescindible, incluso le ordenó que compareciera en el Salón de los Bustos, en la planta baja de la Casa Rosada, para decir a los periodistas que es mejor trabajar en lugar de andar hablando estupideces.

En su vida, el riverplatense De Santibañes habló poco en público y mucho dentro de los bancos, pero siempre estuvo cerca del *lobbing* político y de dos dirigentes radicales, Enrique Nosiglia y Fernando de la Rúa.

La operación que resume su salto de empleado de banco bien pago a millonario se produjo durante el gobierno de Raúl Alfonsín, como informó, en una nota publicada en *Página/12* el 6 de noviembre de 1999, el especialista que mejor investigó el tema, Julio Nudler, y quedó remachada en tiempos de Carlos Menem. Conviene repasar los dos momentos. Después nada volvería a ser igual y los protagonistas reaparecerían una y otra vez.

- En 1976 Fernando de Santibañes trabajaba como economista en el Centro de Estudios Monetarios y Bancarios del Banco Central, bajo la presidencia de Adolfo Diz, la mano derecha financiera de José Alfredo Martínez de Hoz. Uno de sus compañeros era José Luis Machinea, con quien tenía buena relación aunque difería en las ideas económicas: Machinea era keynesiano y partidario de políticas más activas, y De Santibañes, liberal.

- Fue Diz quien le consiguió una beca para perfeccionarse en Chicago, de donde volvió en 1980.

- De Santibañes estaba vinculado a una compañía, la Financiera Tucumán, de la familia Kiguel. Cuando la financiera se convirtió en Banco Financiero, De Santibañes pasó a integrar el directorio junto con Marcelo Sánchez y Carlos Pérez Rovira.

- Entretanto, el Nuevo Banco Italiano (NBI) se convirtió en Banco de Crédito Argentino. El NBI era conocido en la City como "el banco radical". Lo había presidido Eugenio Blanco, ministro de Economía de Pedro Eugenio Aramburu y de Arturo Illia. Trabajaban también los Carman, los mismos del Automóvil Club Argentino, grandes amigos de Ricardo Balbín, los mismos que le prestaban un departamento en Córdoba y Montevideo, en la Capital Federal. Guillermo Alchouron, futuro presidente de la Sociedad Rural Argentina, era el abogado jefe del banco.

- A principios del gobierno de Alfonsín, el Banco Financiero compró el Banco de Crédito Argentino y tomó el nombre de éste. La fusión sonó extraña en los oídos de los expertos de la City: el primero era menor que el segundo y, además, en general el que absorbe es el que impone el nombre de la nueva entidad.

- El Banco Central concedió facilidades para la fusión. En ese momento el vicepresidente del BCRA era Guillermo Feldberg. Después ocuparía ese puesto Marcelo Kiguel, economista y (mirar unas líneas más arriba) miembro de los Kiguel de Financiera Tucumán-Banco Financiero.

- El 15 de mayo de 1986 el Banco Central aprobó la fusión. También le dio un redescuento de 35 millones de dólares, le redujo en un 99 por ciento los punitorios por las veces que no cumpliera con el encaje mínimo (la cantidad de dinero que un banco debe obligatoriamente tener inmovilizada como garantía), un préstamo-puente que muy pronto se extendió de seis meses a cinco años y otro redescuento más para hacerse cargo de la cartera inmobiliaria del ex Banco de Crédito Argentino.

- Las relaciones políticas siempre son decisivas para conseguir facilidades en tiempos de crisis. Los operadores de la fusión tenían buenos contactos en el sector porteño de la Junta Coordinadora Nacional, crucial por sus ramificaciones en la estructura del Estado, y con algunos legisladores. El jefe de la Coordinadora era Nosiglia, y de ahí en adelante el nuevo Banco de Crédito Argentino comenzó a ser llamado, con sorna pero no tanto, "el banco del Coti". Y en el Congreso los directivos tenían buena llegada con el senador porteño Fernando de la Rúa, cuyo primo Eduardo terminó siendo abogado del banco.

- En el directorio del BCA figuraban la familia Gorodisch y los Cairoli. Estos últimos aportaban la pata peronista con Ricardo, presidente del Banco Central bajo el gobierno de Isabel Perón, en 1975. En cuanto a los Gorodisch, Salvador *Bebe* era un eminente gastroenterólogo que venía de la Financiera Tucumán y había controlado la prepaga Atema. Su suegro, Manuel Kulish, lo convirtió en banquero, aunque *Bebe* no dejó la medicina hasta su muerte, en diciembre de 1986, de un infarto masivo. De Santibañes, que había empezado a comprar acciones, nunca podría olvidar el episodio: estaba jugando un partido de tenis con él. Después se convirtió en el principal asesor de la viuda, Irene. Tenía experiencia en los manejos financieros y aprovechaba sus excelentes contactos políticos con todas las líneas del radicalismo, que había aceptado como funcionario de la Junta Nacional de Carnes a principios de la gestión de Alfonsín.

- En 1991 se inició una fuerte pelea entre De Santibañes y Cairoli. Terminó en 1995. De Santibañes ya había pasado de bancario a banquero –era presidente del banco– y obtuvo parte del 28 por ciento de las acciones que Cairoli les vendió a él y a Irene.

- En ese período el poderoso Banco Bilbao Vizcaya compró el Francés.

- Cuando el Francés ofreció comprar el Banco de Crédito Argentino, en 1997, De Santibañes vendió su parte en 184 millones de dólares.

Era su segundo golpe en el mercado y la oportunidad, o la condena, de dedicarse a la actividad política aunque fuese desde un espacio marginal, por su escasa profesionalidad en la materia, y central, por la cercanía con De la Rúa.

La mayoría de los delarruistas más cercanos acompaña a De la Rúa desde la política. En esa categoría revistan por ejemplo Adalberto Rodríguez Giavarini, funcionario en Defensa y en Economía con Alfonsín; Nicolás Gallo, nieto de un alvearista de alcurnia; Ricardo López Murphy, un ex militante de Storani devenido en cultor de la ortodoxia; y José María García Arecha, martillero y dirigente radical porteño. Dos solos escapan a la norma. Uno, por razones obvias: su hijo Antonio. Y el otro es De Santibañes, que jamás ocupó un cargo partidario pero siempre estuvo cerca de De la Rúa en los momentos decisivos.

Con respecto a Villa Rosa, la zona próxima a Pilar donde tienen quinta De la Rúa, De Santibañes, el empresario nosiglista Luis Cetrá y el propio Nosiglia, existe el mito de que siempre fue un country más, un Tortugas o un Mayling, otro reducto de los 90. La verdad es que a principios de los 80, cuando llegaron De la Rúa, Santibañes y Cetrá, era una hermosa zona de campos ondulados con un precio relativamente razonable gracias a los cincuenta kilómetros de lejanía con Buenos Aires atravesando una Panamericana precapitalista. Ninguno de los tres fue un precursor del furor de los barrios privados. Más bien llegaron al final del sueño del campo propio —el campo para descansar y no para producir, típico de los últimos hijos de la aristocracia, cuando las subdivisiones ya agotaron las hectáreas disponibles—. No funcionaron como nuevos ricos, aunque De Santibañes lo era, y en ese punto también transparentaron con su estilo de fin de semana el desapego por la construcción política.

La presencia de Nosiglia, a fines de los 80, hizo más evidente las diferencias. Mientras De la Rúa y De Santibañes disputaban acerca de quién conocía mejor las aves silvestres, Nosiglia instalaba una cancha de fútbol profesional iluminada a *giorno*. Para el fútbol hacen falta, como mínimo, 22 jugadores. No hay fútbol retraído. Al menos durante 90 minutos más 15, que se extienden al infinito con el asado, el fútbol puede borrar las barreras partidarias. Con el fútbol no hace falta inventar una excusa para presentar gente o juntarla con el simple objetivo de demostrar que se tiene poder de convocatoria. Y el fútbol sirve, también, para borrar la diferencia de edad. Antonio llamaba *tío* a De Santibañes, pero se cruzaba de quinta para los partidos que organizaba a toda hora el *primo* Coti, más entretenidos que el golf junto al lago artificial de Cetrá.

Villa Rosa fue la amalgama de los dos radicalismos. Uno, el de De la Rúa, venía del balbinismo y había accedido a su primer economista liberal y poskeynesiano cuando De Santibañes introdujo a López Murphy. Otro, el de Nosiglia, era Alfonsín puro. Alfonsín gobernando: el centro, lo posible, la negociación, durar en el poder, tejer con Amalita Fortabat, rodear la fusión de un banco, dotar de cuadros los niveles de la administración donde se manejaba dinero, financiar la política, conservar unido al partido, no perder el discurso de centroizquierda, lanzar primero el Plan Austral y después fisurarlo incorporando en el gobierno a los sindicalistas *gordos*, garantizar la democracia al realizar el juicio a las juntas y develar el secuestro de Osvaldo Sivak.

Cuando Nosiglia llegó a Villa Rosa, naturalmente ya conocía a De la Rúa, con quien había compartido su base territorial en la ciudad de Buenos Aires y también el mandato de Alfonsín, que De la Rúa apoyó desde el Senado. Con De Santibañes habían compartido una pensión en La Plata. Cuando fue ministro del Interior, mientras el empleado del banco se transformaba en su propietario Nosiglia lo convocaba con frecuencia al Ministerio para hablar de economía. Una forma de consultarlo y quizás al mismo tiempo de halagarlo; dos herramientas que *Coti* maneja maravillosamente y potencia con una tercera: no sólo hace mucho, sino que sobrevende lo que hace, con lo cual multiplica por mil cada presencia suya. En los últimos años agigantó ese mecanismo, que antes descansaba sólo en el boca a boca de los dirigentes, por una estrechísima relación con la consultora de relaciones públicas César Mansilla y Asociados.

Nosiglia y De Santibañes encontraron muy pronto un motivo común de aversión en Chacho Álvarez.

Coti nunca fue un entusiasta de la Alianza. Su criterio de la gobernabilidad siempre giró alrededor de las relaciones carnales con el peronismo, en los últimos años en su variante menemista.

El banquero, en cambio, ejercía un fastidio *light*, con la misma displicencia que ponía en el resto de las cosas que desviven a los políticos y cansan a los mortales, desde una reunión de gabinete hasta una discusión que fuera más allá de la información financiera *on line*.

Su molestia recién se hizo más nítida cuando comenzó a interpretar cada línea de investigación periodística como una campaña del Frepaso para defenestrarlo.

En los 80, su primer golpe en el mercado había pasado inadvertido. En los 90 quedó como un jalón más de la desnacionalización bancaria y la absorción que el CEMA y FIEL, sus dos instituciones de pertenencia, pregonaban como la clave de la salud financiera. Pero lo que el periodismo empezaba a ventilar sobre el borde del 2000 tenía el color opaco de los misterios económicos nacionales y el olor rancio del cuero crudo.

La primera información, también revelada por Julio Nudler, fue publicada por *Página/12* el 26 de agosto de 1998, cuando nadie hablaba de Fernando de Santibañes, la Alianza recién festejaba su primer año de existencia y el Frepaso no podía tener interés en voltear a nadie porque no se jugaba poder dentro del Ejecutivo. La nota, pequeña, en la página 15 del diario, ni siquiera nombraba a De Santibañes, aunque acertaba con el enfoque desde el mismo título: "Otra que sigue a Yoma". Decía: "La curtiembre Inducuer, siguiendo el ejemplo del Grupo Yoma, solicitó ayer la capitalización de sus deudas. La empresa está en mora con el Banco Nación por 77 millones de pesos. Esta entidad le financió la importación llave en mano de su planta en Monte Chingolo". Y seguía así: "Lo más curioso es que los potenciales curtidores ni siquiera pusieron en funcionamiento las flamantes máquinas. Inducuer, que está en manos de dueños italianos y locales, figura cuarta entre las que más deudas morosas tienen con el sistema financiero. Voceros de Roque Maccarone, titular de la entidad oficial, dijeron ayer que el banco 'se va a oponer totalmente' a que se concrete ese pedido. Es más, aseguraron que ya iniciaron los trámites para la ejecución de las garantías de la curtiembre".

Recién al año siguiente el diario publicó la primera investigación con nombres y apellidos que, entonces sí, comenzaron a interesar por sus vinculaciones políticas con el Presidente que se aprestaba a asumir.

En noviembre de 1989, De Santibañes y Ángel David Gorodisch, hijo del propietario del Banco de Crédito Argentino muerto jugando al tenis, había creado la sociedad Ferdar, que haría la ingeniería financiera de Inducuer. Pidieron los avales, pero antes de obtenerlos ambos banqueros ya se habían retirado de la compra de la planta en Monte Chingolo, en el mismo lugar donde antes habían estado Siam Di Tella y Ford. Fueron reemplazados por Guillermo Miguel Nano y el contador Carlos Adolfo de la Vega, y más tarde, por Chantal Safra. De la Vega tiene una vieja relación con De Santibañes, y Safra perteneció al Banco Francés, que absorbió al de Crédito. La Justicia investiga, todavía sin resultados, si Inducuer cometió fraude al buscar los avales del Nación, que se adelantó y separó a dos funcionarios porque habrían sobrevaluado las garantías ofrecidas. En el medio quebraron los socios industriales de Ferdar, las empresas italianas Giza y Conceria Capra, con lo cual toda la operación de cueros había quedado en ídem. El Banco Nación quedó obligado a pagar las 17 cuotas convenidas. Cada giro semestral a Suiza es de alrededor de cuatro millones de dólares.

Meses después, De Santibañes negó que tuviera algo que ver con el proyecto de Monte Chingolo. "No me gustó y me fui", dijo. Reaccionaba duramente porque no era sólo el juez Gabriel Cavallo sino la mismísima Oficina Anticorrupción, creada por el gobierno dentro del Ministerio de Justicia, la que acababa de pedir acceso a la causa. Ya era junio del 2000, el mismo mes en que Joaquín Morales Solá publicó su primera nota informando sobre una denuncia acerca de presuntos favores concedidos en el Senado.

La segunda historia llegaría luego, ya en medio de la crisis del Senado, y podía ser el núcleo de un excelente *thriller* financiero. Esta vez, el misterio a develar no era por qué alguien no había pagado su deuda sino al revés: por qué alguien había pagado en septiembre, pleno período de crisis política, seis millones de pesos por un aval. Lo curioso es que en ese momento Ferdar ya era "una empresa que sólo existe en el papel", según la definición de su fundador, Fernando de Santibañes.

¿Quién sintió el patriótico deber de pagar, aun a pesar de la insolvencia? O, más bien: ¿alguien se sintió obligado a pagar aunque no le hiciera gracia?

Mario Wainfeld, que investigó este tramo de los negocios con el cuero, aportó datos sugestivos en una nota publicada en *Página/12* el 5 de octubre de 2000:

- Nano, el ejecutivo de Ferdar, es amigo de De Santibañes. Tuvo oficinas en el Banco de Crédito Argentino cuando el amigo presidencial era su titular.
- Declaró bienes por sólo 48 mil pesos.
- De la Vega es no sólo un viejo conocido de De Santibañes. También fue tradicionalmente su contador. Además, su nombre aparece como accionista de Exsa y Nicotera SA, dos avalistas de Inducuer.
- Es más pudiente que Nano. Su patrimonio trepaba en la declaración que consta en la Justicia a 150 mil pesos.
- Chantal Safra fue mujer de Mario Bissoni, dueño de la oficina de Diagonal Norte al 600 donde tiene sede Ferdar.
- Abogado laboralista, Bissoni trabajó con el Banco de Crédito Argentino bajo la presidencia de De Santibañes.
- Su viejo jefe siempre le tuvo gran consideración. Cuando asumió en la SIDE llevó a Bissoni de asesor.

La investigación de Wainfeld era informativamente concluyente y ofrecía interesantes pistas para el análisis –un plano distinto del de la simple culpación judicial– de la relación entre De Santibañes y el frustrado negocio de los cueros. Sólo que, el día de su publicación, el celo del delarruismo por demostrar autoridad con un nuevo gabinete hizo que la valiosa información del artículo quedara latente. Era el jueves 5 de octubre, sobre el comienzo del fin.

5

El jefe de asesores del ministro de Economía, Pablo Gerchunoff, está en una reunión con Enoch Aguiar cuando suena el beeper.

El secretario de Comunicaciones mira el mensaje aparentando que no le da demasiada importancia.

—Uia, parece que renunció Chacho —dice como al pasar, y sigue hablando de telecomunicaciones como si nada.

Gerchunoff queda impactado. Tiene una excelente relación personal y un gran cariño por Álvarez, y su jefe José Luis Machinea en buena medida le debe el respaldo político para el cargo al hecho de que Chacho hubiera impulsado su nombre como la síntesis posible entre los radicales de Raúl Alfonsín, el equipo de Fernando de la Rúa y el Frepaso.

El asesor jefe llama a la casa de Álvarez.

—Se está bañando —le anuncian.

Al ratito el vicepresidente casi fuera de funciones se pone al teléfono. A Gerchunoff le parece que está tranquilo. Por cierto, más tranquilo que él.

—Che, ¿es verdad? —pregunta, económico, el economista.

—Sí, es verdad —responde Chacho sin dar ningún rodeo ni preguntar qué es verdad—. Pero no te preocupes, Pablo, que todo va a seguir igual, ¿eh? No pasa nada. No pasa nada. Y por favor, decile a José Luis que tampoco se preocupe.

Poco más tarde, Machinea repetirá casi la misma conversación.

La última semana de julio, Chacho descubrió un seguimiento periodístico inusual. Estaba habituado al trato con los periodistas, una herramienta que aprendió a utilizar para hacer política mientras el resto de sus colegas creía descalificarlo con una frase:

—Chacho es un dirigente mediático.

Él se reía. Sabía argumentar, era simpático, podía realizar tanto una síntesis brutal como largos análisis, seducía con su sonrisa peronista, no tenía negociados que esconder, sus bienes no pasaban de un auto y un departamento comprado por su mujer con la indemnización del Estado como reparación por siete años de cárcel, tomaba café todos los días en Scalabrini Ortiz y Paraguay, tenía la posibilidad de combinar un razonamiento de barrio con otro tomado de la carrera de Historia, que había terminado en Filosofía y Letras, y pasaba el test de la caminata por el centro sin recibir silbidos. Su capacidad de comunicación con la gente era descollante. Si eso era ser mediático, no le disgustaba. Le molestaba, en cambio, la aparición de algo parecido a un acoso.

Los diarios no suelen hacer seguimientos. No juegan, como otros medios de prensa, a los *papparazzi*, un oficio de fotógrafo que consiste en sorprender *in fraganti* al personaje y utilizar la imagen no ya como ilustración o compañía de una investigación sino como un documento en sí mismo. En general, los diarios argentinos no se meten con la vida privada de los políticos. Su modelo no es Estados Unidos después de Gary Hart, aquel candidato que desafió a los periodistas a que le encontraran una amante, y terminó consiguiendo que lo hallasen con una señorita y lo fotografiaran, sino la Francia de François Mitterrand: recién cuando el presidente socialista murió, los diarios publicaron la historia de su vida incluyendo sus historias como cazador furtivo y sus dos casas, la grande y oficial y, a la mexicana, la chica y paralela.

La mayoría de los semanarios, en cambio, apelan a los fotógrafos para documentar la noche, ese momento mágico en que la farándula decide mostrarse o bien baja la guardia. Pero los políticos no son blanco habitual de los periodistas del corazón. O no lo eran. Poco a poco, la cobertura farandulesca invade el periodismo político, sea éste farandulesco o no.

Las revistas como *Caras* o *Gente* incluyen el producto del trabajo de los *papparazzi* en el cuerpo central. *Noticias* no: utiliza su sección "Vidriera"; y *La Primera*, de Daniel Hadad, también inventó su sitio especial, "Sociedad", una galería de personajes que abarca banqueros, modelos, fiestas de beneficencia, foto con esquíes, desfiles de ropa interior y cualquier actividad que salga de la agenda vigorosa de los agentes de relaciones públicas.

La versión que tenía Álvarez, sin embargo, lo intranquilizaba. Él no era un protagonista de la noche y se sentía fastidiado con la aplicación de reglas que nunca habían sido suyas.

Le pidió a su vocero, Ernesto Muro, que averiguara más detalles. Muro llamó a Miguel de Godoy.

—A Chacho le están haciendo seguimientos. ¿Podés averiguar qué pasa?

—¿Quién los hace?

—La gente de Hadad.

De Godoy conocía bien a Daniel Hadad. Lo había tratado cuando el periodista ya era un empresario poderoso, basado en la potencia de Radio 10, y él trabajaba como vocero de Fernando de la Rúa, primero en el gobierno de la ciudad y después en la campaña interna contra Graciela Fernández Meijide. Lo llamó por teléfono.

—Che, Daniel, ¿qué pasa con Chacho? Me dicen que le estás haciendo seguimientos, que le pusiste un fotógrafo en la casa...

Hadad le respondió que sí, y dijo que lo hacía porque había recogido datos interesantes sobre la vida privada de Álvarez, o sobre lo que él creía que era su vida privada.

De Godoy transmitió el mensaje a Muro con pedido de que fuese reenviado a Chacho. Tenía cuatro palabras:

—Esto es un quilombo.

No era el primer terremoto provocado por las obsesiones de Radio 10. En abril la revista había publicado una edición con el título "La invasión racista", que contaba cómo los extranjeros ilegales les quitan trabajo a los argentinos, excepto que se dediquen a la delincuencia, usan escuelas y hospitales y no pagan impuestos. En la mejor refutación del tema, Sergio Kiernan demostró en *Página/12* no sólo que la ideología de la cobertura era deplorable, sino que además los datos estaban mal. "¿Cómo se construye un prejuicio? Con opiniones prejuiciosas y con información distorsionada?", decía Kiernan. La nota indicaba que en la escuela Juan Andrés de la Peña el 80 por ciento de alumnos eran inmigrantes de países limítrofes: la directora de la escuela dio a Kiernan la cifra del 30 por ciento. La revista decía que el 20 por ciento de los presos era extranjero: en realidad, se trataba solamente de los detenidos en prisiones federales. Según el artículo, el investigador Rosendo Fraga estableció que en la Argentina hay 3.300.000 inmigrantes de países limítrofes y Perú. Fraga alegó que nunca había dicho eso, ni podría decirlo. La publicación había producido un sismo estadístico, y muy pronto produciría otro, político.

Los funcionarios del gobierno se sentaron a esperar el terremoto. Álvarez, también. Y el terremoto llegó. El primero en hacerse con la revista fue el vicepresidente, porque el viernes 28 de julio Hadad envió un ejemplar recién impreso a De Godoy, y el ex vocero a su vez la remitió de inmediato a Chacho. A las tres de la tarde de ese viernes, Álvarez miró la nota.

La firmaba Juan Martín Balcarce, un nombre desconocido entre los periodistas profesionales y que no figuraba, tampoco, en la lista de los redactores, que incluía, por ejemplo, a Ignacio Fidanza. En los medios es raro que se utilicen seudónimos para notas importantes, una rareza salvo por "Gustavo Fahler López", que usan indistintamente en *Ámbito Financiero* Roberto García o Julio Ramos. Y es más rara aún una nota de tapa que involucra al vicepresidente escrita por una firma que impide la identificación del autor. Álvarez sospechó de inmediato que se trataba de una operación en su contra. Si por un lado el seudónimo escondía al autor verdadero, por otra realzaba el papel de la revista en sí misma, empezando por su director, Antonio Laje, y su propietario, Daniel Hadad. Hojeó la nota. Decía sin decir. Usaba la media palabra, el sobreentendido. Parecía querer indicar que el lector debía mirar adonde lo llevaba su mirada, aunque ninguna frase explícita confirmara la dirección de las intuiciones:

"*El Chacho* siempre tuvo éxito con las mujeres. Las miradas femeninas suelen encandilarse con ese hombre de aire juvenil y rebelde que se mete en la política con una pasión irrefrenable. Desde Graciela Fernández Meijide hasta hoy, las mujeres construyeron gran parte del camino que llevó a Carlos Álvarez a la vicepresidencia. Se sabe. Los políticos siempre dicen que las mujeres son más leales y luchadoras que los hombres. Claro que exigen reciprocidad, y cuando se sienten traicionadas, toda venganza les sabe a poco. Álvarez admira a las mujeres inteligentes y resueltas. Su propia esposa, Liliana Chiernajowsky, es una muestra de ello. La mujer que administra sus asuntos en el Senado, Vilma Ibarra, es otro ejemplo de voluntad política y seducción. Las dos son, sin duda, las mujeres más importantes en la vida política de *Chacho*".

Después comentaba que Chiernajowsky e Ibarra estaban enfrentadas por el control de la Subsecretaría de Descentralización en el gobierno porteño que encabezaría desde el domingo siguiente el hermano de Vilma, Aníbal Ibarra.

Álvarez se molestó con el texto. Pero aún no había visto la tapa. ¿Cómo no habían podido influir para cambiar la edición? ¿Qué había hecho Lopérfido? ¿Y Flamarique?

***

El jueves 27 a las seis de la tarde sonó uno de los teléfonos directos en la oficina del ministro de Trabajo. Era Chacho:

—Alberto, va a aparecer el quilombo de Vilma y Liliana en *La Primera*. Fijate qué podés hacer para pararlo.

Flamarique miró el reloj. A las ocho y diez debía tomar el avión a Mendoza, adonde trataba de ir casi todos los fines de semana para ver a sus hijos mayores.

—Chacho, la revista sale mañana.

—...

—Y si sale mañana, ya está impresa.

—Bueno, fijate.

El ministro interrumpió las últimas actividades del viernes y pidió el auto para llegar hasta la Casa Rosada. Pidió ver al Presidente. El edecán le informó que De la Rúa estaba ocupado. Cruzó en un pasillo a Leonardo Aiello, el secretario privado. Fue directo.

—Se viene un quilombo, y es de la secretaría de enfrente.

Aiello no necesitó más datos para pensar en la Secretaría de Inteligencia del Estado, accesible desde la Casa de Gobierno con sólo cruzar Rivadavia y caminar unos metros hasta 25 de Mayo.

Flamarique siguió con su mensaje. Le explicó los pocos detalles que tenía hasta ese momento y terminó con un pedido que llegaba hasta el Presidente.

—Hay que parar esto. El Chacho —dijo, anteponiendo el artículo, como llamaban a Álvarez todos los provincianos del Frepaso— está muy muy caliente.

Aiello trató de calmarlo, pero no demasiado. En los casi nueve meses de gobierno ya se había dado cuenta de que Flamarique no era un alarmista, y sabía de su carácter de operador político de confianza del vicepresidente.

—Esperá que lo llame al Presidente —pidió Aiello.

A los pocos minutos, Flamarique repitió la historia ante De la Rúa, que ya la conocía, en parte, porque había sido informado por su propio equipo pero ignoraba que fuera tan importante para Chacho.

El Presidente se comunicó con Darío Lopérfido, el secretario de Cultura y Medios, y con Darío Richarte, número dos de la SIDE.

—Encargate —dijo a cada uno.

Uno de ellos se comunicó con Muro, que estaba con Álvarez en el Senado.

—La nota está parada —informó Muro en un momento.

Hipólito Covarrubias, *El Gordo Hipólito*, director de Ceremonial del Senado, y Ricardo Mitre, *El Turco*, secretario administrativo, que acompañaban a Chacho, suspiraron de alivio. Les duró poco, porque Muro volvió a recibir muy pronto otro llamado.

—La nota no está parada —dijo como en un juego de palabras—. Sale este viernes.

—Avisale a Liliana —pidió Chacho.

A Muro no le gustó que le asignasen la parte más insalubre de la misión.

—¿Yo? —intentó resistirse, mientras miraba a los otros dos colaboradores.

La leyenda del Frepaso indica que en este punto del encuentro Covarrubias y Mitre huyeron de la oficina, para no ser responsables de desobedecer una misión encomendada por el jefe.

Flamarique ya había llegado a Aeroparque, dispuesto a no perder el vuelo. Antes de embarcarse sonó uno de sus dos celulares. Era Lopérfido, con el mismo mensaje que había recibido Muro.

—Va a salir una nota, sí, pero sin connotación personal.

***

El viernes 28 a la mañana, Flamarique llamó a Chacho desde Mendoza. No descubrió ningún escándalo en ciernes.

Por la tarde Álvarez, Graciela Fernández Meijide, Raúl Alfonsín y Rodolfo Terragno fueron a Olivos para encontrarse con De la Rúa. Se cumplían dos años de la formación de la Alianza y habían decidido privatizar el festejo: conmemoraron el aniversario de la coalición que había ganado las elecciones como opción frente al peronismo concediendo una nota a *Clarín*, que la publicaría el domingo.

Antes del encuentro Lopérfido mostró una copia de la nota de *La Primera*.

Ni Álvarez ni el resto dijo tener ningún problema.

El fin de semana nada en el paisaje indicaba nervios, crisis o estallidos. En política, claro. O, al menos, en la incipiente guerra interna de la Alianza, porque no podía considerarse un hecho partidario la muerte de René Favaloro de un tiro al corazón, el sábado 29 de julio en su departamento de Palermo Chico.

Sin embargo, las interpretaciones sociales del suicidio del cardiocirujano más famoso de la Argentina crearon, o bien mostraron —nadie puede saberlo a ciencia cierta—, una fisura entre el gobierno de la Alianza y los ciudadanos. Quizás también sirvieron para preparar el terreno de la denuncia sobre el Senado motorizada por Álvarez.

***

Es imposible explicar un suicidio, esa decisión que según Albert Camus puede considerarse el acto más misterioso del ser humano.

A los 77 años, Favaloro había llegado a todo en su carrera profesional salvo el Premio Nobel.

Ya figuraba en la historia de la medicina como el inventor del *by pass*, una de las técnicas más revolucionarias de la cardiocirugía.

Tenía prestigio en la Argentina, los Estados Unidos y Europa.

Los políticos lo cortejaban: después de integrar la Comisión Nacional sobre Desaparición de Personas (Conadep) Favaloro integró todas las listas de personajes a seducir por los partidos políticos para encabezar candidaturas a cargos legislativos o puestos ejecutivos, a nivel nacional y en la provincia de Buenos Aires.

Gozaba de un extraordinario respeto popular. Favaloro era, en un país de escépticos, uno de los escasos símbolos de honestidad.

Había conseguido poner su nombre y apellido al mito de la vieja Argentina de la movilidad vertical, donde el hijo de un carpintero de un pueblo de La Pampa podía progresar hasta convertirse en un médico famoso.

Era escuchado cuando hablaba de la injusticia. Y lo hacía seguido, quizás al estilo de los socialistas de principios de siglo, con más apego a describir los problemas que a señalar cuáles eran los sectores responsables de la inequidad.

Ídolo popular, nadie hallaba en él ninguna mancha. Era tan querido como Maradona, pero su figura no admitía discusión, y ni siquiera debía explotar, como el 10, la debilidad de haber caído en el vicio y haber podido levantarse gracias a la fe, Guillermo y doña Tota.

¿Se mató por deudas? ¿Por vejaciones a su orgullo dentro de la conducción de la Fundación Favaloro? ¿O, simplemente, por esa caída en la depresión profunda que insensibiliza a los hombres hasta crearles un caparazón que los proteja del propio sufrimiento? La respuesta lógica es la ignorancia, la incertidumbre más absoluta, pero la sociedad reaccionó como si supiera la causa del suicidio a partir de una transmisión directa desde el alma del cardiocirujano al corazón de su pueblo. A Favaloro, sin duda —pensaban— lo habían matado los argentinos.

El gobierno nunca pensó que una muerte así pudiera tocarlo. No bien se enteró del suicidio, De la Rúa informó condolencias y ordenó duelo. Su ministro de Salud, Héctor Lombardo, quiso ser poético. "Se trata de una verdadera paradoja que el hombre que salvó tantos corazones haya apuntado a su propio corazón", dijo. Ignoraba que la semana siguiente debería defenderse por televisión para responder a la acusación —difusa, pero muy potente por la amplificación en los medios audiovisuales— de que el silencio oficial había puesto en peligro a la Fundación Favaloro y precipitado la muerte de su presidente. También debería defenderse Cecilia Felgueras.

—Lo atendí con todo el respeto que correspondía —dijo la entonces interventora del PAMI y vicejefa electa del gobierno porteño, puesta por primera vez en el papel de una política bajo sospecha social.

Hasta De la Rúa debió aclarar que no le alcanzaron una carta de Favaloro el viernes anterior al suicidio sino, recién, el lunes.

"El doctor Favaloro representa una sensación de arar en el mar, de remar contra la corriente", opinó Pablo Jacovkis, decano de Ciencias Exactas de la UBA.

"Estoy cansado de luchar y luchar, galopando contra el viento, como decía Don Ata", se leía en una de las cartas.

"El gobierno no tiene culpas que lavar", quiso cerrar Jorge de la Rúa, hermano y secretario general del Presidente. Pero la historia no podía cerrarse: aunque no tuviera culpas concretas en la crisis de la Fundación Favaloro (si es que el Estado debe concentrarse en subsidiar las fundaciones privadas), a los De la Rúa les tocaba estar arriba en el clímax de la desconfianza general hacia los gobernantes, así, genéricamente, sin indicación de tiempo y lugar.

El gobierno empezó entonces a hablar del malhumor social. Aún creía que sería un estado pasajero. No tenía conciencia de que aumentaría de manera incesante hasta transformarse en el mayor enemigo invisible del oficialismo, sólo superado en los últimos meses del 2000 por otro ente tan abstracto como temido: los mercados.

***

¿Qué podía importar, en ese clima de consternación social, la tapa de una revista de circulación restringida? Poco, si no fuera porque Hadad cubrió de afiches el centro de Buenos Aires y colocó avisos en televisión.

Sólo unos cientos de personas leyeron la nota que había parecido tenue a los ayudantes de De la Rúa. Pero cientos de miles vieron un montaje realizado utilizando la publicidad de la película *El mañana nunca muere*. En lugar de James Bond, en el centro, de esmoquin y moñito, Álvarez. A su derecha, dentro de un escotado vestido rojo, Vilma. Y a su izquierda, verde con tajo profundo, Liliana. "Cero cero siete Chacho, entre el amor y el poder", decía el título.

"Chacho atrapado en una feroz pelea femenina y entre rumores de separación", explicaba *La Primera* en tapa, violando el código no escrito que vedaba al periodismo político meterse en la vida privada. ¿O no era periodismo político? ¿O no era periodismo?

***

El martes 1° de agosto José Luis Machinea se despertó con ganas de poner un toque de color en la rutina económica. Llamó a Flamarique, con quien había trabado una relación personal cada vez más estrecha.

—Vení con Cristina al Colón. Voy con mi señora. Vamos a ver *Madame Butterfly*.

Flamarique aceptó. Respetaba a ese ministro que se abstenía de las intrigas y a quien sus colegas evitaban hacer zancadillas.

Sólo habían pasado veinte minutos de las ocho y media, hora del comienzo de la ópera de Puccini, y Flamarique recién podía distenderse frente a Susan Bullock y Marcus Haddock, cuando entró un empleado del Colón:

—¿El señor ministro de Trabajo?

—Sí.

80

—En la puerta lo necesitan urgente.

Flamarique preguntó quién lo necesitaba.

—El vicepresidente se quiere comunicar muy rápido con usted.

Alertado por Álvarez, el chofer del auto oficial del Ministerio se había movido rápido para ubicarlo en el palco. Cuando abrió su celular personal, Flamarique tenía cinco llamados de Álvarez.

Discó el número del Senado.

—Venite para acá —escuchó.

—Decime qué pasa —impaciente, el ministro.

—Tengo las pruebas de que esto es una conspiración de la SIDE.

Flamarique dudó entre volver y avisar o ir directamente al Senado. Optó por no avisar. Tomó el auto y recorrió ansioso los cinco minutos hasta la oficina del vicepresidente. Cuando entró, halló a Álvarez sentado junto a una nerviosa Liliana.

—Quieren destruir mi matrimonio —dijo Chacho con cara de notable abatimiento.

Le explicó que tenía comprobado por varias vías distintas del propio gobierno que el origen del problema estaba en la SIDE. Refirió que ya había hablado con De Santibañes y, como siempre, aprovechó para criticar a Román Albornoz, mano derecha del jefe de la SIDE.

—¿Las fuentes son buenas? —preguntó Flamarique como si fuera un editor a punto de cerrar una nota de tapa con su redactor estrella.

—Sí, pero no te las puedo decir —se adelantó Chacho.

En el medio de la conversación, Liliana, que parecía ya más tranquila, anunció:

—Ya vengo.

Y se fue a sacar la foto con la nueva camada de legisladores de la ciudad.

Alertado de la situación, Flamarique llamó también a Darío Alessandro. Chacho le pidió que se acercara para incorporarse a la reunión. Tardó un minuto. La conversación duraría hasta las dos de la mañana.

—Si tenés comprobado que es la SIDE, vámonos del gobierno nacional. Metámonos en el gobierno de la ciudad, ya que el domingo asume Aníbal, y chau —propuso Flamarique.

—Ni en pedo, no mezclemos —dijo Chacho en un momento de la conversación—. A Graciela la destruyeron, ahora me destruyen a mí y a Aníbal lo van a cooptar.

Álvarez revelaba con ese comentario la irritación que le producía Ibarra, a quien veía menos neurótico por la política que el resto de sus colegas y con quien había recelos mutuos desde que, meses atrás, Aníbal había percibido que Chacho, antes de su candidatura a vice, barajaba la posibilidad de presentarse como candidato a jefe de gobierno porteño por el Frepaso.

—Si todo eso pasa, se terminó el Frepaso —dramatizó Álvarez.

De todas maneras, paradójicamente tuvo el reflejo de imaginar una jugada conciliadora.

—Che, a ver si podemos tomar un café con Santibañes —pidió a sus escuderos.

El jefe de la SIDE lo acusaba, y naturalmente la crítica había llegado a Chacho, de que el vicepresidente había motorizado la divulgación de informaciones sobre sus manejos empresarios con el cuero en tiempos del menemismo.

—Llama De la Rúa —avisó una secretaria.

Chacho no quiso hablar. Era la primera vez que se negaba a atender al Presidente. No sería la última.

—Atendé vos.

—Fernando, Chacho está muy caliente —dijo Flamarique cumpliendo la misión de su jefe.

Quedaron en verse al día siguiente.

Después del episodio, Álvarez, Alessandro y Flamarique discutieron una estrategia del Frepaso para encarar a De la Rúa y negociar reglas entre los socios de la coalición.

Se pusieron de acuerdo en que plantearían cinco temas al Presidente.

El primero, declarar a Hadad enemigo público número uno. La declaración, por supuesto, sería una decisión interna y no un proyecto de alcance legal, aunque debía barajarse la posibilidad de revisar el estado de las concesiones a Hadad.

El segundo, ponerse en campaña para frenar los artículos que, estaban seguros, continuarían la serie Bond. "Si hay inteligencia, ¿cómo no se sabe que una nota va a salir?", se preguntaba Chacho.

El tercero, radiar a Albornoz y sacarlo de la SIDE.

El cuarto objetivo, poner en la SIDE un especialista del Frepaso. No hicieron nombres en ese momento. Antes, cuando se discutían las segundas líneas del futuro gobierno en el Hotel Panamericano, a principios de diciembre del '99, el candidato fue Marcelo Saín, un investigador de la Universidad de Quilmes que colaboraba con Juan Pablo Cafiero. Saín recaló en el área de narcotráfico de la Presidencia y el Frepaso terminó sin designar a nadie en los servicios de inteligencia. Pero esa noche de agosto Álvarez, Flamarique y Alessandro fueron aun más lejos, y contemplaron la chance de pedirle a De la Rúa el nombramiento en la SIDE de un cuadro político. En ese punto sí hicieron nombres: podía ser Rodolfo Rodil.

En cuanto al quinto punto del imaginario reclamo, el Frepaso dejaría en claro ante el Presidente que el acuerdo se mantendría blindado, o sea impermeable a cualquier filtración.

Hubo un complemento de forma. Los tres quedaron en que se lo plantearían al día siguiente a De la Rúa con todas las letras.

—Andá vos —dijo Chacho a Flamarique.

Flamarique percibió que la discusión sería muy complicada. No tenía problemas en polemizar y acordar con De la Rúa —de hecho, ésa había sido su vida desde la adolescencia—, pero le pareció que convendría llevar una representación mayor del Frepaso.

—Mirá, para darle más fuerza, ¿por qué no voy con Darío?

Álvarez estuvo de acuerdo.

Machinea ya había salido del Colón. No sabía qué había pasado pero sabía que seguramente no era nada bueno.

—Vayan a cenar, que yo me acerco —dijo Flamarique.

El ministro de Economía, su mujer y Cristina Zuccardi fueron hasta un restaurante en Salguero y Libertador. Flamarique llegó recién a las dos de la madrugada. Los demás lo vieron agotado y preocupado.

En la mañana del miércoles 2 de agosto, tal como habían acordado, Alessandro y Flamarique se encontraron en la oficina del segundo. Le dieron unas vueltas más al tema que sólo ellos comentaban. El resto del país lloraba con una carta cuyo contenido acababa de revelar De la Rúa. Era de Favaloro y terminaba así: "Estoy desesperado". Y una parte analizaba una confesión del equipo económico. "El gobierno está preocupado por la debilidad de la recaudación", porque, se quejaba, "la recuperación viene lenta".

De la Rúa estaba en Olivos. Flamarique, a quien comenzaba a gustarle la infraestructura del poder, consiguió el helicóptero presidencial para acortar su tiempo de espera. El ministro y Alessandro subieron en el helipuerto Puerto Madero. El aparato ascendió como chupado por una fuerza desde arriba. Miraron el río. El reflejo del sol se colaba a través de las nubes en esa mañana fresca.

Cuando llegaron a la residencia encontraron al Presidente con Nicolás Gallo, Cecilia Felgueras y Darío Lopérfido, tres de sus funcionarios de confianza. Los acompañaba Antonio. Ante una indicación de De la Rúa se fueron y lo dejaron solo con los frepasistas.

Flamarique y Alessandro explicaron los cinco puntos y, en la versión que dieron después a Álvarez, De la Rúa no tuvo ningún punto de desacuerdo.

—Tiene razón Chacho, esto hay que pararlo —dijo, mostrándose comprensivo—. No puede ser que en el gobierno estemos haciendo estas cosas.

Aprovechó para agregar dentro del paquete los artículos sobre los negocios de su cuñado, el almirante Basilio Pertiné, que habían salido en *Noticias*, aunque no tenían nada que ver con la vida privada.

Después comunicó con todas las letras que estaba de acuerdo con la lista de temas y llamó a Lopérfido.

—Ubíquelo a Hadad.

No lo encontraron.

La reunión con De la Rúa terminó al mediodía y los dos dirigentes subieron satisfechos al helicóptero que los dejaría de regreso en el centro. Cuando abrieron los celulares, los mensajes de Chacho habían inundado las casillas.

Darío Alessandro acompañó a Flamarique hasta el Palacio Duhau, junto a la Nunciatura, donde Juan Navarro congregaba a funcionarios, políticos y editores de medios para escuchar a un gurú norteamericano.

En la puerta, los dos se comunicaron con Chacho pero no quisieron dar detalles. Estaban seguros de que la SIDE escaneaba sus teléfonos móviles.

–Todo bien, Darío te cuenta porque yo tengo un almuerzo en el Grupo Exxel –anunció Flamarique.

–Está bien, no se preocupen, que yo todavía estoy acá con Van der Kooy.

–Mmmm... Chacho, ¿no era blindado?

–No se calienten, no se calienten. Chau.

El jueves no salió nada publicado sobre la reunión. El viernes tampoco. Y tampoco el sábado.

En el medio, Álvarez quiso sacar un comunicado, uno de los pocos que emitió mientras fue vicepresidente para fijar posición formal sobre un tema. Cuestionaba la prórroga de diez años de la explotación del yacimiento Loma de la Lata buscado por la multinacional Repsol YPF. Tenía tres párrafos:

- "Todavía no está claro cuáles son los beneficios, si es que los hay, de acceder a la prórroga de 10 años, cuando aún faltan 17 para que venza el contrato actual."

- "Los gobernantes tenemos la obligación de mirar siempre más allá de la coyuntura inmediata, protegiendo los intereses del país a largo plazo."

- "Debemos hacerlo más aún en casos como éste, en el que se está decidiendo un valiosísimo recurso no renovable hasta una fecha tan lejana como el año 2027."

Pocos le prestaron atención. Un mes después, sería la clave de un gran escándalo, cuando la senadora Silvia Sapag denunciara que un colega había querido sobornarla para favorecer a la petrolera española prorrogándole una concesión.

***

Aníbal Ibarra asumió un domingo de otoño ni demasiado frío, ni demasiado nublado, ni con demasiado sol, pero cargado de expectativas. El 6 de agosto era un día histórico para el Frepaso. Había sido derrotado en la provincia de Buenos Aires en octubre del '99, y ahora se tomaba revancha agregando un distrito grande, el segundo del país, al control de municipios menores que Buenos Aires, como Rosario, Avellaneda y Morón. La victoria de Ibarra en las elecciones porteñas había sido la clave para compensar el poder interno dentro de la Alianza, donde el delarruismo no contaba con un contrapeso territorial en su socio. Ibarra llegó al juramento exultante en su traje oscuro. Cecilia Felgueras, con un vestido de raso color borravino, hizo de novia porteña. El padrino, que suele ocultar sus emociones como un jugador de póquer que pasa y pasa hasta la última mano, parecía sin embargo conmovido con el acto que concretaría la victoria de la Alianza en la ciudad de Buenos Aires, un distrito del que era dueño y que había dado las mayores satisfacciones a la coalición: de allí habían salido él mismo, allí había sido derrotado el menemismo en 1994, allí los porteños catapultaron a Chacho Álvarez como líder nacional, Graciela se consagró en la ciudad como una figura rutilante (y muy pronto entibiada) de la política argentina y Aníbal completaba el ciclo agregándose como protagonista nacional a los dirigentes de la Alianza.

Empezaba a encarnar un desafío bastante modesto: ahorrar una cuota mayor de desilusión a los porteños. El electorado todavía esperaba y toleraba al gobierno nacional. Tenía la recóndita ilusión de que alguna vez terminase la épica de las cuentas fiscales y empezara la pelea articulada por la creación de empleo. Pero ya había perdido entusiasmo, y los funcionarios más inteligentes del propio gobierno comenzaban a preocuparse por un bajón que —intuían sólo los más lúcidos— se resolvía con más política y no con más juegos de imagen.

Ibarra asumía con ventajas sobre Fernando de la Rúa. Gobernaría un distrito rico, con cuatro puntos menos de desocupación que la media nacional, asumía sabiendo qué hay y que no en el Estado, porque había compartido la gestión De la Rúa-Olivera, y no hallaría cuentas públicas en rojo ni debería hacer una cruzada contra la corrupción de la gestión anterior.

Cuando Ibarra tomó posesión del gobierno porteño, aún parecía fresco que la Alianza había ganado en diciembre del '99 como la contracara del costado más antipático de Carlos Menem y el peronismo en crisis. El menemismo era aún, por contraposición, su mayor capital político. La gestión de Ibarra, en cambio, no tendría que oponerse a la de Enrique Olivera y De la Rúa. Sólo supondría un cambio de la hegemonía cultural dentro de la misma coalición oficialista. El jefe del Ejecutivo en el segundo distrito del país ya no sería un radical ni un delarruista, sino un dirigente del Frepaso que construyó su carrera política hilvanando tres capítulos:

- Una militancia adolescente en el movimiento estudiantil, ya en el estribo de los años 70. Ibarra fue comunista, pero sus compañeros de entonces no lo recuerdan como un militante encerrado en el aparato, y además, ser comunista en el Colegio Nacional de Buenos Aires en 1973 o 1974 era elegir una de las opciones del menú político allí mayoritarias. Una opción coherente, por otra parte, con la tradición familiar. "Mi padre es republicano, pero no español. Mi padre es febrerista", contó Ibarra en su discurso. El febrerismo fue la vertiente socialdemócrata de la oposición a la dictadura de Alfredo Stroessner. Y la referencia al origen de su padre como inmigrante y paraguayo situó el discurso del nuevo jefe de gobierno en una línea de tolerancia alejada, por ejemplo, de la "invasión silenciosa" de bolivianos y peruanos que el nuevo fascismo pregona ahora como hipótesis de conflicto, y cercana a un centroizquierdismo moderado.

- Un fuerte compromiso con la transición democrática iniciada en 1983. Ibarra vivió esa experiencia como fiscal en el sector más independiente del Poder Judicial.

- Una sintonía muy perspicaz con la irritación producida por la corrupción alentada desde el Estado como una verdadera ingeniería de negocios.

La experiencia política de los 70, la democratización del '83 y la construcción de espacios a partir de la oposición al menemismo fueron las tres claves del poderío del Frepaso. Pero Ibarra, en su discurso de asunción, pareció buscar una ampliación del campo de los sobreentendidos más allá de su fuerza, e incluso más allá de la Alianza.

"Integramos este gobierno con mujeres y varones que siempre han creído en el sentido amplio de la democracia", había sido una frase. Y otra: "Queremos vivir en un mundo en el que los derechos civiles, además de garantizar la ciudadanía política, hagan efectiva la ciudadanía social. Queremos vivir en una sociedad en la que haya plena protección de los derechos humanos a través del ejercicio activo de la memoria, la defensa de las víctimas y la lucha contra las discriminaciones."

"La justicia, la solidaridad social y la igualdad son valores que sostenemos desde jóvenes", y no como "patrimonio exclusivo de ninguna formación partidaria" sino más bien como "una ética que une transversalmente a un gran espacio social".

Gobernar la Capital Federal y gobernar la Argentina representan dimensiones diferentes, pero de todos modos desde la asunción de Ibarra, y por lo menos hasta el día de la renuncia de Chacho, la Alianza era más rica y multifacética. Lo era porque en la Capital Federal ya gobernaba un equipo con hegemonía del Frepaso; porque el delarruismo estaba representado por Cecilia Felgueras, más tarde una defensora de Álvarez en su cruzada por oxigenar el sistema político, y no por el balbinismo *démodé* de José María García Arecha; porque las dos patas peronistas del gabinete porteño, Jorge Telerman y Daniel Filmus, no apostaron a Domingo Cavallo en las elecciones; porque en el equipo hay judíos; porque hay ex presos políticos y militantes contra la dictadura, y porque las comparaciones siempre serán inevitables aunque Ibarra jamás aparezca alentándolas.

Todos los análisis iniciales indicaban que el desafío político de Ibarra sería distinguirse en la gestión de gobierno. Eso fue antes de asumir. El día en que tomó el mando sumó otro: hacer algo concreto por la gente de los barrios —donde según sus propias cifras hay un 18 por mil de desnutridos—, sin decir a cada momento que uno es "progresista".

Pero a los dos desafíos casi de Perogrullo –la gestión, y la gestión popular– Ibarra añadiría una inquietud cada vez mayor por la suerte de la Alianza. Si Chacho y De la Rúa se distanciaban, para él sería más difícil gobernar la ciudad sin romper con De la Rúa, mantenerse en el Frepaso sin romper con Chacho, perfilarse hacia el futuro sin astillar la coalición. Como lo había demostrado Eduardo Duhalde con Carlos Menem, no hay esfuerzo de diferenciación que alcance para distanciarse de un gobierno nacional que perdió el favor popular. Si De la Rúa no fracasaba estruendosamente pero la Alianza languidecía en medio de una crisis continua, el problema de Ibarra no sería la derrota política pero sí la gobernabilidad que haría difícil un salto seguro hacia el escenario nacional. Había formado el gobierno tras un paciente tejido de alianzas con el radicalismo porteño. Si el Frepaso dejaba la Casa Rosada, como ya parecía probable ese domingo de agosto, ¿la UCR se mantendría en la Capital? Y en la Legislatura, ¿no quedaría, como Carlos Ruckauf en la provincia de Buenos Aires, atado a un pacto más o menos explícito de toma y daca entre las negociaciones de entrecasa y los acuerdos nacionales?

En uno de sus primeros viajes, y mientras la crisis escalaba, Ibarra fue a una reunión de alcaldes en China. De vuelta, paró en Roma para interesarse por la escandalosa liberación del mayor retirado del Ejército Jorge Olivera. Mientras entraba en la presentación de un encuentro cultural argentino llamó a De la Rúa.

–Mirá, Fernando, no sé qué nivel de diálogo tenés con Chacho, ni sé qué idea tenés del cambio de gabinete. Pero si vas a generar movidas te digo que el Frepaso no puede quedar debilitado.

–Quedate tranquilo, Aníbal –le contestó el Presidente–. Quedate tranquilo.

***

El 6 de agosto no faltó nadie para la asunción de Aníbal Ibarra.

Al juramento fueron todos los ministros y, como sucede en esos casos, se desarrollaron escenas de teatro dentro del teatro.

Los funcionarios estaban tiesos, serios, con el cuidado que da cierta experiencia en saber que cualquier gesto fuera de protocolo puede terminar amplificado por el maldito *zoom* de un camarógrafo.

"¿Juráis, por la patria...?", comenzó la fórmula el escribano que actuaba en la obra mayor.

En el escenario, los radicales se acercaban sigilosamente a los del Frepaso.

—¿Qué significa lo que salió? —podía preguntar uno hablando bajito y de costado.

—No sé —contestaba sinceramente otro, como si también hiciera en truco la seña de un siete bravo.

Metido por un momento en la obra menor, Federico Storani ladeó la boca hacia Flamarique.

—Alberto, ¿leíste?

—Msé.

—¿Qué es esto?

—Una chiquilinada.

"Esto" eran los artículos de Eduardo van der Kooy en *Clarín* y Joaquín Morales Solá en *La Nación*. El primero se titulaba "Sospechas, intrigas y desconfianzas". El segundo, "El embrión de una crisis institucional".

Con distintos matices, se preguntaban si no se estaría comenzando a usar datos de la vida privada para zanjar una guerra interna en la política e incluían referencias que obviamente habían surgido del propio Carlos Chacho Álvarez.

Sin comillas, pero tampoco sin vacilar, quedaba claro el pensamiento del vicepresidente.

Suponía que era "objeto de una jugarreta para menguar su vigor político".

Creía que "nadie se mete falsamente con el vicepresidente de la Nación sin un respaldo político notable".

Después de una investigación, "según aseguró, no menos de cuatro o cinco fuentes —confiables para él— lo llevaron a la certeza de que la operación se originó en la propia SIDE".

Estaba seguro de que, o De Santibañes hizo, o De Santibañes toleró.

Explicaba que todo era una venganza del jefe de la SIDE.

Contaba que le había dicho a De la Rúa: "No es bueno que ese amigo (por De Santibañes) trate de ocupar tu lugar ante la opinión pública". Y también: "Sé que Santibañes es quizás el único amigo del Presidente que tiene también el afecto de toda su familia".

Sostenía que las supuestas operaciones no habían salido del menemismo, como había pensado en algún momento, sino del propio gobierno.

Relataba que "De Santibañes habría sido, al parecer, ejecutor sigiloso de una 'operación de convencimiento' sobre un núcleo de senadores peronistas para que dieran su voto de respaldo a la reforma laboral. El tramado político de esa maniobra —seguía uno de los textos, en este caso el de Van der Kooy— habría estado a cargo de un puñado de dirigentes radicales, bajo la batuta de Enrique Nosiglia". Agregaba por su cuenta el columnista de *Clarín* que "esa supuesta tramoya del poder terminó abriendo grietas en la oposición y confundiendo líneas entre unos y otros", y que "varios senadores peronistas (entre otros, Carlos Corach y Antonio Cafiero) parecieron descolocados por aquella mutación del bloque partidario cuando transformó en aprobación la resistencia inicial a la reforma laboral". Más aún: existirían "añejas complicidades entre peronistas y radicales".

Álvarez, según Morales Solá, había dicho a Bauzá y Eduardo Menem luego de que se divulgara una escucha telefónica a Zulemita: "Pónganme a mí del lado de ustedes si tienen una sola prueba de que se estaría usando la vida privada para hacer política".

El columnista de *La Nación* citaba luego el pensamiento de De Santibañes. Era así: "Yo renunciaré en el instante en que se compruebe que un solo empleado de la SIDE hizo cuestiones públicas de vidas privadas".

En *Clarín* se citaba la visión de la realidad desde "el campamento de los espías": "Explican la incomodidad actual de Álvarez desde la reacción de un dirigente alterado, en verdad, por la marcha lenta y zigzagueante del gobierno. Y, sobre todo, por las señales débiles de una economía que no termina de arrancar". Afirman, también, en el campamento, que "sería un suicidio político plantear en esta coyuntura una guerra fría dentro de la Alianza".

Pero la guerra fría se había desatado, y muy pronto ningún equilibrio del terror, al revés de lo que había sucedido en la segunda posguerra, bastó para evitar su conversión primero en una guerra convencional y después en un conflicto nuclear.

Todo tenía su explicación histórica. Nadie, hasta hoy, reparó en un dato pero ha llegado el momento de decirlo: cincuenta y cinco años antes del 6 de agosto del 2000, el día del juramento de Ibarra y Felgueras, el del comienzo de la crisis institucional en el gobierno y la crisis política en la Alianza, el de la declaración formal de hostilidades por parte de Chacho Álvarez, un piloto de los Estados Unidos descargó las bombas atómicas sobre Hiroshima y Nagasaki.

Mientras los explosivos aún estaban en el aire, De la Rúa dijo al Frepaso que había alcanzado a hablar con Hadad, quien le prometió que el tema no seguiría, y preguntado dentro del gobierno si había efectivamente una operación de la SIDE contra Chacho de la que él no estuviera al tanto.

Le aseguraron que no.

Pero Álvarez jamás creyó que estaba sufriendo un simple acoso periodístico.

6

El *diálogo telefónico del vicepresidente en bata hablando con el Presidente tiene el tono entre paternal y socarrón que se puede usar con un amigo o tal vez un tío. Como mucho, un diputado de la Alianza que no quiere convencerse de la decisión inminente.*

—Te lo digo en serio, es una decisión tomada.

Junto a él, en la computadora, Paula trata de descifrar unos jeroglíficos y pasarlos a la máquina.

Ricardo Mitre, el secretario administrativo del Senado, luce cara de velorio.

Hipólito Covarrubias, el director de Ceremonial, también parece apesadumbrado, o quizás sólo está poniendo la dosis de malestar que Álvarez parece ser capaz de soslayar en el momento más grave de su carrera política.

Liliana sirve café.

José Vitar trata de descifrar, como los demás, con quién habla Chacho. Todos pagarían por una llamada en conferencia, un teléfono con parlante, un amplificador.

Álvarez sigue pegado al tubo sin pensar en la cara de los otros.

Evita los gestos, concentrado en su conversación.

—Vos sabías que me estabas pegando en la mano.

El living rectangular parece preparado para varias carreras más de punta a punta.

—Si vos sabías que no me bancaba a Flamarique, Fernando...

Todos dan un respingo. Los serios se ponen aun más serios, los que tenían cara de velorio beben apurados su café, Liliana va por más tazas y Vitar mira la escena aun más azorado.

—Sí, Fernando, vos reafirmaste tu autoridad, pero la reafirmaste para la mierda.

Hay un breve comentario del otro lado. Chacho pone su mejor cara impaciente.

—Sí, y te voy a decir cómo la reafirmaste: castigándome a mí y al Frepaso.

Breve pausa y otra vez Chacho:

—¿Querés que te lo repita? Es decisión tomada. No, Fernando, ya la tomé y no vuelvo atrás. No vuelvo.

Evidentemente el interlocutor se resiste, busca nuevos argumentos, da nombres.

—Y bueno, ¿por qué no lo pensaste antes cuando lo pusiste a Flamarique en la Secretaría General, cuando dejaste a Santibañes?

Comentario del otro lado, y Chacho, de éste, insiste con los nombres. La pregunta por el motivo se repite, machaca, perfora.

En un momento la conversación deriva hacia otro tema. ¿Acaso Fernando se ha dado por vencido, cerrando el capítulo de la persuasión? ¿O, fiel a su fama de tiempista, de fondista como gusta llamarlo su hijo, se deja el final para la última estocada?

—No lo tomes así, Fernando, porque no es un apriete. Y no, no quiero ningún cargo más en el gobierno.

—...

—Menos ahora, Fernando. Menos ahora. No, menos. Mirá, éste es un problema político y lo peor cuando uno tiene un problema político es empezar a discutir los cargos.

—...

—Si querés sacarlos, sacalos. Es una decisión que tenés que tomar vos.

Chacho está concentrado en la conversación. No puede escuchar el rumor que viene desde la calle: "Chacho es honesto / por eso pasó esto".

Los demás sonríen.

El interlocutor llamado Fernando, al parecer, sigue con sus argumentos.

—Te compete a vos, Fernando —le dice Álvarez.

—...

—Sacalos, si querés, pero la mía es una decisión tomada.

—...

—No, no hay marcha atrás —vuelve al principio Chacho.

94

Por la ventana se escucha una consigna: "De la Rúa botón / De la Rúa botón / Sos jefe de los coimeros / la puta madre que te parió".

Los testigos del living se miran incómodos: ¿no será demasiado? Igual, por el teléfono no se oye. Fernando pide a Chacho otra reconsideración.

—De ninguna manera —repone el vice—. Y ahora la voy a anunciar.

—...

—Para que te quede claro, yo sigo creyendo en tu gestión.

—...

—Y te digo que no me voy a ir de la Alianza ni me voy a pasar a la oposición.

—...

—¿Así que va a tener un impacto negativo? Sí, igual que los sobornos, ¿no? Mirá, subió la Bolsa y bajó el riesgo país. ¿De qué impacto negativo me hablás?

—...

—No, no lo voy a hacer. ¿Sabés cuál es tu problema? Que vos sos un desconfiado.

—...

—Fernando, alguna vez tenés que aprender a confiar. No, no va a renunciar nadie —sigue prometiendo mientras camina por el living.

El perrito caniche, ya histérico por las vueltas de su dueño, come las medialunas del desayuno.

Es momento de cerrar.

—Lo que te dije, Fernando: lo hubieras pensado antes —redondea Chacho. Ya no hay vuelta atrás.

"EN EL SENADO NO SE PUEDE SER CÓMPLICE NI IDIOTA"

Lo decía como un mandamiento:

—Cuando un político llega al Senado, ya puede cambiar las tres "c".

Y estallaba en la risa contagiosa que los entrerrianos cultivan frente a un pescado a la parrilla y el vino blanco, al costado del río.

—La primera "c" es la casa. La segunda, el coche. Y la tercera, imagínensela. Les doy una ayuda: tiene que ver con la mujer.

Entonces, el senador por Entre Ríos volvía a reírse y todos festejaban. Si a uno le gustaba la política atada y bien atada, el Senado era un buen lugar. Además de las tres "c", la vida estaba asegurada, también el ahorro, se disfrutaba de un tratamiento de padre de la patria basado en la autocomplacencia corporativa de la propia cámara, existía la certeza de que los senadores argentinos eran apenas menos importantes que los romanos en tiempos de la república, y no había sorpresas. La Comisión de Labor Parlamentaria, que reúne a los presidentes de bloque, acordaba previamente el marco de cada discusión. Quién presentaría la posición oficial, quién se opondría, cuánto se opondría, en qué se opondría. Era la esencia de la gobernabilidad: yo te doy, vos me das. Una gobernabilidad, además, lubricada. ¿O no era cierto que un poquito de corrupción aceitaba los mecanismos y lubricaba el sistema de favores?

Así había ocurrido con el Concejo Deliberante porteño. Desde comienzos de la democracia, la gobernabilidad también estaba acordada y la corrupción evitaba la corrosión. Pero terminó cuando se juntaron cuatro condiciones:

- Un nivel de corrupción intolerable.
- Una situación de crisis social y penuria económica.
- Un político y una fuerza que, como Aníbal Ibarra y el Fredejuso, antecesor del Frente Grande y el Frepaso, se sintieran asqueados o bien creyeran que les convenía romper el pacto corporativo, o ambas cosas a la vez.
- Una dinámica informativa que tornaba imposible cualquier opacidad y le ponía carne al famoso principio de transparencia.

Cuando esas cuatro condiciones convergen, la corrupción remata siempre en corrosión, y la corrosión es tan brutal y evidente que pone en peligro el sistema de corrupción original. Mantenerlo es políticamente suicida. Lo es para sus protagonistas, pero también para quienes toleran el sistema sin denunciarlo.

En estos casos no importa que, antes, la decadencia haya sido más o menos conocida. Interesa que en un momento dado los astros la conviertan en algo tan público como irritante.

Desde que asumió la presidencia del Senado, Chacho Álvarez sabía que estaba al frente del club más desacreditado de la Argentina. Sólo los socios activos ignoraban el desprestigio, o fingían hacerlo en pos de las tres "c". Había también socios honestos, claro, pero habían incurrido en el pecado de soberbia y eso les impedía ver en los demás los de gula y avaricia.

Un factor clave reforzaba el descrédito: salvo los de la Capital Federal, los senadores eran los únicos miembros del Poder Legislativo que no eran elegidos directamente por el voto popular sino por las negociaciones en las Legislaturas. El método indirecto podía arrojar como resultado un senador brillante, trabajador y honrado, pero había gran probabilidad de que llegara a Buenos Aires el representante de una rosca de provincias, más interesado en perpetuar esa rosca que en la confrontación de proyectos. Al principio los senadores parecían quedar al margen del sistema al que se integraban, pero era sólo cuestión de tiempo. Tarde o temprano serían socios activos o se meterían en la categoría de los que eran suficientemente honestos como para no participar en la transa pero escasamente valerosos como para patear el tablero.

Sustentado sobre el único senador del Frepaso, Pedro Del Piero; en la lealtad de Ernesto Muro y del *Gordo* Hipólito Covarrubias y el celo de Ricardo Mitre, Álvarez se dio cuenta muy pronto de que debía apoyarse al mismo tiempo en su capacidad de impacto público y en los senadores más nuevos o en los radiados del sistema. Golpeado sólo porque había querido pasar en limpio la lista de empleados, esa víscera sensible que había puesto en guardia las antenas de la SIDE y desencadenado las operaciones más sucias, Álvarez no estaba en un momento de ofensiva cuando aparecieron los primeros indicios del escándalo de la reforma laboral. En los 70 habría descripto ese instante como un repliegue táctico, una etapa en la que se juntan fuerzas para asestar un golpe efectivo en el instante oportuno.

Sus adversarios podían decir que Álvarez y su pequeño equipo estaban al acecho. Pero el equipo reunía información sobre transas chicas y grandes. Las chicas eran hasta pueriles, pero todas revelaban la misma certidumbre de impunidad política y judicial que embargaba a los venerables senadores.

***

Augusto Alasino, experimentado senador por Entre Ríos, era también un especialista en picardías que a veces ni siquiera se preocupaba por ocultar.

En su declaración de bienes incluyó entre los ingresos propios una suma presuntamente destinada al mantenimiento mensual del bloque justicialista. Era como si un gerente anotase como suyos no ya los gastos de representación que le corresponden sino la caja chica de su oficina.

En tinta negra, y de puño y letra, el senador llenó el punto V, inciso 1, sobre ingresos por el trabajo en relación de dependencia. Puso que era presidente del bloque de senadores justicialistas y anotó como remuneración mensual neta 14.818 pesos. Una simple comparación permitía deducir que esa cifra era imposible de ganar. Tal como consta en el anexo de este libro, los senadores percibían entre nueve y diez mil pesos, y ninguna reglamentación otorgaba un salario mayor a los jefes de bloque. Cualquier sueldo extra era irregular.

La diferencia está en que la cámara asignaba a cada bloque 150 pesos por mes por senador para gastos que podían ir desde una corona fúnebre hasta un *buffet froid*.

El PJ tenía, en el momento en que Alasino hizo su declaración, 37 senadores. Si por cada senador el bloque recibe 150 pesos, por 37 senadores la suma llega a los 5550.

Alasino dijo que ganaba por mes 14.818 pesos.

Al efectuar la resta de 14.818 menos 5550 se obtiene la cifra de 9.268 pesos, que sí es coherente con los sueldos que ganaban los senadores en 1999, el año que originó las declaraciones de bienes.

No es poco. Anualizando los 5550 pesos se llega a 66.600 pesos sumados al ingreso personal.

Un dato: este Augusto Alasino es el mismo legislador que se hizo construir una mansión de casi 400 mil dólares en su pueblo natal, Concordia. Era tan notable el contraste con el resto de la ciudad, aquejada por una desocupación superior a la media nacional, que un chiste comenzó a circular en la provincia:

–¿Sabés qué es Entre Ríos?

–Obvio. Una provincia.

–No. Lo que queda detrás de la casa de Alasino.

La Justicia entrerriana, donde Alasino tiene muchos amigos por su simpatía, abrió una investigación sobre las propiedades del senador para saber si se había hecho rico usando mecanismos ilegales. Muy pronto la cerró y Alasino fue sobreseído. No bien se conoció la noticia de la mansión, políticos radicales bajaron en peregrinación a Buenos Aires en busca de apoyo. Querían que su partido amplificara nacionalmente las denuncias contra Alasino. Obtuvieron un eco más bien magro, pero fue inmenso en comparación con el apoyo nulo que les dio José Genoud, nada menos que presidente del bloque de senadores radicales. Genoud es un político discreto y ordenado. ¿Para qué ganarse un problema?

***

En la estrategia de Álvarez, Antonio Cafiero no era en principio una pieza clave. Ni era nuevo ni acostumbraba denunciar a sus pares por episodios de corrupción, y al parecer su bloque no lo había marginado de las decisiones.

Nadie podía esperar sensatamente, a mediados de 1999, que Cafiero se convirtiera en la encarnación argentina del magistrado italiano Antonio Di Pietro. Político con más de medio siglo de actuación pública, había sido funcionario del primer gobierno de Juan Perón, del segundo, del último hasta la muerte del líder en julio de 1974 y del de Isabel Perón. Después, bajo Raúl Alfonsín de presidente, reconstruyó al peronismo y lo volvió a hacer competitivo. Con Carlos Menem, que lo derrotó en la candidatura a presidente en 1988, Cafiero tuvo una relación que iba del complejo de inferioridad a la disputa, y de la disputa al acercamiento obediente. Fue su embajador en Chile y al final del mandato de Menem actuó de policandidato. Cafiero era el hombre para la provincia de Buenos Aires, para el peronismo nacional, para los porteños, para seducir a los viejos compañeros, para entusiasmar al bombo de Tula, para retomar el sentimiento peronista al mismo nivel que Boca.

Entrador y veloz para la réplica, siempre de buen humor con su tono de porteño canyengue, Cafiero sabía mantener la relación con políticos de su generación y a la vez hacer que se sintieran bien con él los dirigentes de entre 45 y 55 años, la franja de edad de su hijo Juan Pablo y de su ex colaborador Carlos Chacho Álvarez.

Menos la quema de iglesias del '55, que lo violentó, había vivido y tolerado los costados más funestos del peronismo. Pero a los 77 años se sentía fastidiado por el destrato del bloque de senadores que integraba. Desgranaba quejas: no lo invitaban a las reuniones, no lo tenían en cuenta y ni siquiera le contestaban las notas.

En junio del 2000 Cafiero ni soñaba con jubilarse de la política. Su proyecto era, aún, seguir ocupando el centro de las decisiones y de la atención pública.

Lo suyo no era la oposición intransigente, ni mucho menos. El 26 de abril, tras afirmar que otra vez se utilizaba al salario como variable de ajuste, había aprobado por disciplina partidaria la reforma laboral que tanto interesaba al gobierno. Es decir: había votado a favor de la única iniciativa en el primer año de mandato de Fernando de la Rúa que el gobierno tomó con energía verdaderamente política.

***

La reforma buscaba descentralizar los convenios colectivos, y según la Alianza fisuraría a la dirigencia tradicional de los sindicatos. También establecía que debía prevalecer un convenio alcanzado en un ámbito menor (una empresa) sobre otro firmado en el ámbito mayor (todo el país). Los trabajadores podrían estar a prueba noventa días, prorrogables por otros noventa y los convenios anteriores a 1988 se revisarían en favor de otros nuevos.

Las medidas eran reclamadas desde la época de Menem por los analistas financieros internacionales, las visitas periódicas del Fondo Monetario, los gurúes locales y los empresarios. Ya antes de asumir, cuando no tenía ni una idea remotísima de que terminaría recalando en la SIDE, Fernando de Santibañes remataba cada intervención delante de De la Rúa haciendo propaganda sobre la necesidad de la reforma laboral.

Para el gobierno, hacer aprobar la ley en el Congreso era una acción que encerraba un mensaje con varios destinatarios: dejaría en claro ante los operadores financieros que De la Rúa era capaz de gobernar aun pagando el costo de la oposición sindical, se mostraría como un presidente apto para disciplinar al Congreso detrás de un objetivo propio y quedaría como lo opuesto de un político populista.

Los funcionarios no creían que la reforma laboral les fuera a acarrear algún nivel de deterioro político. En los temas sindicales se guiaban por las encuestas, y no había nadie peor posicionado en un sondeo que los dirigentes sindicales. Su desventura ante la opinión pública sólo era comparable a la de los senadores.

Durante todo el primer semestre del 2000, el gobierno desplegó una actividad de una intensidad que no se repitió en otras áreas. El Presidente se mostraba entusiasmado con la posibilidad de crear nuevos empleos, pero no sabía generar una mística nacional para elevar el tema y sacarlo de la rutina. La Alianza no había debatido a fondo los planes sociales, y Graciela Fernández Meijide sufría entre su propia inexperiencia de gestión pública, el procesamiento de su cuñado Ángel Tonietto y la falta de un compromiso eficaz del resto del gobierno. En Educación Juan Llach —a quien Chacho promovió en el Panamericano como presidente de una suerte de consejo de sabios y De la Rúa convirtió en ministro— no pudo envolver al Ejecutivo en una épica nueva. La única epopeya que De la Rúa parecía inclinado a liderar era la de la prudencia fiscal. Sin duda, un objetivo necesario, pero tan apasionante como la cruzada de los frondicistas por la soda solvay.

Con la ley laboral había un objetivo y una estrategia concreta. El gobierno reunió expertos, discutió en público y en privado con los dirigentes sindicales, puso a todos los ministros en tensión para conseguir la reforma, coordinó todos los niveles de negociación, señaló claramente que el operador jefe era uno solo, el ministro de Trabajo Alberto Flamarique, y dejó en claro que el interés presidencial en la aprobación de la norma era supremo. Nadie tenía dudas de que De la Rúa estaba personalmente involucrado en la sanción de la reforma.

Para subrayar su empeño personal el Presidente incluso pidió la colaboración de su primo Eduardo, cuya fuerte presencia sorprendió al principio a los colaboradores más íntimos de De la Rúa. El Presidente no le tenía el mismo respeto intelectual que a su hermano Jorge, por esa época secretario general de la Presidencia. Para él, Eduardo no figuraba en el círculo de los juristas brillantes y por eso era más que parco en elogios cuando hablaba de él. Pero Eduardo tenía ventajas cruciales para un político desconfiado como el Presidente al momento de abrir el juego a otros operadores que no fueran el ascendente Flamarique:

- En primer lugar, era un De la Rúa.
- Era sobrio y no buscaba la figuración.
- No tenía función en el gobierno, de modo que podía jugar suelto en las negociaciones.
- Gozaba de la confianza de Fernando de Santibañes, a quien conocía del sector financiero.
- Era un abogado pero no estaba reñido con las realidades terrenas. Había sido el gerente de Legales tras aquella fusión milagrosa del Banco de Crédito Argentino y el Banco Financiero.

Cuando se aprobó la reforma laboral, Eduardo de la Rúa se ganó un lugar en la mesa del Club Vasco Francés para festejar con gambas al ajillo, arroz con mariscos, helado y champán el primer éxito parlamentario del gobierno.

—Antonio, ¡qué lástima que no viniste con tu novia! —gritó De Santibañes. Se refería a una modelo con la que había sido fotografiado el hijo del Presidente.

Y después, más bajo, le dijo a Flamarique:

—Te felicito, conseguiste en cuarenta días lo que nosotros no conseguimos en cuarenta años.

Estaba claro que el "nosotros" no se refería al radicalismo, que no surgía como la identificación primaria del jefe de la SIDE, sino a los sectores económicos más poderosos de la Argentina.

A Flamarique le vino bien el agradecimiento. Cuando el trámite de la ley terminó, a Chacho ya se lo veía serio y reconcentrado, y después no fue al festejo. El ministro de Trabajo pudo no haberlo notado, pero en ese momento se planteaba una divergencia de caminos con su jefe que terminaría en la ruptura franca de octubre.

**

Cuando, en junio, Joaquín Morales Solá publicó en *La Nación* que la ley laboral había sido aprobada en el Senado gracias al uso de favores y prebendas, algo se disparó en Cafiero y en Álvarez.

El senador peronista envió una carta a Alasino con la secreta esperanza de que el jefe del bloque lo desmintiera. Pero Alasino ni siquiera contestó, con lo cual consiguió aumentar la irritación de Cafiero hasta arrojarlo a pedir una cuestión de privilegio para dirimir el tema en el recinto.

Todavía no se hablaba de sobornos —como al final—, ni de rumores sobre sobornos —como en el medio del drama—, ni de supuestos sobornos —como al principio—. Los favores y las prebendas bien podrían interpretarse como una negociación tradicional. Un voto por más planes Trabajar, por ejemplo. O por Adelantos del Tesoro Nacional (ATN) para socorrer a una provincia. Por eso la denuncia llegó a la Comisión de Asuntos Constitucionales sin que nadie agregara nada. Ni Álvarez habló. No podía hacerlo desde el estrado, porque era el presidente del cuerpo como vice y no como senador surgido del voto, pero también calló fuera del recinto.

Esos días circulaban en el Senado diferentes interpretaciones sobre la actitud de Cafiero. Unos decían que estaba indignado. Otros replicaban que podría haberse indignado en otro momento de su larga carrera política y no lo hizo. Entonces surgía una motivación noble: a veces, el enojo rebalsa la posibilidad de control. O una más egoísta: el viejo político se había sentido minimizado por sus colegas. O una basada en el cálculo: la corrupción en el Senado era un buen tema para un político.

El mismo Cafiero se encargaría de escalar el conflicto. Y Chacho terminaría potenciándolo.

–¿Y qué quieren? ¿Que le deje todo a Cafiero? –contestaba con su lógica implacable.

Poco a poco se armaba una dinámica parecida a la del Concejo Deliberante. Pero recién en agosto el reportaje de Álvarez en *Página/12* hablando del Senado volvería a poner el tema en la discusión pública, relacionado además con el espionaje originado en la SIDE. Ya ninguno de los protagonistas podría volver atrás. Ya ninguno querría volver atrás. El sistema del Senado explotaba, condenado a una inviabilidad de la que no podrían sacarlo ni la destreza de Augusto Alasino –que pronto debería renunciar, presionado por la Alianza, para dejar al sanjuanino José Luis Gioja–, ni los buenos modales de José Genoud, ni la ubicuidad del secretario parlamentario Mario Pontaquarto.

***

Con 52 años cumplidos en el 2000, casado con una profesora de francés, tres hijos, considerado un buen parlamentario, balbinista como De la Rúa y regular jugador de golf, orador prolijo sin ser brillante, Genoud era senador desde 1986, cuando renunció a la vicegobernación de Mendoza para ser elegido por la Legislatura de la provincia con el método indirecto para integrar la cámara alta. Llevaba, pues, diecisiete años sin revalidar títulos en una elección popular, y hasta la crisis de las coimas en el Senado aún tenía esperanzas de ser elegido en el 2001 por elección directa o disputar la gobernación en el 2003.

En contraste con las formas suaves del mendocino, su escudero Pontaquarto parecía un Sancho Panza extravertido y amigo de todos, simple y de buena relación, capaz de cantar un tango al cierre de una comida radical o de ilustrar sobre turf a un senador.

Tato, como conocían en el Senado a Pontaquarto, era con menos de 40 años un veterano del cuerpo. Trabajaba allí desde 1983 como la primera de las capas sedimentarias que había descripto Jorge Yoma a Chacho Álvarez. Radical de toda la vida, solía prestar el quincho de los ferreteros Costalonga para reuniones de Franja Morada. Los estudiantes iban un poco por el asado y otro poco para admirar a Silvana, la mujer de Pontaquarto, una bonita mujer que había sido elegida Miss Primavera de la ciudad.

A medida que el Senado avanzaba en el descrédito público, Pontaquarto progresaba.

—Es gracias a mi mujer, porque por su familia tenemos la casa —decía—. Y por suerte yo gano bien en la cámara.

Su gran año fue el '98. Los vecinos recuerdan que ese 31 de diciembre los Pontaquarto habían avanzado claramente de la sidra al champán.

Para él, habían sido meses agitados, primero por el trabajo en la Dirección de Ayuda Social de la cámara, la famosa DAS, y después por aquel meneado episodio de los senatruchos.

A la DAS, Pontaquarto llegó encumbrado por Carlos Ruckauf, en ese entonces jefe del Senado como vicepresidente de la Nación. *Tato* era el funcionario ideal. Como miembro de la UCR ofrecía la cobertura perfecta para demostrar que los recursos de la DAS estaban vigilados por la oposición, igual que el Fondo de Reparación Histórica del Conurbano, y como empleado veterano conocía todos los vericuetos del Senado y todos los deseos de los senadores, a quienes siempre ofrecía algún favor aunque después no siempre lo cumpliera. Otra ventaja era su asesor para la DAS, el eficiente diputado Raúl Baglini, otro mendocino como Genoud, muy respetado técnicamente porque era capaz de dar un tinte ordenado a cualquier desbarajuste financiero.

Tato tejió una cordialísima relación con Ruckauf, que no se empañó siquiera por los senatruchos.

Todo ocurrió el 21 de octubre de 1998, cuando el Senado aceptó el diploma del justicialista chaqueño Hugo Sager y rechazó, en cambio, la incorporación como senador del radical Carlos Pavicich, aunque éste había sido elegido para la cámara alta por la Legislatura chaqueña.

Ruckauf presidió la sesión. Pontaquarto era prosecretario parlamentario, pero ese día estaba a cargo de la secretaría por ausencia de su titular. Al secretario, o al prosecretario, le corresponde custodiar que se cumpla el reglamento. Si hay alguna irregularidad, debe hacerlo notar, y aunque no tenga autoridad expresa para interrumpir una sesión puede hacer un escándalo, aun a costa de su trabajo, si con eso salva el decoro de una institución de la democracia representativa.

A las 18.16 de aquel día, el conteo de senadores arrojó que había quórum para sesionar incluso sin los radicales, a los que increíblemente el presidente del bloque, Genoud, había recluido para debatir en otro piso del Senado. Los senadores no podían saber que el quórum ya se había obtenido y la sesión estaba empezando porque esa tarde la chicharra que resuena en los pasillos cuando aún no hay número suficiente siguió encendida. Tocar la alarma es función del secretario, o prosecretario, parlamentario; era función de Pontaquarto. La chicharra siguió sonando, y por alguna razón misteriosa ese día *Tato* no advirtió la luz roja que tenía encendida delante.

Luego se defendería diciendo que no tenía facultades para interrumpir la sesión, y que incluso telefoneó varias veces a la oficina del bloque radical para urgirlos a que bajaran. Si fue así, la conclusión es aun peor, porque involucraría a Genoud en una inexplicable demora en descender al recinto. Inexplicable y fatal: como había menos senadores presentes, 40, el justicialismo consiguió los 27 suficientes para cambiar el orden de labor parlamentaria y convalidar en segundos la incorporación irregular de Sager y del jujeño Alberto Tell, que ensancharían la mayoría del peronismo y lo dejarían mejor parado para oponerse al futuro gobierno que, estaban seguros, sería de la Alianza.

La maniobra duró segundos. Alasino pidió la palabra y solicitó el cambio del plan de labor, verdadero orden del día acordado previamente. Cambiar el plan de labor es un acto que queda consumado cuando se lee el plan nuevo. Nadie leyó un nuevo plan, que obviamente no tenía consenso ni estaba arreglado con el presidente del bloque de la primera minoría, en ese momento el radicalismo. Alasino no formuló ningún pedido de tratamiento sobre tablas, o sea directamente en el recinto, de un nuevo proyecto, pero el veloz Ruckauf igual lo dio por pedido con tal celeridad que se realizó antes de que terminara la lectura de los asuntos entrados. Había que apurarse antes de que llegaran los radicales, quienes en una torpeza sospechosa no habían dejado ningún senador vigilando: el quórum se produce recién cuando un legislador se sienta en la banca; con sólo permanecer parado, se puede mirar, y avisar, sin dar número.

Cuando se votó, Ruckauf dijo:

—Queda habilitado el tratamiento sobre tablas de los dictámenes por los que se aprueban los diplomas de los señores senadores electos Tell y Sager.

En ese punto de la sesión llegó la UCR. Ya era tarde. Una vez iniciada la discusión con quórum propio, al justicialismo le alcanzaría con la mitad más uno de los votos para aprobar la incorporación de los nuevos senadores. Lo hizo. Después, recién después, Genoud pronunciaría un discurso valiente, fuerte, opositor, fundamentado e histórico contra los senatruchos. Un gesto, sin duda, nuevamente catártico, porque no fue seguido por medidas consecuentes con ese nivel de protesta. No quitó el quórum al peronismo en señal de reclamo permanente hasta que se resolviera el problema de los truchos. No amenazó políticamente a Menem de manera continuada. Al principio ordenó a los senadores que no firmaran dictámenes de comisión junto con los truchos, para denunciar como inválidas todas las decisiones que llevaran sus firmas, pero terminó olvidando esas reglas (sólo Del Piero, que se había solidarizado con el bloque radical, estuvo un año sin firmar). Rechazó la propuesta del jurista radical Enrique Paixao para invalidar las acciones del Senado. Cuando el abogado Leandro Despouy, futuro encargado de derechos humanos en la Cancillería con De la Rúa, fue comisionado por el gobierno del Chaco para plantear la denuncia de las irregularidades ante los organismos internacionales, sólo recibió un apoyo retórico de la conducción del bloque y debió actuar, casi, por su cuenta.

Del otro lado, el justicialismo no tenía fisuras. Ruckauf, que cuando rechazó el diploma de Ramón Saadi se guió por las encuestas, según las que el apellido del clan catamarqueño era indigerible después del caso María Soledad, el día de los senatruchos se manejó por la vocación de poder.

Cuando, antes de la votación, Raúl Alfonsín le pidió una entrevista, Ruckauf la dilató y avisó al bloque:

—Acabo de recibir un pedido de audiencia de Alfonsín.

—¿Qué vas a hacer? —le preguntaron Bauzá, Alasino y Yoma.

—Miren, muchachos, yo jodo hasta que está en juego el poder. Así que vamos al recinto y los metemos, porque hoy está en juego el poder del peronismo.

Un puente de plata conectó entonces, en medio de la peor de las situaciones, a Ruckauf y Genoud: Mario Pontaquarto. Un puente de plata volvería a unir, dos años después, a Genoud y Alasino: Mario Pontaquarto.

Políticamente liquidado, el sistema en el Senado debía seguir. Antes, el objetivo había sido conseguir prebendas, favores y negocios. Con Álvarez al ataque, y Cafiero potenciado por la competencia con el Frepaso, el sistema debía ser útil para defenderse.

***

Avanzado agosto, los senadores, De la Rúa y Álvarez cayeron en la cuenta de que nada detendría la bola de nieve del escándalo, y todo se precipitó con un vértigo que recién terminaría a principios de octubre con la ruptura de la dupla suprema de la Alianza.

Era imposible imaginar una cadena tan extraordinaria de circunstancias, pero la cadena quedó formada por eslabones cada vez más sólidos.

El lunes 21 de agosto llegó al Senado por fax un anónimo con supuestos datos sobre las coimas que se habrían pagado para votar la ley laboral.

El miércoles 23, Álvarez le dio de hecho estado parlamentario. En la Comisión de Labor preguntó si alguien tenía el papel encima. Ante la negativa de los senadores presentes envió a Alejandro *El Gor-*

do Colombo, el prosecretario parlamentario, a buscar una copia a la sala de periodistas. Cuando tuvo el anónimo en la mano, Chacho leyó el papel para sí mismo, formulando comentarios ante cada nombre que aparecía.

—Che, Costanzo, a vos te nombran como siete veces. ¿Tenés un 405? ¿Y vos, Galván? A ver... Te salvaste. Ni figurás. *Tato*, vos... estás. Tenés un 406, ¿no?

Los aludidos trataban de parecer divertidos. Según los rumores de esos días, el dinero de los sobornos había sido trasladado en el baúl de un Peugeot 405 y en el de un 406.

El anónimo fue calificado de bazofia, basura, papel indigno, carroña y otras lindezas. Probablemente lo fuera, pero había servido para tornar palpable una crisis que hasta ese momento parecía etérea. Actuó como otros detalles aparentemente ridículos y pequeños de escándalos anteriores. Como el peluquero de Matilde Menéndez en el PAMI, que ganaba fortunas, o el contador a quien María Julia Alsogaray acusó de tergiversar su declaración de bienes, el anónimo le dio soporte físico al alboroto virtual.

Cantarero, aquel senador intimista a quien llamaban *El Obispo*, confesó un cobro en versión de la periodista de *La Nación* María Fernanda Villosio, que no tiene fama de fabuladora entre la gente de prensa.

La causa del Senado cayó en el juzgado en teoría más favorable a los senadores. Carlos Liporaci era, efectivamente, el juez más permeable a los designios del menemismo, donde había revistado la mayoría de los senadores. Una investigación del periodista José Natanson había revelado un *paper* oficial que señalaba a Liporaci como el más servilleta entre los servilletas, para usar la terminología hecha popular por Domingo Cavallo para designar a los jueces más amigos del poder en la era Menem. Pero la publicación, en la revista *Veintitrés*, de las fotos de una fastuosa residencia con ascensor comprada por el juez, que originaría un juicio por enriquecimiento ilícito, obligaría a Liporaci a aparecer como más comprometido con la pesquisa de lo que jamás hubiera soñado estar.

Liporaci no consiguió ninguna prueba material de los sobornos, pero los senadores se contradijeron al declarar ante él. Cafiero nombró a tres senadores, los justicialistas Eduardo Bauzá, Ramón Ortega y Ángel Pardo. Escribió sus nombres en un papel, y en el relato los llamó "A", "B" y "C".

Contó que "A" le había dicho que en junio, dos meses después de la sanción de la reforma laboral, "había tomado conciencia de que un dinero por él recibido y entregado por las autoridades de su bloque, podría ser ilícito y que de haberlo sabido no lo hubiera aceptado".

Dijo que Pardo "algo conocía" de los sobornos.

Pardo afirmó que Cafiero le dijo que también podía estar involucrado Genoud.

Según Pardo, Cafiero nombró además a Cantarero y De Santibañes, y a Alasino.

En el relato de Pardo aparecieron los nombres de Tell, Costanzo y Pontaquarto.

Con estos elementos el juez, incluso sin indicios materiales, habría podido disponer un careo que tal vez hubiera sido rico en nuevas pistas. Un ejemplo: si Pardo dijo la verdad, ¿Cafiero sabía más detalles que no contó al juez?

Chacho Álvarez desconfiaba del magistrado, pero tenía la intuición de que, apurado por las circunstancias, en algún momento Liporaci hasta podría cometer algún acto de justicia.

Los allegados a De la Rúa se habían hecho un esquema vacío, casi una repetición de una clase elemental de Instrucción Cívica sobre la división de poderes según Montesquieu. Repetían, sin contenido concreto, que el Ejecutivo aportaba su voluntad de llegar al esclarecimiento del escándalo de los sobornos, los legisladores se ponían a disposición de la Justicia y el juez actuaba con el único límite de la prudencia.

Se acentuaba el divorcio entre el dinamismo de Álvarez, que había encontrado un tema en el que, decía, la Alianza podía ejercer el liderazgo político y recuperar parte de la legitimidad perdida en los primeros meses de gobierno, y el círculo presidencial, que comenzaba a incluir cada vez más a Flamarique.

***

La molestia de De la Rúa creció mientras la austeridad de gestos de Chacho disminuía, pero el vice no recibió ningún gesto del Presidente que le indicara que debía frenar su ofensiva. Durante la crisis de los ñoquis, como tenía dudas sobre la posición de De la Rúa, un día se encontró a almorzar con Antonio.

—¿Tu papá está enojado conmigo? ¿Cree que voy muy rápido? ¿Que le disputo poder? —preguntó Chacho.

—Por favor, si vos sos el principal aliado del Viejo... —respondió el Hijo.

Antonio no le había enviado ningún mensaje en medio del recrudecimiento de los conflictos. Álvarez lo interpretó, quizás equivocadamente, como una luz verde para seguir adelante.

La fisura, sin embargo, era evidente a poco que se saliera del escenario y pudiera verse la obra con una pizca más de distancia. Y el peronismo no tuvo dudas de que en esa fisura había un tesoro político que debía encontrar. Jorge Yoma fue uno de los primeros en observar la brecha. La vio en el mismo instante en que, para subir una apuesta, resolvió citar al Presidente a la Comisión de Asuntos Constitucionales. Una tarde, Álvarez estaba reunido con el jefe de gabinete Rodolfo Terragno y lo llamó para retarlo. Yoma atendió el celular en la Casa Rosada, donde acompañaba al gobernador de su provincia, Ángel Maza.

—¿Cómo vas a citar al Presidente, Jorge? Démosle un poco de seriedad a esto.

—Mirá, Chacho, De la Rúa dijo que es un problema mío. Que sepa el gobierno que no está sospechado sólo el Senado. Y si no, ya que lo tenés ahí y que yo sé por la tele que hay mil periodistas esperándolo a la salida, que Terragno salga y diga que desmiente que haya habido sobornos.

—Bueno, puede ser —dijo Yoma que dijo Chacho.

Pero Terragno repuso:

—Yo no puedo decir eso.

Y Yoma:

—Si Terragno no se juega, ¿voy a salir yo en defensa del gobierno?

Quedaron en que De la Rúa no sería citado sino que recibiría una carta. Ese mismo día, Yoma reclamó que la SIDE abriera los números contables y revelara sus movimientos de cuenta, para descartar que los fondos negros de un pago de sobornos hubieran salido de allí.

A esa altura, las especulaciones de quienes estaban convencidos de que se habían pagado coimas para lubricar el Senado se inclinaban hacia tres hipótesis:

- La primera, que los fondos habían salido de los fondos negros de la SIDE. Rafael Bielsa, aquel jurista que había querido ser ministro de Justicia y se había autopropuesto para la SIDE, fue quien terminó investigando el uso de fondos de Fernando de Santibañes, ganándose para siempre el enojo de Fernando de la Rúa, que nunca lo alentó a profundizar la investigación.

- La segunda, que el origen eran los programas especiales de la Anses, un área relacionada con los fondos sindicales donde pesa el gastronómico Luis Barrionuevo, el mejor amigo peronista del radical Enrique Nosiglia.

- La tercera, una colecta entre empresarios para ayudar al gobierno. En esta línea de razonamiento, lo que habrían hecho los empresarios sería una inversión. Dinero para aceitar las instituciones a cambio de favores futuros.

Aunque públicamente Chacho era cuidadoso y hablaba de versiones, de rumores, de coincidencias, ante sus colaboradores se mostraba cada vez más persuadido de que había corrido dinero. Y esa certeza no sólo lo volvía loco. También lo distanciaba de Flamarique.

Como todo el país político, Flamarique miraba la sesión por tevé.

Eduardo Menem criticaba a Del Piero.

Cafiero levantaba el tono.

El radical Horacio Usandizaga, ajeno al sistema, reaccionaba porque sentía que Cafiero callaba información.

Genoud proponía la autoinvestigación de los senadores. Leopoldo Moreau lo apoyaba.

No era una noche de paz y menos una noche de amor cuando Flamarique tomó la decisión de comparecer en el Senado para defenderse de las acusaciones. Su comunicación con Chacho estaba tan deteriorada que no lo consultó con él. Pero sintió que lo estaban velando y que él estaba lejos.

–¿Qué pasa si voy? –preguntó a sus asesores.

–¿Eh?

–Sí, qué pasa si voy, si voy y defiendo la ley.

Entró su hija Mariana.

–Tenés que ir.

También llamó Nancy Pazos, y Flamarique aprovechó para consultarle.

–Andá, porque nadie dice nada.

El ministro tomó la decisión y llamó a De la Rúa a Olivos.

–Presidente, quiero autorización para ir al Senado.

–¿A qué?

–A defender lo que hicimos.

–¿Estás tranquilo?

–Sí.

–Está bien, andá.

Desde el auto llamó al despacho de Álvarez.

–No está –le dijeron–. ¿Te lo ubicamos?

–No, dejen.

Cuando Chacho llegó a presidir la sesión, Flamarique ya estaba hablando. Le fue bien. Quedó como un bravo entre los peronistas y los delarruistas, y nadie lo acusó de haber pagado coimas. Lo que no hizo Terragno cuando salió de hablar con Chacho lo había hecho él, aunque el problema es que justo había ido a la cámara alta el acusado. Después del debate tomó un café con Álvarez.

Flamarique conservaría un recuerdo positivo de ese encuentro. Diría que Álvarez lo felicitó por la *performance* de la virtual interpelación. Pero los colaboradores de Álvarez tenían otra percepción. Para ellos, Chacho había cambiado la relación con Flamarique la noche misma de la aprobación de la ley laboral. También en este punto cada uno guardaría un recuerdo diferente. Según los chachistas, su jefe se involucró muy poco en la gestión de la ley y no se ocupó del cronograma legislativo, que quedó a cargo de Flamarique y Tell, este último como presidente de la Comisión de Legislación Laboral. Según el relato de Flamarique a sus amigos, Álvarez le enviaba senadores para que él los convenciera, y estaba al tanto de todos los detalles.

El *crescendo* encontraría a ambos dirigentes en rumbos cada vez más contradictorios.

Flamarique llegaba a preguntarse, hablando de Álvarez:

–¿Qué mierda se cree Chacho? Acá hay que go-ber-nar.

Y Chacho se iba convenciendo de que el ministro de Trabajo debía dejar el cargo.

Flamarique aún lo ignoraba, pero en Álvarez bullía la temperatura de otro escándalo.

***

La senadora neuquina Silvia Sapag no era una de las figuras de la primera línea del Senado. Mujer, poco tiempo en la cámara alta y un conflicto con Jorge Sobisch, el gobernador de su provincia, eran elementos que no propiciaban un trato por lo menos igualitario de sus colegas. Pero Sapag tenía buena relación con Chacho, con Del Piero, con Usandizaga y con el radical cordobés Luis Molinari Romero, quienes tampoco integraban el sistema, y la provincia que representaba era clave para cualquier negociación internacional: en Neuquén está Loma de la Lata, el principal yacimiento gasífero de América latina.

Uno de los que estaba interesado en el gas de Neuquén era *El Obispo* Cantarero, que mantuvo dos reuniones con ella en el pequeño despacho de la senadora. La primera vez hablaron de la futura ley de hidrocarburos y la comercialización. Para Sapag lo más importante era la transferencia del dominio a las provincias para garantizarles el control de los recursos naturales.

En una conversación larga y compleja, cuyo sentido final Sapag nunca entendió del todo, Cantarero fue deslizando sugerencias aquí y allá.

—Tenemos que hacer una ley dura para negociar mejor —dijo.

Después relató cuán caras habían salido las elecciones en Salta por la ley de lemas.

—Catorce millones de dólares. Una locura —dijo mirando una foto del viejo Felipe Sapag, padre de Silvia, el palo de agua frente a la mesa ratona, los muebles de escribanía antigua y los sillones clásicos tapizados en cuero.

—Pero hay que legislar sobre realidades, senador —le dijo ella, atenta a su propio libreto—. Neuquén es la mayor productora de petróleo y gas, y entonces debe hacer punta negociando bien la concesión de Loma de la Lata.

Cantarero volvió para una segunda reunión, justo después de un encuentro de la Comisión de Combustibles, que ambos integraban, con los expendedores. Esa vez, a Sapag no le quedaron dudas sobre la intención del senador salteño.

—Qué lío que hay en Neuquén, ¿no? —comentó el salteño.

El día anterior, manifestantes habían roto el local de Repsol YPF en protesta contra la carta de intención firmada por Sobisch, según la cual la concesión de Loma de la Lata, otorgada en 1992 por veinticinco años, o sea hasta el 2017, sería prorrogada hasta el 2027.

—La gente está muy enojada porque está segura de que esto es un negociado —explicó Sapag a Cantarero.

—¿Cuánta plata se discute?

—Treinta millones de pesos roñosos para un emprendimiento tan grande.

—Pero nosotros vamos a hacer lo mismo en Salta, y vamos a pedir mucho más. Imagínese que mi ministra de Economía, que es mujer, consiguió ella solita 50 millones. Si les damos a cambio un yacimiento, vamos a conseguir mucho más.

Sapag estaba azorada.

—Hay que sacar un dictamen por unanimidad —dijo Cantarero—. Es importante. Hay mucho dinero para esta ley. Las negociaciones van bien y el martes voy a tener una reunión con un español. De lo que hay, una parte le va a tocar a usted. No puedo decir cuánto es porque no sé cuánto será en total.

–¿Y entonces? ¿Qué pasa con la Alianza? –preguntó la senadora con aire inocente.

Cantarero llevó la mano izquierda hacia la cara y realizó el gesto de ponerse un parche en el ojo. Según denunciaría Sapag a la Justicia, Cantarero le dijo que el radical Juan Melgarejo era más pirata que él.

Cuando terminó la última reunión con Cantarero, Sapag se sintió descompuesta. Tenía náuseas.

–Estás pálida –le dijo su secretaria.

Estaba destruida. Vacilaba entre ventilar su indignación y elegir el momento para no poner en peligro a sus cuatro hijos. Dos hermanos suyos habían sido asesinados por la dictadura.

Creía que no podía malvenderse la concesión para un yacimiento que ni siquiera estaba valuado. Estaba resentida con la Secretaría de Energía, que no había sido dura al momento de negociar planes de inversión y tampoco habían hecho un análisis sobre las reservas y su valuación. Tenía información según la cual Repsol había contaminado el agua con gasoil, y sabía que los emprendimientos productivos en Cutral Có eran una quimera.

Buena parte de esta historia se conoció en una entrevista pública con Horacio Verbitsky. Por primera vez un protagonista de primer nivel –una senadora– indicaba que haría ante la Justicia una denuncia porque Cantarero había querido sobornarla. Desató un huracán.

Cantarero debió pedir licencia, aunque Álvarez quería su renuncia. Desde ese momento se concentró en sus causas en la Justicia, donde tuvo un asesor de lujo en el abogado Sergio Andrés Marutian. Marutian había sido el abogado del dictador Roberto Viola en el juicio a las juntas de 1985, cuando solía preguntarse si los desaparecidos realmente habían desaparecido o estarían viviendo en otro país. Reciclado después en funcionario de Menem, cayó en la Secretaría de Transportes, donde fue jefe de gabinete de asesores. El otro *hobby* de Cantarero, además de los combustibles, era la Comisión Bicameral de Seguimiento de las Privatizaciones, casualmente vinculada a las concesiones de transporte.

En cuanto a Melgarejo, anunció que se iría para revalidar su honor en elecciones directas a senador en el 2001.

Terminaba septiembre. Unos días después, Silvina Fantín, la sobrina del senador justicialista por Santa Fe Jorge Massat, afirmó ser una prestanombre de su tío. Relató que en marzo su empresa, Comercial Euroamericana, había recibido visitas de la Dirección General Impositiva que buscaban determinar cómo había sido posible que la firma llegara a mover entre 17 y 18 millones de pesos en los últimos cuatro años.

Fantín dijo al investigador Juan Carlos Tizziani que ella confeccionaba cheques para las campañas electorales y después depositaba el dinero en Buenos Aires, "o bien Gladys venía en avión hasta Corrientes con una bolsa de plata, con 100, 150 o 200 mil pesos y en el mismo vuelo se iba a Buenos Aires".

El gobernador de Santa Fe, Carlos Reutemann, el mentor de Massat, no tuvo ninguna duda sobre qué debía hacer.

–Los calzoncillos de Massat son de Massat, y mis calzoncillos son mis calzoncillos –dijo poéticamente.

Con mayor decisión que De la Rúa con los senadores radicales más cuestionados, el cauto Reutemann estaba dejando caer a su recaudador de campaña. Jorge Massat, alias *Juncadella*, quedaba sin paracaídas.

Chacho Álvarez, que acompañó a Sapag y se interesó por las denuncias alrededor de Massat, estaba cada vez más convencido de haber actuado bien.

–No tuve otra alternativa que plantear el tema con fuerza –explicaba–. Para la gente, el presidente de una cámara donde se sospecha de la compra de una ley es un cómplice o un idiota. Una gran mayoría piensa que un idiota no llega a ser vicepresidente de este país. Entonces, si uno no quiere quedar como cómplice, no debe quedarse callado. Debe hablar.

7

Graciela Fernández Meijide tiene programada la firma de un convenio para promover huertas entre el Ministerio de Desarrollo Social y el Instituto Nacional de Tecnología Agropecuaria. Para esa mañana su vocero Jorge Bernetti invitó a los medios, pero sobre todo a los periodistas especializados. Muy pronto ambos se dan cuenta de que además de La Chacra y el Canal Rural, los rumores harán llegar al Ministerio a todos los movileros de radio.

Mientras viaja hacia el acto, Graciela nota que las llamadas arrecian, y que en el Ministerio debe tener algo para decir.

Llama al diputado Rodil. Se entera de que ya está en casa de Álvarez, convocado junto con Juan Pablo Cafiero, Darío Alessandro y José Vitar.

—Rodolfo, las radios me están volviendo loca.

Rodil pide un momento para hablar con sus compañeros.

—Tengo a la vieja en el teléfono. ¿La podrá atender Chacho?

Le preguntan.

Chacho acepta. Hablan corto. Álvarez le informa sobre la renuncia.

—Igual quiero saber cuál es tu idea y qué profundidad tiene tu decisión —pide Graciela.

—Yo sólo la tomé, ésta es una decisión mía —responde Chacho—. Es lo mejor para todos, Graciela. Y la Alianza sigue.

Fernández Meijide está llegando al Ministerio.

—Chacho, acá hay mucho periodismo porque teníamos un acto oficial arreglado. Decime lo que querés. ¿Preferís que no hagamos ningún comentario o admitimos tu renuncia?

—No, no, mejor empezá a anunciarla vos.

Cuando Graciela corta, tiene delante a un cronista de Radio Mitre. Es-

tá parada delante de un cartel que dice: "Siga luchando por los humildes".
Bernetti entra en el despacho de la ministra en el piso 14 del viejo edificio de
Obras Públicas en 9 de Julio y Belgrano, donde, casi medio siglo atrás, Evi-
ta anunció su renunciamiento a la vicepresidencia. El vocero quiere intercam-
biar los últimos datos con su jefa.

–...parece que sí –escucha el final de la frase de Graciela a la radio.
Ya oyó lo que tenía que oír.

Entre los dos convocan a todos los miembros del Frepaso que trabajan en
el Ministerio.

–Nadie se mueve de su lugar –es la orden–. Todos se quedan en sus puestos.

Graciela pide el auto y va hasta la casa de Álvarez. Llega un minuto
antes que Aníbal Ibarra. En la calle hay un gentío. Su confirmación oficial
funcionó como un disparador para aumentar la cantidad de porteños que
quieren acercarse para estar con Álvarez en el momento de la renuncia.

"UN REPORTAJE CHIQUITITO"

–Alberto, ¿vos sabés si Chacho hizo algo más?

–No te preocupes. Sólo dio un reportaje chiquitito a *Página/12*.

–¿Un reportaje chiquitito? ¿Y qué dijo?

–Quedate tranquilo, nada espectacular.

Después de los artículos de Eduardo van der Kooy y Joaquín Morales Solá, De la Rúa completaba el domingo 6 de agosto –fatídico
para todos, menos para Aníbal Ibarra– trabajando de investigador
ante Flamarique para saber si la crisis institucional anunciada por los
periodistas era un mal pronóstico hacia el futuro o la constatación de
un dato inamovible del pasado reciente.

Decidió esperar. Ese domingo ninguno de los funcionarios vinculados a De la Rúa llamó a la redacción de *Página/12* para sondear el
contenido de la entrevista que Álvarez ya había concedido. No acos-
tumbraban hacerlo, y además el diario no tenía el hábito de adelan-
tar primicias a los miembros del gobierno.

A esa altura, De la Rúa estaba empezando a entender qué significa ser mediático en el caso de Álvarez.

Los viejos punteros radicales se habían equivocado. Para ellos, la política mediática significaba descreer de las viejas técnicas de la política criolla en favor de la vanidad. Un político mediático era aquel que despreciaba el comité en favor de un minuto con Marcelo Tinelli. Era, casi, el que hacía política con tecnología tomada, antes, de *Radiolandia* y, ahora, de *Caras*.

Había también una crítica que podría llamarse *de izquierda*. En lugar de arraigarse entre su base electoral trabajando con las organizaciones sociales que habían servido para potenciar el crecimiento de la Alianza, el vicepresidente prefería expresarse directamente a través de los medios. La prehistoria había sido el apagón de protesta en 1997 con el Movimiento de Trabajadores Argentinos, la Central de Trabajadores Argentinos y las organizaciones que agrupan a los activistas en defensa de la pequeña y media empresa. En esta visión crítica, el Álvarez vicepresidente marcaba un abandono de las relaciones especiales con esos sectores en favor de una idea indiferenciada del electorado. En lugar de sujetos sociales, individuos. En lugar de organizaciones, votantes. La historia de la diferencia entre el momento de campaña y el momento del ejercicio del gobierno no era nueva, y conviene separarla del cómodo prisma de análisis que sólo observa una contradicción de discurso, uno para ganar y otro para gobernar, como el instante estelar de la aplicación de la mentira en política. Tal vez sea más exacto insistir en los efectos del giro hacia la centralidad en los discursos y en las políticas concretas. Los gobernantes podrían explicar ese movimiento en los escasos márgenes de maniobra palpables del todo una vez que se alcanzó el poder, que justificarían el pragmatismo. Los críticos podrían argumentar que ese margen sería mayor si el gobierno de la Alianza articulara distintos sectores, con lo cual acumularía en su campo una cuota mayor de poder.

Ni viejos punteros ni críticos sociales, los políticos más modernos desconfiaban igual de las costumbres de Álvarez, aunque lo entendían un poco más. Álvarez decididamente despreciaba el *know how* que ellos podían aportarle, pero era bastante razonable que lo hiciera. Simpático, entrador, buen polemista, agudo, capaz de regalar frases y títulos a los periodistas, estaba más dotado que muchos de ellos para ensanchar su imagen en los medios. Su crítica, como la de Federico Storani cuando lidiaba con Álvarez a comienzos de la crisis del Senado, más bien era otra: que el vice utilizaba las declaraciones públicas no sólo para hacer política en la acepción tradicional de la palabra sino para cambiar las relaciones de poder. O para intentar modificarlas.

Su cuestionamiento, en rigor, nunca aparecía de este modo. Preferían decir que Álvarez no cumplía siempre los acuerdos tejidos en privado y que los cambiaba. Más aún: los cambiaba sin previo aviso y los demás políticos se enteraban escuchando la radio o leyendo los diarios.

Pero no es útil leer esta condena solamente como un modo de criticar la ética de la negociación política. En el fondo los colegas de Álvarez, incluso los más modernos, sufrían porque ese hombre en apariencia imprevisible era uno de los pocos capaces de "inventarles" un nuevo escenario con una jugada que ellos no habían previsto.

El estilo lo asemejaba, entre los políticos de los últimos años, a Raúl Alfonsín, Carlos Menem y Domingo Cavallo, tres magos con muñeca como para dar enormes saltos en la acumulación de poder con una jugada riesgosa que rearma el tablero político con un esquema impensado y, hasta ese momento, impensable.

Alfonsín tenía una estructura: la Unión Cívica Radical. Menem, el Partido Justicialista. Cavallo, ninguna, salvo su imagen ante la sociedad que, con variantes según el momento, le agradecía la estabilidad de precios o lo detestaba por la desocupación, y su prestigio en los círculos del poder económico en la Argentina y en el exterior. Chacho carecía de aparato y, a semejanza de Cavallo, aprovechó como nadie la posibilidad de representar el sentimiento social de hartazgo ante la corrupción menemista.

De la Rúa había experimentado al Chacho mediático en la campaña interna por la candidatura a la Presidencia. En 1998, coincidentemente, Álvarez había recurrido a la imagen italiana de varios partidos disputándose el poder *pour la galerie*, cuando en realidad se lo

122

repartían entre bambalinas, para criticar a De la Rúa y al radicalismo después de un escándalo de corrupción en el bloque de legisladores porteños de la UCR.

Sin embargo, el comportamiento posterior de Álvarez puede haberle hecho creer que aquello había sido un espejismo, un prólogo de confrontación necesario antes del acuerdo final. Como los dirigentes sindicales vandoristas, que gritaban hasta un segundo antes del arreglo, Chacho podía haber sido tan violento sólo para no tener que serlo después. De hecho, no lo fue durante diez meses, cuando se convirtió en el dirigente más disciplinado, alineado, orgánico y obediente de toda la Alianza, bancando a De la Rúa mucho más que los propios radicales, y más aún que algunos delarruistas: ocupó el primer lugar del frente de combate en la defensa del paquete impositivo, de la desregulación de las obras sociales y del descuento del 12 por ciento a los empleados del Estado.

El domingo 6, De la Rúa se había enterado de que el vice había resuelto actuar públicamente siguiendo el planteo de cinco puntos que había elevado por intermedio de Alessandro y Flamarique. El lunes 7 de agosto lo corroboró leyendo un reportaje concedido por Álvarez a *Página/12* que fue subrayado por funcionarios del gobierno, altos miembros del gabinete e integrantes de la conducción del Frepaso, como hacían antes los militantes de izquierda con los informes que el secretario general del partido rendía al comité central.

Chacho estableció cinco líneas de acción:

Criticó que los organismos de inteligencia espiaran la vida privada para utilizarla políticamente, "manejando discrecionalmente plata negra para operar en política". Dijo que él mismo había sido víctima de esas operaciones políticas.

Aludió al propio Frepaso cuando dijo que "compañeros nuestros que hacen discursos progresistas, a la hora de actuar no lo hacen con vocación de cambio [y] terminan adaptándose a las situaciones dadas".

Cuestionó por primera vez, sin nombrarlo, a De la Rúa, al decir que el tema de la solvencia fiscal no convencía a la sociedad. De todas maneras, describió la situación argentina como "un calvario fiscal" en el que "la pregunta que se hacen los acreedores todo el tiempo es si la Argentina podrá o no pagar".

Volvió a condenar el pedido de prórroga de Repsol YPF.

Y se metió de lleno con la reforma laboral: "Habiendo un periodista que ha planteado esta cuestión, hay que avanzar en la investigación para determinar si ocurrió o no". Para rematar así: "Si fuera verdad, sería un elemento de decadencia terminal".

Si el radicalismo tomó el reportaje como un material para reproducir métodos de exégesis bíblica, también lo hizo el Frepaso. Ausente Chacho, de visita en Brasil, los principales dirigentes del Frepaso volvieron a utilizar la oficina de Flamarique para decodificar las declaraciones de su jefe. Con *Página/12* abierto sobre la mesa y un termo de mate que se iba vaciando rápidamente por la ansiedad, participaron del cónclave el dueño de casa y Darío Alessandro, José Vitar y Rodolfo Rodil.

Las hipótesis fueron apareciendo sin esfuerzo.

Primera hipótesis: Álvarez denunciaba una conspiración de De la Rúa contra Álvarez.

Segunda hipótesis (la que manejaba Rodil): Chacho había decidido romper la Alianza.

Tercera hipótesis: Chacho no había decidido romper pero sí empezar a diferenciarse.

La conclusión de los dirigentes se acercó a la tercera posibilidad, pero no lograron cerrar ninguna porque cada vez que les parecía cerrada una de ellas encontraban el argumento para destruirla lógicamente.

Ese lunes, en otros ámbitos del Frepaso se repetía la misma serie de especulaciones que una y otra vez daban vueltas dentro de un círculo vicioso sin encontrar la salida del laberinto. Un ejemplo:

- *Argumento I, conspiración segura.* El delarruismo más puro, alentado por De Santibañes y tal vez con la complacencia de Enrique Nosiglia, estaba motorizando una campaña para alejar al Frepaso de la Presidencia.

- *Argumento II, conspiración imposible.* Si la conspiración era factible, y los conspiradores pertenecían al equipo de De la Rúa, ¿por qué *La Primera* había dedicado notas a temas que irritaban al gobierno, como la magnificación del papel de la subsecretaria de la Presidencia Paola Cocciaglia, la funcionaria y ex actriz de *Palito*, de 27 años, obsesionada por demostrar que se puede ser rubia y ejecutiva al mismo tiempo?

- *Argumento III, conspiración posible.* El argumento II no rebatía el argumento I. Después de todo, era habitual en política negociar una tercera salida, aunque fuese abriendo una pelea interna, con tal de salvar la propia ropa.

- *Argumento IV, conspiración improbable por negociación inviable.* Ese tipo de negociaciones funciona sólo cuando el peligro no es tan grande, y aquí el peligro era la ruptura de la Alianza.

De los cuatro escuderos del Frepaso, Flamarique era el más afectado personalmente. Había tejido todo el entramado de la ley de reforma laboral y, si había una sospecha de coimas en el medio, sentía que no podía quedar fuera de las acusaciones. Esa semana, mientras Álvarez estaba en Brasil, se dedicó a confirmar o desmentir lo evidente: que Chacho no había sido un interlocutor casual de un grupo de periodistas sino un político interesado en comenzar a diferenciarse públicamente del gobierno, cuya línea, hasta ese momento, había seguido como un soldado de De la Rúa.

—No entiendo tu preocupación —le dijo uno de los periodistas con los que habló—. Si tu jefe es el que me dio manija.

"Dar manija", en el caso de Chacho, suele consistir en un *kit* de actitudes que comienza por un interés demostrado vivamente, la dedicación de energía y tiempo para argumentar no sólo su información sino su teoría sobre la información y el compromiso de no desmentir un dato si se publica sin identificación de fuente.

Tras las consultas que hizo, en una verdadera auditoría informativa, el ministro de Trabajo no pudo detectar ninguna conversación de Álvarez que lo involucrase en las coimas.

Cuando Chacho volvió de Brasil, Flamarique se lo dijo directamente:

—Esto me hace cagar a mí —se quejó.

—No, yo hablo de Nosiglia y De Santibañes, vos no hiciste nada —buscó tranquilizarlo Álvarez.

Después se trenzaron en su primera discusión fuerte. Flamarique le enrostró la forma de plantear la cuestión del Senado. Lo irritaba que él quedara incluido, o que no quedara excluido con todas las letras. Álvarez lo acusó de minimizar el significado de la tapa de *La Primera*. Su argumento también estaba sacado de una información de prensa. Una nota del periodista Fernando Cibeira en *Página/12* del martes 15 de agosto informaba que, con reserva, Federico Storani le había pedido a la Policía Federal que chequease la denuncia de Álvarez sobre la existencia de una operación de los servicios de inteligencia. Según reprodujo Cibeira, el informe policial indicó que "no había existido ninguna operación orgánica contra el vicepresidente, aunque no descartaban que algunos ex espías pudieran haber trabajado por su cuenta". Y agregaba el dato que terminaría de incendiar la relación entre Álvarez y Flamarique: "*Es una chiquilinada*, le habría respondido Flamarique a Storani cuando éste le preguntó por la embestida de Álvarez".

Por primera vez había aparecido en un diario el comentario deslizado por el ministro de Trabajo al de Interior mientras ambos simulaban estar concentrados en el juramento de Aníbal Ibarra cuando, en realidad, buscaban saber si sus vidas cambiarían de ahí en más.

Hiroshima y Nagasaki parecían vengarse sobre todo Occidente.

8

La senadora *Silvia Sapag* está en un banco de Neuquén haciendo un trámite cuando ve en un televisor la noticia de la renuncia. Le cae muy mal. Se
descompone. Es la segunda descompostura en pocos meses por culpa de la política: la anterior la sufrió en la última conversación con Emilio Cantarero.
Va a almorzar con sus padres, como hace siempre que vuelve a Neuquén para el fin de semana, y juntos comentan la renuncia. De ahí mismo llama a
la agencia de viajes. Ya son las tres de la tarde.

—Márqueme el próximo vuelo a Buenos Aires —pide ante el asombro de
la empleada.

Como Negri, ha llegado hace poco y ya regresa.

***

Después de cortar con *Nilda Garré, Alberto Flamarique* se comunica con
Rodil. En la primera conversación Rodil tampoco tiene la renuncia confir-
mada. Mientras ordena su despacho para terminar la entrega del Ministerio
de Trabajo a Patricia Bullrich, acomodando papeles, habla con el Presidente. De la Rúa ya lo sabe. Flamarique cree escucharlo desolado. ¿Y él? Decide que renunciará. Ya sabe que Federico Storani, al enterarse de la salida
de Chacho, quiso acelerar su ida del gobierno para utilizarla como parte de
una negociación de último momento con Álvarez. Mientras se toma su tiempo, Flamarique atiende llamados. Preguntan por su situación dirigentes del
Frepaso con los que conservó buena relación, radicales, funcionarios, sindicalistas, empresarios. Otra vez más, supo tejer. La diferencia es que ahora está

expuesto públicamente como nunca, y eso le jugará en contra para una reins-
talación política con validación pública.

"CUIDATE DE CHACHO"

Cuando comenzó la denuncia sobre el Senado, nadie en el gobierno tenía la convicción de que las primeras informaciones terminarían en una gran batahola.

Todo se potenció cuando Antonio Cafiero comenzó con su ronda de conversaciones sobre los sobornos, que incluyó a Álvarez, Alfonsín y Terragno. Alfonsín respondió con dos actitudes, una privada y una pública.

En privado, llamó al ministro del Interior, Federico Storani.

—*Fredi*, estoy muy preocupado. No lo vi nada tranquilo a Cafiero.

En público dijo una frase que sólo la hecatombe que vino después podía hacer olvidar, aunque siempre quedará en un recodo, disponible para un recuerdo serio o una broma:

—Si se confirma que hubo coimas, dejo la política.

De la Rúa recibió varios informes de dirigentes radicales de la provincia de Buenos Aires. Con ellos armó una síntesis que incluía estos puntos:

- El Frepaso sufría episodios de corruptela en el Gran Buenos Aires.
- Tenía varios concejales, de otras líneas del propio Frepaso o de la oposición, bajo la lupa.
- Uno de los centros era Quilmes.
- *Telenoche Investiga* reveló datos sobre la existencia de ñoquis y otras irregularidades.
- El intendente de La Plata, Julio Alak, cooptó a un concejal decisivo de la ciudad.
- Todos estos hechos estaban empezando a trascender, y Álvarez sabía que tarde o temprano terminarían amplificándose.

La primera conclusión a la que llegó De la Rúa era que su vicepresidente podría estar tentado de buscar alguna jugada fuerte que lo diferenciara de unos socios sospechados, justamente, del único pecado que Álvarez no podía cometer: el de corrupción.

Además, la situación económica era compleja, sin espacio político para repartir, y la situación social también se presentaba difícil.

En la visión radical, el Frepaso podía haber tenido un recurso para sortear estos obstáculos si la gestión de Graciela Fernández Meijide hubiera sobresalido de la *performance* de los otros ministros. Pero, descartado un presupuesto voluminoso, a Graciela le quedaban como cartas sólo una gestión creativa o un nivel de articulación política sobresaliente de los planes sociales. Y nada de eso se produjo. Además, había sufrido un golpe duro cuando el semanario *Veintitrés* reveló que su cuñado Ángel Tonietto, interventor del PAMI designado por el Frepaso, era copropietario con su mujer de una clínica para discapacitados prestadora del PAMI. Tonietto no lo había informado a Graciela.

Al margen del Frepaso bonaerense y el punto débil de la gestión social, en la visión radical Chacho tenía otro punto en contra: el articulador de la reforma laboral había sido Alberto Flamarique, que no era un simple dirigente del Frepaso sino el principal operador político de Álvarez.

Los colaboradores de De la Rúa recuerdan que cuando se formó el primer gabinete Chacho no había jugado todas sus influencias por Graciela, pero sí por Flamarique.

En verdad, era un recuerdo sesgado.

***

No bien De la Rúa ganó las elecciones, Álvarez catapultó a Graciela a un ministerio utilizando su estilo: no le avisó a Fernández Meijide y lo lanzó directamente en público, aprovechando el primer reportaje de Nelson Castro.

—Sería bueno que Graciela tenga un puesto ejecutivo —dijo sin aclarar cuál.

La primera especulación apuntó a la embajada argentina en Francia, que sólo tiene de ejecutivo el hecho de pertenecer al poder que lleva ese nombre. Era una simplificación, porque la única relación de Graciela con el cargo residía en su excelente dominio del francés como profesora secundaria del idioma.

La segunda colocó a Graciela como ministeriable en Educación. De nuevo una ventaja teórica era haberse recibido como profesora, aunque en este caso podía sumar alguna más. Por ejemplo, su buena relación de entonces con los dirigentes de la Confederación de Trabajadores de la Educación de la República Argentina (CTERA), un canal esencial para conseguir el levantamiento de la Carpa Blanca, que CTERA quería quitar de la plaza de los Dos Congresos pero no encontraba cómo, sin una mínima reparación económica que no tornara ridícula una protesta que había logrado atraer la atención pública sobre el financiamiento de la educación.

En la tarde del lunes 25 de octubre, una edición especial de *Página/12* incluyó el destino que el Frepaso buscaba para Graciela.

—Sería una buena ministra de Acción Social —deslizaron dos importantes dirigentes.

Lo habían conversado esa misma madrugada en el Panamericano, después del festejo por el triunfo de la Alianza.

En ese entonces, Graciela era aún una política de gran popularidad incluso a pesar de sus dos derrotas seguidas, con De la Rúa en la interna para elegir al candidato presidencial de la Alianza y con Carlos Ruckauf para la gobernación de la provincia de Buenos Aires. Su estrella estaba en declinación, y también su carisma, pero había obtenido el 41,42 por ciento de los votos para gobernador en Buenos Aires, donde la clave de su derrota no había sido el corte de boletas sino, al revés, la superposición de boletas con el nombre de Ruckauf como postulante al cargo, que terminó obteniendo el 48,28 por ciento de los votos.

Para los votantes del Frepaso, Graciela era aún un símbolo. Preferían culpabilizar de su derrota a factores ajenos a la propia candidata, como la formación de una imbatible red de derecha entre Ruckauf y Cavallo o la presunta vocación suicida de los bonaerenses, favorables a votar una fórmula que prometía "meter bala a los delincuentes" y había alertado que, si votaban a Graciela, estaban eligiendo una candidata marxista.

Álvarez pensó que poner a Graciela dentro del gabinete equivalía a satisfacer al electorado frepasista compensando a una de sus principales figuras. Así, el candidato radical a la fórmula quedaría en el mismo gabinete junto con la candidata del Frepaso a la Presidencia, y no habría ninguna duda de que el nuevo gobierno respondía a la Alianza, más aún cuando él mismo se sumaría como vicepresidente, y como un vicepresidente nada decorativo. No sería ningún Víctor Martínez, aquel vice de Raúl Alfonsín que había sido despreciado hasta por el cuidadoso Juan Sourrouille. Y tampoco un Alejandro Gómez, que renunció por sus diferencias con Arturo Frondizi, luego de haber sido sometido por el Presidente a una existencia vegetativa.

De la Rúa y sus colaboradores lo olvidaron muy pronto, porque Álvarez se disciplinaría ante De la Rúa como un soldado japonés y toda diferencia antigua quedó como un espejismo, pero la puja por imponer a Graciela en Desarrollo Social estaba prefigurando el estilo de la ruptura que vendría.

—A mí no me van a imponer un ministro por los diarios —refunfuñaba De la Rúa a su círculo de confianza.

A su vez, una persona dentro del círculo amplificaba cualquier recelo presidencial hasta convertirlo en una irritación suprema. Es que si había algo claro en el futuro gabinete de De la Rúa era que Cecilia Felgueras sería su ministra de Desarrollo Social. Y Felgueras no dudó en reproducir el enojo del Presidente electo con unos cuantos decibeles de más.

***

Pese a esta historia, entre los ministros de De la Rúa quedó grabada una imagen distinta. Álvarez había promocionado, efectivamente, a Graciela como ministra, pero lo había hecho dándole un carácter de símbolo de la Alianza. No sería una persona suya en el gabinete sino alguien que la sociedad, para usar la palabra querida por Chacho, leería como la señal de que la coalición había sobrevivido a la debacle del Frepaso en las elecciones de la provincia.

En cambio, la designación de Flamarique no tuvo carácter simbólico sino que estuvo revestida de la practicidad de un jefe político que quiere contar con un funcionario de extrema confianza dentro de la gestión diaria del gabinete.

En este caso, como en el de Graciela, tampoco la elección del destino estaba asociada al perfil del postulante. Ni Graciela ni Flamarique eran técnicos con experiencia concreta de gestión en desarrollo social o en cuestiones laborales, pero al menos Flamarique venía revestido de un aura de operador universal capaz de afrontar con éxito cualquier negociación.

Era de la raza de negociadores que disfrutan con el armado de la política. Más que la propia fama, les da placer cuando, igual que Maquiavelo como consejero del Príncipe, un bordado suyo queda plasmado en la realidad y ellos se han convertido en omnipotentes autores de una maniobra histórica.

Así, es, claro, Enrique Nosiglia.

La misma característica tiene el ex manzanista, ex cavallista y (¿ex?) menemista Juan Carlos Mazzón, con quien Flamarique sostuvo una organización política dentro del peronismo entre 1967 y 1984.

Guillermo Seita, el negociador de Cavallo que abandonó la política después de que un grupo no identificado quemara su casa de Pinamar, en medio del enfrentamiento con Alfredo Yabrán, pertenece a la misma categoría.

Otro radical es un operador nato: Raúl Alconada Sempé. Cuando ambos revistaban en la Cancillería con Dante Caputo, el secretario de Relaciones Económicas Internacionales Jorge Romero solía decir que Alconada era experto en internas.

—No importa cuál interna, si la Convención del radicalismo, el grupo Contadora o No Alineados —decía Romero—. Al *Mudo* denle cualquier negociación donde haya más de dos protagonistas y él estará contento.

132

Heredado de José Octavio Bordón, Flamarique se había quedado en el Frepaso después de la ruptura del ex gobernador de Mendoza y había sido el operador dilecto de Chacho y su mano derecha en la campaña electoral contra Eduardo Duhalde. A su vez, había tejido una excelente relación personal con Rafael Pascual y con el propio De la Rúa.

Por eso los otros ministros del Poder Ejecutivo creyeron escuchar un signo de alerta cuando Álvarez comenzó a tratar fríamente a Flamarique en las reuniones de gabinete.

Varios de ellos notaron, inclusive, que Chacho había perdido su carácter zumbón y movedizo.

–Algo pasa. Chacho está hecho un ente –fue el comentario de alerta que recibió De la Rúa.

Cuando pidió explicaciones, el Presidente recibió dos tipos de respuestas.

Unos apuntaron al odio de Álvarez contra la tapa de *La Primera*:
–Chacho está así por el despelote personal.

Otros tuvieron en cuenta ese elemento pero no le dieron primacía:
–El factor personal potencia la actitud de Álvarez pero no es determinante –dijo por ejemplo Storani a De la Rúa.

***

El ministro del Interior, buen conocedor de la situación en la provincia de Buenos Aires, se enrolaba entre quienes creían que era crucial la situación de desprestigio de los concejales y el peso de la crisis económica y social.

El análisis que acercó a De la Rúa abarcaba la actitud de otro personaje decisivo en la comedia de enredos del Senado: Antonio Cafiero, senador por la provincia de Buenos Aires junto a Jorge Villaverde.

Aunque parecieron actuar juntos, Villaverde y Cafiero no tenían las mismas expectativas personales. Uno es tímido y leal a la estructura del peronismo de la provincia. El otro, a los 77 años, no se resigna a la jubilación ni al destino de fundaciones y centros de estudio que espera a los políticos norteamericanos después de una vida agitada.

Según el gobierno, Cafiero estaba preocupado por transformarse en el primer senador bonaerense elegido por el voto popular en el 2001. A mediados del 2000, parecía claro que Eduardo Duhalde sería el candidato a senador en primer lugar por la mayoría peronista de la provincia. Cafiero estuvo averiguando, y al gobierno nacional le constaban esas averiguaciones, si para las candidaturas al Senado se aplicaría el cupo femenino. En ese caso, debería resignar el segundo puesto ante la primacía de una mujer, y quedaría fuera de carrera para la cámara alta. Su opción debería dirigirse entonces a la Cámara de Diputados, donde en 1985 había empezado su exitosa carrera política como referente de la renovación peronista asesorado por un joven político: Chacho Álvarez.

Obligado por las circunstancias a un gran protagonismo, el activismo de Cafiero amenazaba dejar en un segundo plano la confortable posición, como referente ético entre los políticos argentinos, de Álvarez, que no sólo perdería su lugar en el Olimpo —después de todo, ya lo compartía con el mismo De la Rúa— sino que debería cederlo a manos de un dirigente de la oposición.

—El Frepaso representó la nueva manera de hacer política, y si Chacho ve que lo pierde buscará reinstalarse —advirtieron a De la Rúa.

También le acercaron un recorte de un reportaje a *La Nación* en el que el vicepresidente declaraba que "en cuestiones de ética soy un hombre independiente; simplemente actúo".

—La estrategia de Chacho aparece como individual, y al ser individual no existe certeza sobre la estrategia y tampoco sobre el desenlace de la crisis en sí misma —dijo al Presidente un dirigente radical.

En la reunión de gabinete del 22 de agosto, Chacho volvió a mostrarse tenso, como desconcentrado, o concentrado en otra cosa. Allí quedó delineada la estrategia del gobierno de que cada dirigente debía ser permeable ante cualquier requerimiento de la Justicia y presentarse ante la Oficina Anticorrupción, pero varios ministros igual permanecieron convencidos de que Chacho buscaría una capitalización propia de la lucha contra la corrupción.

El Presidente trató de evitarlo ordenando a Lopérfido que acompañase a Álvarez en la rueda de prensa donde se informaría sobre la reunión de gabinete. La instrucción produjo uno de los hechos más curiosos de esta historia: una conferencia paralela.

Fue ostensible la tensión de Álvarez y la decisión de desplegar una comunicación propia. No giró su cabeza hacia la derecha, donde estaba Lopérfido, y tampoco retomó conceptos del vocero, a quien sólo nombró una vez.

Lopérfido, en cambio, sí buscó una convergencia física y argumental con Álvarez y, como matiz, cargó contra el peronismo más que el vicepresidente. Sobre todo contra Cafiero, que entró en la clasificación de "algunos senadores, particularmente del justicialismo, que dicen: 'Yo sé que pasó algo, pero no lo voy a decir'".

Álvarez dijo que si la Justicia citara a De la Rúa, el Presidente contestaría por escrito.

Lopérfido eligió explicar que, antes, el juez debe convalidar el pedido de citación elevado por una de las partes.

***

Antes de su viaje a China, De la Rúa convocó a Storani. Le dijo que en su ausencia él debía ser el ejecutor de la estrategia frente al escándalo de las coimas y frente a Chacho.

—Es necesario que esa estrategia se ejecute —ordenó De la Rúa.

El Presidente le dejó a *Fredi* dos encargos:

—Tomá vos la comunicación, y unificá los detalles conversando con Chacho. Encargate, que vas a ser la cara visible mientras yo no esté.

Antes de salir hacia la primera etapa —México—, De la Rúa se reunió con Álvarez a solas y después los dos se encontraron con Storani.

—Hacé una síntesis —pidió el Presidente al ministro del Interior.

Storani trazó un repaso de la estrategia acordada en la reunión de gabinete. Detalló que ya había hablado con los presidentes de los bloques del radicalismo, Raúl Galván, y del peronismo, Augusto Alasino, y que había negociado la limitación de los fueros. También subrayó que habían quedado en unificar el discurso hacia afuera del gobierno, para que se viera que era toda la Alianza la que tenía voluntad política de resolver la crisis del Senado.

En esa conversación no surgió el tema de los cambios en el gabinete.

Después, Storani tuvo un nuevo diálogo con Galván. Le prometió que habría cambios en el Senado y también en el gabinete. No dio nombres, pero después Galván gritaría que había sido traicionado por *Fredi*: nadie renunciaba en el gabinete.

Cuando De la Rúa salió de la reunión, el ministro del Interior conversó con Álvarez.

—Chacho, ¿vos estás de acuerdo con los cambios en el Ejecutivo nacional?

—Sí, y tendrían que hacerse antes de que se vaya Fernando.

De la Rúa se estaba yendo en un rato. Los cambios parecían ya imposibles en tan corto tiempo, pero Storani igual quiso dejar aclarado el punto.

—¿De qué cambios estamos hablando?

—Se tienen que ir Alberto, como yo ya se lo dije a él mismo, y De Santibañes.

Storani lo miró satisfecho.

—Coincido. Mirá, tengo tareas a cumplir en la semana en que Fernando no esté, y me pongo manos a la obra.

***

Álvarez y Storani tenían excelente sintonía.

Los dos llegaron al Ejecutivo por primera vez en el 2000 después de haber cumplido los 50 y luego de más de treinta años de militancia.

Ambos se foguearon en los 70, esa década larga que comenzó con el Cordobazo de 1969 y terminó con el golpe militar del 24 de marzo de 1976. *Fredi* estudió abogacía y fue dirigente universitario del radicalismo —primero en La Plata, después a nivel nacional— y presidente de la Federación Universitaria Argentina. Chacho cursó Historia en tiempos de las cátedras nacionales, cuando Juan José Hernández Arregui y José María Rosa reemplazaron como bibliografía a Ricardo Levene y Ricardo Caillet Bois.

Votaron distinto el 11 de marzo de 1973. *Fredi*, por la fórmula Balbín-Gamond. Chacho, por Cámpora-Solano Lima. Pero los dos se alegraron por la caída de la dictadura de Alejandro Agustín Lanusse el 25 de mayo de 1973, cuando Héctor Cámpora asumió la presidencia en nombre de Juan Perón y a la noche quedaron libres los presos políticos cautivos en Villa Devoto.

Álvarez, conviene destacarlo, vivió esos días con un matiz que sirve para definir su visión frente al poder y su angustia frente a la política.

Los jóvenes peronistas estaban directamente eufóricos. Sin vueltas. Otros jóvenes, como los militantes radicales y los comunistas, compartían el entusiasmo ante una etapa que todas las fuerzas definían como de liberación nacional. Si hasta la plataforma radical de un conservador como Balbín —un político "de centroderecha", se diría a fin de siglo— incluía la estatización de la banca y la nacionalización del comercio exterior. *Chile, Cuba, el pueblo los saluda*, gritaba la gente en la plaza, emocionada por la presencia del presidente chileno, el socialista Salvador Allende, y del cubano, el comunista Osvaldo Dorticós. Álvarez participó en la ola de ese 25 de mayo. Estuvo en la Plaza de Mayo y fue a la marcha de antorchas en Villa Devoto. Pero no pudo disfrutar.

—Yo miraba a Dorticós, a Allende —suele contar a sus amigos cuando recuerdan viejas épocas—, y me preguntaba: "¿Cuánto puede durar esto?". Veía que en la plaza le sacaban la pistola a un policía, que Dante Gullo dirigía el acto, y pensaba: "Qué irrealidad...". Pero claro, la dinámica de la militancia llevaba a que la Juventud Peronista y los Montoneros hicieran eso. Los militantes se lo pedían.

Álvarez nunca desliza este tipo de reflexiones al estilo de una madre judía: no se enorgullece de haber acertado una predicción, sino que lamenta no haber podido alegrarse más.

***

Las vidas paralelas de *Fredi* y Chacho se dividieron, en 1973, por la segunda vuelta en la Capital Federal. Como candidato a segundo senador, el peronismo llevaba a un nacionalista católico, Marcelo Sánchez Sorondo, y de suplente a José María Rosa. El radicalismo, a un joven abogado de 37 años, de aspecto formal, cabellera rala, tonada cordobesa aún pronunciada, traje gris como uniforme y un discurso que no desentonaba con la época, aunque tampoco ofrecía ninguna estridencia, ningún entusiasmo especial por otra cosa que algo llamado entonces, con bastante vaguedad, "las instituciones". Hasta ese momento Fernando de la Rúa había mantenido un discreto segundo plano. Noé Jitrik y Tununa Mercado fueron vecinos de De la Rúa en un edificio de Uriburu y Arenales, en la Capital. Todavía recuerdan cómo, en tiempos de gran efervescencia política, en el piso de arriba alguien conseguía abstraerse y tecleaba incansablemente su máquina de escribir con regularidad de alumno aplicado. Poco después se enteraron de que el alumno De la Rúa buscaba sobresalir en la presentación de su tesis de doctorado.

Ninguna anécdota registra a De la Rúa como un combatiente contra la dictadura de Juan Carlos Onganía, Roberto Marcelo Levingston y Alejandro Agustín Lanusse. Tampoco como un participante de las discusiones de la izquierda –radical, peronista, comunista, trotskista o guevarista– sobre si la contradicción básica era la que enfrentaba al proletariado y la burguesía o la que oponía al pueblo con el imperialismo. Asesor precoz de Juan Carlos Palmero, el ministro del Interior de Arturo Illia, De la Rúa era un radical más del tronco balbinista, en todo caso con la retórica levemente progresista del sabattinismo cordobés.

Sánchez Sorondo fue, para De la Rúa, un regalo de la Providencia. En verdad el ex director de *Azul y Blanco*, el semanario donde habían colaborado también Juan Manuel Abal Medina y Julio Mera Figueroa, estaba pegando la vuelta desde el nacionalismo oligárquico heredado de los años 30, pero su solo apellido bastaba para traer reminiscencias indeseables al electorado porteño. Su padre, Matías, había sido ministro del Interior de Agustín P. Justo en la época más infame de la Década Infame, y había protagonizado un famoso debate con Lisandro de la Torre por la legitimidad de ser anticomunista al punto de prohibir al comunismo como corriente política en la Argentina y consagrar el delito de opinión.

El 11 de marzo de 1973, Cámpora obtuvo a nivel nacional casi el 50 por ciento de los votos. Balbín resignó la posibilidad de una segunda vuelta, a la que tenía derecho en teoría porque el candidato peronista no había llegado a la mitad más uno. Pero en la Capital Federal el peronismo estuvo lejos de obtener la mayoría para elegir el senador porteño, y la segunda vuelta quedó como la alternativa razonable.

En una elección tan polarizada, y lejos ya de la ola nacional que había producido un aluvión de votos para el peronismo —incluso en la más bien antiperonista Córdoba, y por supuesto en distritos grandes como la provincia de Buenos Aires y Santa Fe—, De la Rúa terminó imponiéndose gracias al voto de la clase media asustada por el nacionalismo de Sánchez Sorondo, al que veían como una forma de nazismo disfrazada dentro de los pliegues de las candidaturas peronistas.

De la Rúa, a quien en ese momento las revistas ya popularizaban como *Chupete* porque no llegaba a los 40 y parecía joven para la senectud imaginada en los senadores, festejó su primer gran triunfo en elecciones pero debió escuchar la advertencia de su suegro, Basilio Pertiné:

—No te equivoques, pibe, que vos ganaste con el voto de los judíos y los bolches.

De la Rúa acababa, así, de inaugurar tres reglas que serían constantes en su vida.

La primera, que siempre conviene seguir la marea y, a la vez, distinguirse un poquito.

La segunda, que si un radical quiere ganar debe saltearse los límites estrechos del voto cautivo de la UCR, nunca superior a un 20 o un 22 por ciento del padrón.

La tercera, que el Senado es el sitio natural de los padres de la patria.

Después de su triunfo en el '73, De la Rúa volvió a ejercer la política en un andarivel distinto del de Chacho y *Fredi*: el del balbinismo que terminó llamando *guerrilla industrial* a los dirigentes gremiales de izquierda de la Unión Obrera Metalúrgica de Villa Constitución. Los radicales como Storani, en cambio, se acercaron al clasismo de Agustín Tosco.

Los dos discutían las posiciones de los Montoneros, pero en un sentido diferente. Para los balbinistas, los Montoneros y la Juventud Peronista eran un sector ajeno a sus preocupaciones incluso personales. Las diferencias con ellos eran tanto estratégicas como de identidad e historia, y se sorprendieron cuando Mario Firmenich ofreció a Ricardo Balbín ser el segundo de Perón en la fórmula, en lugar de Isabel.

Para los radicales de la Junta Coordinadora Nacional, los peronistas revolucionarios eran compañeros de facultad o antiguos aliados que habían tomado rumbos distintos.

Álvarez y Storani coincidían de hecho, como hubiera dicho en esa época cualquier militante de izquierda, en la crítica a los Montoneros después de su enfrentamiento abierto con Perón, cristalizado en la salida de la Plaza de Mayo el 1° de mayo de 1974, cuando la JP preguntó *Qué pasa, qué pasa, qué pasa, General; está lleno de gorilas el gobierno popular* y Perón los calificó de "estúpidos" e "imberbes".

Chacho no se encuadró en 1973 bajo la conducción de los Montoneros, de quienes desconfiaba por su desafío a Perón y, pensaba, también a la realidad, y por no haberse encuadrado no necesitó romper con la JP de la Tendencia Revolucionaria. Pero terminó convergiendo con cuadros que formaron la pequeña Juventud Peronista "Lealtad" como alternativa interna, luego del asesinato del jefe metalúrgico José Rucci en 1973 a manos de los Montoneros.

En ese amplio sector que buscaba, aun en medio de la hiperpolarización del justicialismo, una solución política, quizás ya utópica a fines del '73 y en el '74, Storani y Álvarez, que no se conocían personalmente, coincidieron con otro protagonista futuro de la Alianza, en ese entonces editor de un mensuario prestigioso, a quien tampoco trataron entonces.

Era Rodolfo Terragno, que escribió en una contratapa de su revista mensual *Cuestionario* de abril del '74: "Los dirigentes juveniles

—que han cumplido, en la lucha contra el régimen militar, un papel sobresaliente y por momentos solitario— no pueden desdeñar el ejercicio autocrítico. En su mayoría, provienen de estratos sociales que no necesitan para sí el cambio. Esto revaloriza aun más su sacrificio, que no está dictado por un interés propio, pero, a la vez, resiente la perdurabilidad de sus posiciones, si es que ellos se disocian de la clase para la cual ese cambio no es una devoción, sino una necesidad".

Y remató: "Por un divorcio de ese tipo han fracasado siempre, en Latinoamérica, las facciones de izquierda".

Sin coincidir en ninguna organización, en ningún movimiento, Chacho y *Fredi* habían atravesado, como vidas generacionales paralelas, la dictadura, la desaparición de amigos y compañeros de militancia, el exilio interno y la ola de protesta que volvió a crecer después de la fisura militar de Malvinas. Otra vez adversarios políticos en 1983 —Storani participó de la campaña de Raúl Alfonsín; Álvarez, de la de Ítalo Luder— de todos modos volvieron a acordar en valores de fondo. Alfonsín aparecía en el horizonte político inicial del '83 como el gran demócrata, capaz de superar el compromiso de Luder con los jefes militares. Álvarez se enroló muy pronto entre quienes, dentro del peronismo, comenzaron una reflexión que partía de reconocer la falta de adaptación a la realidad que condujo a la derrota. (Otro futuro protagonista, Alberto Flamarique, quedó tan *shockeado* por el ascenso alfonsinista que no había atisbado en la sociedad, que dejó la política por muchos años.)

Haber pertenecido a un pasado de experiencias comunes generaba en Storani y Álvarez un respeto mutuo, casi un afecto, y sobre todo una corriente de confianza marcada por el uso del mismo lenguaje. Una confianza que corría el riesgo de romperse en cualquier momento.

***

Chacho no idolatra precisamente los viejos métodos radicales, todavía condimentados por el clientelismo de los punteros, y cuando se ensaña suele apuntar al radicalismo de la provincia de Buenos Aires.

—No puedo creer que sea progresista usar la política para financiar una red de punteros, y después usar la estructura de punteros para decir que uno es progresista —les dijo a los dirigentes del Frepaso bonaerense para pedirles que se diferenciaran de sus socios radicales.

La peor relación de todas en Buenos Aires la tiene Álvarez con el senador Leopoldo Moreau, viejo dirigente de la Coordinadora y luego del Movimiento de Renovación y Cambio, el mejor orador de su generación, otro ex periodista como Terragno. Y el radical con quien mejor se llevaba Chacho era Storani, lo cual no quería decir que su relación fuese óptima y estuviera desprovista de recelos.

En los días de agosto en que la crisis del Senado aumentaba hasta amenazar el destino de la Alianza, *Fredi* se quejó con amargura ante sus colaboradores:

—Cada vez que nos juntamos con Chacho y acordamos algo, después él va más allá de lo arreglado.

Storani se irritó cuando Álvarez propuso la elección anticipada de senadores.

—Chacho, esto no es lo que dijimos.

—Y... Pero si no, le regalamos la bandera a Ruckauf —replicó el vice.

El ministro contó a sus segundos otra conversación con Chacho. Al visitar el Congreso Eucarístico en Córdoba, Álvarez había aprovechado la tribuna para plantear otra propuesta para el Senado. Ya no pedía la elección anticipada de los senadores, pero sí la renuncia anticipada de ellos. Un matiz.

—¿Por qué planteaste la renuncia anticipada? —le preguntó Storani.

—Porque salió Cafiero en *La Nación* con lo mismo, y no le podíamos dejar la cancha libre.

Después de ambos diálogos, el gobierno, o los radicales del gobierno de mejor llegada a Fernando de la Rúa, sacaron nuevas conclusiones. Creyeron ver en Álvarez una estrategia de respuesta mediática por sobre cualquier arreglo interno con el gobierno. Interpretaron en esa respuesta mediática no el mero afán de protagonismo sino una estrategia de diferenciación.

Llegaron a esa conclusión analizando los hechos producidos por Álvarez, pero también las columnas de opinión escritas por colaboradores cercanos al jefe del Frepaso. Fue clave el examen de una nota publicada en *Página/12* por Franco Castiglione. Ex director de la carrera de Ciencia Política de la UBA, Castiglione había llegado al Frepaso después de una experiencia política alimentada en su exilio italiano, donde terminó militando en el Partido Comunista Italiano, el más popular y políticamente flexible de Occidente.

Castiglione comparaba la situación argentina con la de *mani pulite*, en la que el actor principal, decía, era un magistrado judicial, Antonio Di Pietro. Aquí, en cambio, los protagonistas eran "un político dejado en soledad" y el periodismo independiente.

La nota no lo señalaba, y los análisis del gobierno tampoco, pero si los analistas oficiales hubieran forzado los parecidos con Di Pietro, podrían haberlos encontrado.

Álvarez nació en 1949. Di Pietro, en 1950. Los dos son de origen humilde. El padre de Álvarez fue un linotipista que inmigró a la Argentina desde Madrid. Di Pietro nació en el sur de Italia y creció en una familia modesta. Él mismo fue un emigrado que trabajó en una fábrica de Alemania. Después, las carreras se bifurcaron. Di Pietro se pagó los estudios de abogacía empleándose fugazmente como oficial de policía. Chacho fue quiosquero y cadete y vendedor en la librería Santa Fe mientras estudiaba Historia en la Universidad de Buenos Aires. A mediados de los 80, Álvarez ya era una figura en el peronismo. Di Pietro era magistrado, un cargo que en Italia combina el de fiscal y juez de instrucción. A fines de los años 80, cuando Álvarez y sus compañeros del Grupo de los Ocho, los diputados disidentes del menemismo, sistematizaban sus primeras denuncias de corrupción, el italiano ideó un sistema informático para cruzar datos de políticos y empresarios envueltos en escándalos de corrupción. Así fue como él y sus colaboradores descubrieron el pago de coimas a cambio de contratos con el Estado. Una de las puntas fueron los acuerdos comerciales ligados a dirigentes del Partido Socialista en Milán. Di Pietro convirtió las sospechas en cargos, y los cargos en una oleada de detenciones, hasta demostrar que la corrupción estaba políticamente institucionalizada. Lo que Chacho llamaría un *sistema*.

Preocupado por lograr que la clase política dejara de ser una secta autorreferencial, Di Pietro quiso que, como símbolo, los políticos arrestados fueran alojados en las mismas prisiones que los delincuentes comunes y corrientes. Muchos políticos satanizaron al magistrado, alegando que en realidad no quería sanear las instituciones sino destruirlos a ellos, como un inquisidor de la Edad Media.

El peso institucional del juez italiano llegó a ser un problema para él mismo. Lo obligó a proveerse de custodia permanente y a viajar en un auto a prueba de balas.

Su popularidad se mantuvo, pese a los ataques, incólume. Los italianos sentían reconocimiento hacia ese hombre que había contribuido a librarlos de un mal endémico capaz de evaporar 20 mil millones de dólares de sus bolsillos hacia un aceitado esquema de corrupción.

Storani terminó teniendo razón, pero la verdad es que a esa altura de las cosas Álvarez había seguido su estilo de siempre: cuando toma una decisión o acumula elementos para tomarla, llega a un punto de máxima soledad en el que no consulta ni escucha, y menos aún cambia de decisión o de rumbo. Como también en esos instantes se agudiza su intuición de esponja, de dirigente capaz de absorber hasta el más mínimo matiz en lo dicho por su interlocutor, el argumento más novedoso, es muy posible que Álvarez pueda haber utilizado una columna como la de Castiglione, pero nunca al revés. Un radical podía pensar, también, que un colaborador de Chacho no hubiera publicado una columna como ésa sin la autorización de su jefe. Error: ni Álvarez es orgánico hacia los demás, ni los demás son orgánicos hacia él hasta el punto de cuidarse de un razonamiento que podía ser tomado como el signo de una estrategia –que lo fue–, pero también como un simple análisis de intelectual con un pie en la realidad argentina y otro contrapunteando la situación italiana.

Había, sí, una interpretación posible: tanta libertad indicaba una falta de límites, quizás de un mínimo cuidado por parte de Álvarez, o al menos la asunción de un margen mayor de maniobra propia por parte de intelectuales frepasistas como Castiglione.

Por esos días, Storani decidió hablar más en público. Se propuso fijar posición. Confesó a sus allegados que tenía el corazón dividido:

—Yo también quiero cambios en el gabinete para oxigenar la situación y distender la crisis, pero me jode que Chacho deje en *off side* al gobierno con su línea de diferenciación permanente.

Fredi buscó hacer algunos gestos que pudieran ser interpretados como una señal de que no se oponía a los cambios reclamados por Chacho. Tomándose él también el margen de maniobra frente a De la Rúa que la propia movida de Álvarez había construido, pidió modificaciones en el gobierno. Y aceleró la presentación de la reforma política, el caballito de batalla habitual de los miembros del gobierno de la Alianza cuando querían demostrar que su preocupación por la limpieza de la política no es una táctica sino una estrategia.

Pero la cuestión de fondo, vistas las cosas del lado del gobierno, era la diferenciación que Chacho buscara con su denuncia en el Senado, más aún que la diferenciación que marcaba el enfoque diferente impuesto por De la Rúa.

***

Cuando el Presidente volvió de China, convocó a una reunión bajo el paraguas del diálogo político. Lo inició con el radicalismo y su presidente, Raúl Alfonsín. Pero era mentira. Y sonaba a mentira. Es decir, era un perfecto reflejo de las formas que tanto seducen a Fernando de la Rúa. Nadie creería que realmente había comenzado el diálogo. Nadie entendería el sentido del diálogo cuando no estaba en juego la democracia ni el país afrontaba una crisis terminal. Y, más aún, nadie comprendía por qué el gobierno necesitaba ponerle un marco formal a la charla con el jefe del principal partido de la coalición oficialista. Ridículo aun mayor si se tiene en cuenta que nunca fue convocado al diálogo político el Frepaso de Chacho Álvarez. Ni antes, ni después de la renuncia de éste a la vicepresidencia.

La forma del diálogo con la UCR fue una cena en Olivos. Participaron De la Rúa, Storani, Alfonsín, Álvarez y Machinea. El ministro de Economía, en realidad, no estaba invitado, pero terminó haciéndose cargo, involuntariamente, de una de las características de De la Rúa, que jamás indica de manera abierta quién debe quedarse y quién debe irse, en un estilo que revela su preocupación por evitar actitudes que le generen costos, así sean personales y no políticos.

La primera hora fue intrascendente. Nadie se animaba a plantear ningún tema importante y todos sobrevolaban la situación de aquellos días obviando la crisis entre De la Rúa y Álvarez.

Todo siguió de manera anodina hasta que Storani se cansó de las vueltas. Fue brutal:

—Bueno, estamos acá para abordar el tema de Chacho y el Senado —dijo sin eufemismos.

Los radicales presentes en la cena aseguran que Álvarez ensayó primero una línea defensiva, que explicaba en términos de comparación política con Cafiero.

—Miren, al principio de la denuncia de Antonio yo me hice el boludo, y tanto me hice el boludo que quedé mal. Pero una vez que estalló el tema, y no estalló por mí, no me podía seguir haciendo el boludo, porque terminaría quedando pegado.

Contagiado por la sinceridad de Chacho, De la Rúa fue inusualmente frontal:

—Para afuera aparece que vos querés investigar y yo quedo como el que te quiere frenar.

Chacho contestó genéricamente —a sus interlocutores les pareció que sin convicción, aunque lo pensaba de verdad— con argumentos sobre la necesidad de fortalecer la autoridad presidencial. También mencionó la urgencia por desprenderse de las figuras cuestionadas en el Senado.

Alfonsín recogió el guante y, a la vez, se llevó un punto de negociación de allí hacia la mesa del Comité Nacional. Quería dejar fijado un criterio sobre la delimitación de territorios para ese aliado que no parecía respetar las fronteras partidarias:

—El tema de Genoud lo vamos a hablar dentro del partido.

Después de la cena, los radicales sacaron la conclusión, o quisieron sacarla, de que el gobierno había llegado a una estrategia común.

De ahí en adelante, Álvarez y De la Rúa dirían lo mismo sobre el Senado.

Avanzaría la oxigenación, con el gobierno desprendiéndose de las figuras más cuestionadas.

Y Alfonsín se ocuparía de garantizar la remoción de Genoud.

El diálogo político con el radicalismo había concluido. El turno siguiente sería el del menemismo. ¿O no era el turno siguiente? ¿O todo había sido una puesta en escena para justificar hacia atrás el encuentro furtivo de De la Rúa con Carlos Menem?

La reunión debió ser secreta pero terminó filtrándose, aunque ninguno de los dos protagonistas la admitió jamás públicamente.

Menem se hizo el misterioso, siguiendo una línea que lo había caracterizado y lo divertía. La misma actitud, por otra parte, que ejercitaba cuando le preguntaban si era verdadero su romance con la diva chilena de la tevé Cecilia Bolocco.

—Con Cecilia vivimos un hermoso momento —decía como si hubiera estudiado el libreto de las revistas del corazón.

Y lo mismo repetía en política:

—Yo lo voy a ayudar al presidente De la Rúa en todo lo que pueda.

Para rematar con intención:

—Voy a proponer una reforma de la Constitución para que se elimine la figura del vicepresidente. No sirve para nada, y otros países como Chile no lo tienen. ¿Y? ¿Cuál es el problema de no tener vice? A mí me renunció Eduardo Duhalde en 1991 para presentarse en la provincia de Buenos Aires, y goberné sin problemas hasta 1995.

Los colaboradores de Menem preguntaron a su jefe si la reunión de Olivos con De la Rúa había existido. A los más cercanos, Menem les guiñó un ojo.

Varios ministros consultaron a De la Rúa por una cumbre con Menem. De la Rúa la negó con énfasis, pero es tan hierático que nadie, ni siquiera los más inclinados a creer en su palabra, atinó a sentirse seguro del desmentido.

Luis Majul lo preguntó por televisión, en su programa de Canal 7.

—Esa reunión no existió —se mantuvo De la Rúa.

Majul pidió disculpas por discrepar no con una opinión sino con la palabra del Presidente, pero insistió en que según sus fuentes, a las que no identificó, el encuentro había existido.

La verdad es que el aparato de seguridad del Estado tiene constancia de que la cumbre entre el Presidente y su antecesor existió. Se realizó a las siete de la mañana del domingo 3 de septiembre en la Quinta de Olivos, un día y una hora en que quedaba asegurada la ausencia de testigos entre los funcionarios del gobierno. Menem no entró por la puerta utilizada habitualmente, que da a la calle Villate, sobre un costado de la residencia, y los dos estuvieron a solas, por lo que el contenido de lo conversado es más incierto que la realización del diálogo.

Menem le habría dejado en especial dos frases.

La primera fue ésta:

—Te vamos a ayudar.

Y ésta fue la segunda:

—Fernando, cuidate de Chacho.

9

Sentado a la cabecera de la mesa —cuando deja de rebotar de una punta a la otra del living—, Chacho parece un patriarca. Los demás van rotando alrededor de él, como planetas en un movimiento previsible.

Álvarez escribe su renuncia y pide algún comentario. Escucha, a veces corrige y otras deja el original manuscrito tal cual está. Siempre escribe a mano. Y escribe bien. Sabe que tiene estilo. Sigue produciendo páginas que entrega de inmediato a Paula para el tipeo.

Aníbal Ibarra mira el borrador del discurso junto con Vitar.

—Che, ¿esto no se podrá suavizar un poquito? —pregunta el jefe de gobierno porteño.

No quiere precipitar una ruptura.

Lo llama Alfonsín.

—¿Qué podemos hacer, Aníbal? —pregunta.

Ibarra le dice que nada, que está todo jugado.

El mismo diálogo, palabras más o menos, acaba de tener con Álvarez.

—Chacho, ¿voy para ahí? ¿Estoy a tiempo de hacer algo?

—Gracias, Raúl, pero no vengas. Es decisión tomada.

En ese momento el departamento de Chacho y Liliana parece el escenario de una asamblea popular.

Juan Pablo Cafiero, Rodolfo Rodil, Aníbal Ibarra, José Vitar, Ricardo Mitre, Pedro Del Piero, Darío Alessandro, Eduardo Jozami, Irma Parentella, Arnaldo Bocco e Hipólito Covarrubias, entre los cincuenta que pasan ese viernes 6 de octubre por el departamento de Paraguay, confesarán después que ese día se sintieron parte de un acto colectivo.

Cada uno aporta un comentario, porque Chacho no escribe su renuncia *sobre la base de ninguna matriz anterior, sino como le va saliendo al correr de la lapicera.*

Para el Senado, en cambio, recurre al politólogo Guillermo O'Donnell, que le envió un esqueleto con algunas ideas.

Mientras Chacho termina de escribir, los demás llaman para alguna consulta jurídica o leen la Constitución.

Pero no se trata de una reunión de cátedra, aunque por momentos tiene hasta rasgos de estudiantina. Como cuando, con Chacho siempre en la cabecera, Ibarra parado y Del Piero frente al jefe porteño, se entreabre la puerta. Ibarra no ve a nadie a su altura. Más abajo, una cabeza se agacha para quedar a la altura de Álvarez.

El vicepresidente, que tiene los lentes puestos, mira la aparición por encima del marco.

—¡Fuerza, Chacho, fuerza!

Se cierra la puerta.

—Che, ¿éste no era el juez?

—¿Qué juez?

—El del moñito.

—¿Julio Cruciani?

—Ése.

—Pero éste no tenía moñito.

—A mí me pareció Cruciani.

La carcajada es portentosa.

Después pasa a saludar el fiscal Julio Quantín.

—Quantín, cuántas cosas hemos hecho juntos... —lo saluda Álvarez recordando maldades comunes de cuando él era diputado y promovía denuncias contra el menemismo.

El clima es afectuoso, como de recuperación de una pertenencia común, tan distinta del cuentapropismo darwiniano —el individualismo donde unos matan a otros por la supervivencia— con el que algunos de los dirigentes del Frepaso menos autoindulgentes definen a su fuerza. El jefe parece distendido, y cuando Chacho está relajado es el tipo más simpático del mundo. Ese día ni siquiera utiliza su ironía mortífera, capaz de crucificar a un compañero del Frepaso, un socio del radicalismo o un funcionario de gobierno con tres palabras de esas que quedan grabadas, por lo gráficas.

Flamarique, por ejemplo, no es nombrado por Chacho en ningún momento. Cuando en la calle cantan "Flamarique, botón / Flamarique botón...", sólo hay sonrisas contenidas.

LA CONSPIRACIÓN

La historia se revela por primera vez aquí. Carlos Chacho Álvarez recibió en agosto al menos de boca de uno de sus dirigentes de confianza en el Frepaso, que incluso escribió un memo, indicios de que ex miembros de los servicios de inteligencia habían tramado operaciones que buscaban complicarle su vida privada. Era la misma línea de trabajo que la Policía Federal había susurrado al ministro del Interior Federico Storani cuando le dijo que no había ninguna operación orgánica en marcha pero sí, tal vez, el trabajo *free lance* de un agente actual o antiguo de los servicios del Estado.

Como en una mala novela policial, Álvarez conocía el nombre que le acercaron: se trataba de Máximo Nicoletti, alias *Alfredito*.

—Fue el encargado de hacer el chequeo —le informaron—. De proveer la carne que hiciera atractiva y creíble la información.

Incluso le dieron el dato de la suma que habría cobrado por el trabajo: 15 mil dólares.

Quince mil dólares era mucho y poco a la vez.

Era mucho para corroborar una rivalidad política que, como la de Liliana Chiernajowsky y Vilma Ibarra, era conocida en toda la Legislatura porteña. Amplificarla y agregarle un toque de sospecha para dar a entender algo más que una riña política era algo que no debía hacer el encargado de chequear; eso corría por cuenta lisa y llana de quien tomara la decisión de publicar el artículo, armar la tapa y editar la nota.

La cifra era poco dinero para las tremendas consecuencias institucionales que terminaría contribuyendo a generar el artículo: nada menos que la renuncia del vicepresidente, a casi once meses de comienzo del gobierno de la Alianza.

Cuando le acercaron la información, Álvarez contestó muy seco:

—Que nadie se meta en esto.

Es decir: no quieran ponerse a mi nivel, la estrategia la fijo yo.

Chacho es capaz de escuchar y de "pelotear" largamente con sus interlocutores, pero no soporta compartir la categoría de líder. Intuye que toda deliberación es previa al momento de la acción. Cuando las cosas están en movimiento, uno solo es el que piensa y toma las decisiones: él mismo.

Aquella vez, al menos, accedió a dar una pista para convencer a los demás de que efectivamente se estaban metiendo en algo que no les correspondía.

—Liliana y yo tenemos datos propios sobre quién está haciendo las operaciones —dijo.

Y más tarde, ante consultas específicas de sus allegados, incluso desmintió haber recibido los indicios sobre quién habría participado de la operación para desestabilizarlo.

Hasta es probable que haya decidido seguir desmintiéndolo, quizás por creer que nadie en el Frepaso le recordaría la veracidad del episodio.

No está claro —en términos políticos— por qué Álvarez desestimó tan rápidamente el papel de Nicoletti en temas que tenían que ver con su vida privada.

Quizás realmente sus informaciones fueran superiores a las que le acercaban colaboradores de confianza. Si es así, nunca les reveló, ni a ellos ni a funcionarios del gobierno vinculados a la seguridad y la inteligencia, los indicios detallados que le hacían pensar en una alternativa. Más aún: ni siquiera admitió una charla profunda con ellos sobre el tema.

¿Pudo haber sido el mismo Nicoletti quien le acercó, de manera directa o indirecta, la idea de que estaban en presencia de una conspiración surgida del seno del gobierno?

¿Era posible que jugara ese doble rol?

***

¿Nicoletti y Chacho llegaron a encontrarse para hablar? Obviamente, si fue así ninguno de ellos lo difundió, y Álvarez incluso lo desmintió ante una consulta específica.

Es razonable pensar que la relación con Nicoletti dista de ser un dato placentero para Chacho. Nicoletti estaba excarcelado en una causa gracias al "dos por uno", que computa como doble cada año pasado en prisión como procesado sin condena. ¿En qué puede convenirle al vicepresidente de la Nación, un político honesto, el vínculo con un prominente acusado de asaltar un camión blindado?

Quienes están seguros de la conversación dan dos versiones sobre ella, e incluyen un tema más. La primera dice que Álvarez pidió a Nicoletti asesoramiento en inteligencia. Según esta versión de las cosas, Chacho estaba desesperado por no contar con información propia en la SIDE ni con la más mínima chance de analizar la información que los servicios del Estado pudieran proporcionarle.

La segunda versión indica que fue Nicoletti quien le habría llevado la propuesta de asesorarlo, e incluso de formar un grupo de inteligencia al servicio del jefe del Frepaso.

Para Chacho, uno de los políticos más imaginativos de la Argentina, el dirigente que había liderado el crecimiento más espectacular de una fuerza en los últimos cincuenta años, Nicoletti aparecía como un rompecabezas al que siempre le faltaba una pieza.

La primera pieza estaba ahí, a mano, en el segundo título de tapa de *La Primera*. Era la oferta de una "investigación exclusiva" sobre la *Operación Algeciras*. Estaba presentada como "la misión secreta que pudo cambiar el destino de la guerra de Malvinas" y describía una orden de 1982: en plena guerra, un comando de buzos tácticos había recibido de la Marina la misión de hacer estallar embarcaciones inglesas apostadas en Gibraltar.

La revista tenía una nota central que firmaba Ignacio Fidanza, quien según todos sus compañeros de trabajo es el amigo más fiel —fidelidad que lleva casi hasta el narcisismo— de Juan Martín Balcarce, el autor de la nota de tapa sobre *Chacho Bond*. Había, también, dos documentos. Uno, sobre el jefe máximo de la operación. Otro, el relato del jefe del comando ejecutor.

El jefe máximo era Jorge Isaac Anaya, la alma máter de la Junta Militar que en 1982 decidió el desembarco en Malvinas. Anaya había sido condenado por las propias Fuerzas Armadas a través de la Comisión Rattenbach. Luego, la Justicia civil había revisado y ampliado la condena por la guerra de las Malvinas y un presidente civil, Carlos Menem, lo había indultado junto con Leopoldo Galtieri y otros militares responsables de la tragedia de las islas.

En el reportaje de *La Primera*, Anaya sonaba tan infantil como aquella idea, muy popular en 1982, de que los británicos no tomarían represalias en el Atlántico Sur porque sus marinos serían incapaces de aguantar las náuseas del largo viaje de Southampton a Port Stanley.

Anaya reveló que, por supuesto, la operación de voladura sería secreta y los británicos jamás debían descubrir que un comando argentino era el que estaba detrás de los detonadores.

La estrategia consistía en que, tras la explosión en Gibraltar, la Organización del Tratado del Atlántico Norte se preocuparía tanto por la situación de Europa que pediría a los británicos una concentración mayor en su área regional. La OTAN, según el febril razonamiento de los argentinos, les diría que no había que distraerse en el Atlántico Sur ante amenazas tan graves en el Atlántico Norte. Anaya estaba seguro de algo: una maniobra genial de distracción haría que la Argentina pudiese ganar tiempo en las negociaciones.

El marino era el supremo encargado de autorizar que los comandos apretasen el botón sobre los blancos elegidos. Dos veces ordenó suspender la operación. La primera, cuando el blanco posible eran unos minadores. La segunda, cuando desde un teléfono público de Gibraltar le preguntaron si autorizaba realizar la voladura de un supertanque de bandera liberiana. "Iba a haber una matanza tremenda", fue la explicación brindada por Anaya. Por eso había rechazado la segunda opción.

El tercer blanco fue el destructor *Ariadne*, primo del *Sheffield*. Anaya dio su OK y el comando se puso en marcha. Según revelarían después sus propios integrantes, estaban al mando de Eduardo Morris Girling, jefe del Servicio de Inteligencia Naval y el enlace era el capitán Héctor Rosales.

Los investigadores que en agosto del 2000 juntaban pieza por pieza para descubrir si había comenzado una conspiración, repararon en los tres nombres de los miembros del comando que aparecían, otra vez, en el material de la revista.

Les llamó la atención la constatación de un dato: los tres eran ex montoneros.

Y otro dato más: por lo menos dos se habían convertido en colaboradores o miembros de los servicios de inteligencia.

Ellos eran: un hombre llamado *El Marciano*; Nelson Latorre, conocido como *El Pelado Diego*, y Máximo Fernando Nicoletti, *Alfredito*, el jefe del comando.

El archivo les devolvió dos elementos sobre Nicoletti:

- Había sido el marido de Liliana Chiernajowsky, la mujer de Chacho.
- Liliana ya había sido usada como elemento de agresión contra Álvarez en la campaña para constituyentes de 1994, cuando los servicios de inteligencia quisieron presentar al entonces candidato a convencional por la Capital Federal como relacionado con Montoneros a través de su mujer.

Por aquel episodio del '94, Álvarez había llegado a retirarle el saludo al cabeza de lista del justicialismo, Carlos Corach. Estaba convencido de que él había armado la campaña sucia. Creía Álvarez que era una forma de vengarse porque el Frente Grande había utilizado como argumento electoral los datos sobre la presidenta del PAMI Matilde Menéndez publicados en una gran investigación de la periodista Susana Viau en *Página/12*.

Corach siempre juró a Chacho que él no había sido el autor de aquella campaña.

—Jamás recurrí en política a temas personales –dijo–. Y tampoco a macartismo con el pasado de nadie.

***

Después de las notas en *La Primera*, Álvarez había averiguado entre dirigentes menemistas si la SIDE de ahora, la SIDE de su gobierno, podía estar metiéndose dentro de su casa, su despacho y su vida.

¿Podía ser que los servicios de inteligencia lo enfrentaran a él, al vicepresidente? Y si era así, ¿el jefe de la SIDE podía ignorarlo? ¿Y De la Rúa? Al principio, Álvarez ni quería imaginarse las respuestas. Después, cada contestación hipotética le taladraba la mente.

Mientras Chacho se enredaba en las mismas preguntas sin respuesta e interrogaba a funcionarios de antes y de ahora, dando vueltas como un león enjaulado, los investigadores seguían armando el rompecabezas de *La Primera* y la curiosa superposición de notas.

Nicoletti tenía experiencia en la voladura de buques. Hijo de un inmigrante italiano que había revistado en la flota de Benito Mussolini, en 1975 había participado del estallido de la fragata *Santísima Trinidad* de la Armada argentina, una importante operación de los Montoneros.

La Marina no sólo contaba con esos datos en sus archivos de inteligencia. Tenía el relato detallado del mismo Nicoletti, que lo había ofrecido cuando el grupo de tareas de la Escuela de Mecánica de la Armada lo había secuestrado en 1977. Porque el buzo táctico de la *Operación Algeciras* había sido un cautivo de la ESMA. Y había figurado en el reducido grupo de los que decidieron colaborar con los marinos en el momento más crudo de la represión.

Pero ni la operación ni la historia de Nicoletti eran una novedad absoluta cuando *La Primera* publicó su nota. El nombre de Nicoletti ya había reaparecido en público en 1994, tras un largo paréntesis que había comenzado en los últimos años de la dictadura, vinculado a un asalto famoso. El 28 de febrero de ese año, una superbanda integrada por ex miembros de las fuerzas de seguridad y de inteligencia interceptó en General Rodríguez un camión de caudales con proyectiles especiales y de alto calibre y consiguió robar dos millones de pesos.

Diez días después, los sospechosos fueron detenidos y trascendió el nombre de Nicoletti como presunto jefe. Casualmente, faltaban sólo días para que el Frente Grande se presentara a elecciones, las primeras que ganaría en la Capital Federal.

Desde Londres, donde residía en ese momento, Miguel Bonasso, el autor del notable *Recuerdo de la muerte*, describió a Máximo Nicoletti como "un tipo simpático, pero pesado". Su biografía indicaba que el padre, el ex marino de Mussolini, se había convertido en la ciudad de Bahía Blanca, Argentina, en proveedor de la Marina de Guerra. Según Bonasso, Nicoletti fue el buzo que en 1974 colocó una carga explosiva en la lancha *Marina* del entonces jefe de la Policía Federal, el comisario Alberto Villar, quien el 1° de noviembre volaría por los aires en el Tigre junto con su esposa, en una acción atribuida a Montoneros.

Nicoletti negaría haber sido partícipe del atentado contra Villar, pero en cambio nunca desmintió haber sido miembro de la operación para matar al primer canciller de la dictadura, el vicealmirante César Guzzetti. En 1977, *Alfredito* y otros compañeros suyos se disfrazaron de médicos y enfermeras de un consultorio donde, habían averiguado, se atendía el ministro de Relaciones Exteriores. Cuando tuvieron a Guzzetti a mano, se dieron a conocer y le dispararon en la cabeza a través de una almohada, para amortiguar el sonido del tiro. Guzzetti no murió, y la Marina redobló sus esfuerzos para ubicar a los guerrilleros que habían desafiado el poder de la represión en la peor etapa de los años de plomo. Los detuvo el grupo de tareas de la ESMA 3.3.2, cuyo jefe de inteligencia era Jorge *El Tigre* Acosta.

Bonasso escribió que cuando Nicoletti cayó secuestrado, "supo que la sobrevivencia era remotísima, y que sólo era posible convirtiéndose en traidor". Nicoletti, "decidido a sobrevivir a cualquier costa, decidió entregar a su mejor amigo, el *Negro* Ricardo, uno de los jefes montoneros que habían comandado la operación contra Guzzetti. Amparado en su gran amistad con el jefe, logró que Ricardo lo acompañara, desarmado y a ciegas, hasta la casa donde se ocultaba Nicoletti. Allí lo esperaban hombres como *Ruger* Radice y *El Rata* Antonio Pernías. A diferencia de Nicoletti, el *Negro* Ricardo mantuvo su dignidad hasta el fin, y fue ahorcado en la ESMA a comienzos de 1978. Integrado plenamente al mini-staff de la Escuela, el grupo de los 'dedos' y entregadores totales, Nicoletti recorría con las patrullas navales las calles de Buenos Aires, cazando antiguos compañeros", y luego realizaría, siempre según Bonasso, misiones de reconocimiento en el exterior. En una de ellas fue visto en Caracas junto con Nelson Latorre, su compañero de la *Operación Algeciras*.

***

En julio, antes de la nota de *La Primera*, Nicoletti concedió su primera entrevista desde entonces a *The Sunday Times* de Londres y a Radio 10, también propiedad de Hadad, para el programa *Malvinas, la verdadera historia*, de Jorge Taranto Baroni y María Isabel Sánchez.

Ésta es su versión de lo que había relatado Bonasso en 1994:

"–¿Cuándo lo detiene la Armada?

"–En 1977. Por este tema fui atacado por ex compañeros míos. Quedó la sensación de que un día vi a unos marinos y dije: 'Uy, qué buenos muchachos, me pongo con ustedes, está todo bien'.

"–¿Cómo fue para usted?

"–Cuando me detienen, detienen a mis dos hijas y a mi mujer. Hay momentos en que un hombre puede ser un cobarde, un traidor o un héroe, y depende de esas circunstancias. Cuando me bajan del coche, me doy cuenta de que está mi hija y mi mujer y me dicen que pueden llegar a torturarlas. Frente a esa situación me dije: 'Yo negocio'.

"–¿Lo torturaron?

"–No me torturaron ni a mí, ni a mi mujer. Yo negocié. Quiero dejar aclarado que mis subordinados se salvaron todos, y era mi única responsabilidad. Hay un compañero que no se salvó, pero tuvo la misma posibilidad que yo.

"–¿Está arrepentido de su pasado?

"–No me arrepiento de esa juventud capaz de dar todo por una idea. Creo que era un momento en la Argentina. El enfrentamiento con Perón del 1° de mayo del '74 en la Plaza de Mayo sí es para arrepentirse."

Lo mismo había dicho el 23 de julio a Nick Fielding, de *The Sunday Times*: "Negocié mi vida; todos tuvimos que hacerlo".

Al final de la entrevista, Taranto Baroni y Sánchez preguntaron a Nicoletti por su participación en el robo del camión de caudales.

Alfredito –que después de la ESMA había viajado a los Estados Unidos y más tarde había entrenado al grupo Albatros, formado por los carapintadas de la Prefectura– respondió que todo había sido "un montaje".

La última pieza del rompecabezas se armaba, según los investigadores que daban vueltas a la presunta conspiración, con el nombre de quien podría haber sido el autor de montar una trama como la denunciada por Nicoletti, si es que de verdad la Justicia terminaba probando que *Alfredito* no había tenido nada que ver con el robo del camión de Tab-Torres.

El que se jactaba de haberlo detenido era un comisario de la Policía Bonaerense que tenía entonces 45 años. Según su propio relato, halló a Nicoletti a partir de un dato biográfico: el ex montonero pasó su infancia en Cholila, un pueblito a medio camino entre Esquel y El Bolsón, en la provincia de Chubut. Los policías viajaron hasta allí y encontraron en el hotel Huenú, de Esquel, a un individuo parecido a la descripción que tenían. Sospecharon que era Nicoletti y tres días después terminaron arrestándolo en el comedor.

–*Alfredito*, entregate –contó el comisario que le dijo en el oído a Nicoletti.

Dos años después, el propio policía quedaría en la historia como protagonista de la masacre de Andreani, la encerrona que armó la Bonaerense en un depósito de Avellaneda para atribuirse un gran golpe contra el delito. Era Mario *Chorizo* Rodríguez, sindicado por los policías provinciales como el verdadero *Poronga* de la Bonaerense, según los periodistas Carlos Dutil y Ricardo Ragendorfer. *Poronga* es, en la jerga del hampa, o de la policía, el jefe.

¿Por qué Rodríguez podría haber armado una operación para involucrar a *Alfredito*? *Chorizo* se enorgullecería para siempre de la detención de Nicoletti. Pero ¿por qué razón? ¿Qué motivo lo había llevado a desbaratar un grupo que en 1994 competía, además, con otros, como el formado por Daniel Sánchez, alias *El Diputado*, detenido en la misma época y jefe de una superbanda que había estado ligado a los hipermenemistas Juan Carlos Rousselot y Mario Caserta?

Algo no cerraba en el rompecabezas, a menos que se aceptara esta hipótesis:

- Rodríguez buscaba tener todo el control de la provincia de Buenos Aires. Quería que ninguna actividad quedase fuera de su vigilancia.
- La existencia de superbandas con participación de miembros de los servicios era, por su propia integración, una modalidad que retaba la unidad de mando de Rodríguez y su amigo, el comisario Mario *El Gordo* Naldi, que terminaría siendo un inorgánico de la Secretaría de Inteligencia del Estado bajo Hugo Anzorreguy.
- Desarticular las superbandas no controladas era un objetivo vital para cumplir con la meta del mando unificado en los *porongas*.

¿Y cuál era la coherencia en la supuesta oferta de *Alfredito* de hacerse cargo de la inteligencia que el Frepaso era incapaz de proveerse a sí mismo? Si el análisis se realiza del lado de Chacho, ninguna.

¿Era conveniente mezclar tanto las cosas hasta que Nicoletti terminara tan cerca, casi dentro de su vida? De ningún modo. No hay ningún indicio de que Chacho pensara una respuesta afirmativa a esa pregunta. Más todavía: Liliana nunca critica en público a Nicoletti, y más bien prefiere poner la relación donde corresponde, en el pasado. Además, nadie ha dudado de su comportamiento digno hacia los represores, incluso en medio de las vejaciones del isabelismo primero y del gobierno militar después. Nacida en Comodoro Rivadavia, militante de la Juventud Peronista en la Patagonia, suele recordar que un hecho importantísimo de su vida fue la masacre de Trelew, el 22 de agosto de 1972, cuando la Marina asesinó a 16 presos luego de la fuga de un grupo de guerrilleros de la cárcel de Rawson en avión hacia Chile. Liliana fue detenida antes del golpe de 1976, a fines del '74, durante el gobierno de Isabel Perón. Fue condenada a un año y medio de prisión por usar un documento falso, pero cuando cumplió la sentencia la dictadura usó el estado de sitio para dejarla a disposición del Poder Ejecutivo. Antes de recluirla en Devoto como presa política, la Justicia la envió a compartir la celda junto con presas comunes.

***

La versión más creíble sobre los intentos de Nicoletti por hacerse un lugar bajo el sol –bajo el sol de la Alianza– indica que *Alfredito* habría buscado del gobierno una suma de dinero. El procedimiento no sería nuevo. Lo había usado la SIDE con Menem, y tanto marginales de la política como protagonistas centrales del poder –jueces, diputados, senadores– se habían beneficiado de lo que se llamaba, con cinismo, *la cadena de la felicidad*.

Hasta donde fue posible investigar, el Estado no concedió ninguna suma especial al ex alfil de la Marina.

La investigación realizada para este libro arrojó otro resultado: Álvarez no aceptó formar ningún grupo de inteligencia propio. Sensatamente, no quiso repetir la ingenuidad del primer alfonsinismo, que había aceptado una oferta similar nada menos que del agente de los servicios de inteligencia Raúl Guglielminetti, jefe del Grupo Alem a principios del retorno democrático.

Sin embargo Álvarez no respondió con una iniciativa política de mayor envergadura que la información llegada desde su círculo de confianza. Ya había descartado que las notas respondieran al simple ejercicio informativo, así fuera del amarillismo más subido. Le quedaban dos posibilidades. O la operación era independiente del gobierno, y el gobierno la toleraba, o desde dentro del gobierno conspiraban contra él.

Descartó la primera posibilidad, la que le habían acercado los dos frepasistas de alto nivel de formación política y contactos. ¿Y si en lugar de un mensaje, como podía leerse a primera vista, la combinación de la nota de las dos mujeres con la de la *Operación Algeciras* hubiera sido una forma de inducirlo a buscar la pista de Nicoletti cuando tal vez la realidad era otra?

Para un político que nunca gobernó ni tuvo otra relación con los servicios de inteligencia que la de sufrirlos como militante, penetrar con cierta esperanza de llegar a la verdad en el mundo de los espías era una quimera.

Igualmente Álvarez descartó la tesis de la operación independiente. En parte, porque no la veía tan nítida, y en parte porque ya había sacado su propia conclusión.

Una investigación propia para la elaboración de este libro reveló un indicio sugestivo. De acuerdo con la versión de un funcionario del gobierno, se realizó un encuentro clave para discutir los puntos débiles de Chacho en un departamento próximo a Plaza San Martín. El departamento queda en el mismo edificio de Fernando de Santibañes, y de la reunión participaron, según el funcionario que relató el hecho, un altísimo jefe de la SIDE y dos de sus ayudantes, además de un familiar directo del Presidente.

El supuesto blanco de las operaciones ignoraba esa reunión. Pero no parecía necesitar el dato para extraer su propia deducción.

Chacho Álvarez, vicepresidente de la Nación y uno de los dos líderes principales de la coalición de gobierno, estaba seguro de que la conspiración había nacido del mismo gobierno. Si no, se preguntó otra vez, ¿por qué nadie era capaz de frenarla?

Poco importa ahora, para el análisis futuro de la Argentina, si su deducción fue totalmente correcta. Lo que interesa es que Álvarez tomó esa conclusión como un dato real, casi físico, tan palpable como un objeto material, y de ahí en adelante ajustó sus pasos de acuerdo con la nueva realidad.

Siempre es fastidioso, para un político, sentir que otros quiebran la intimidad de su vida. En esos casos, cada hogar se convierte en un infierno donde a cada segundo se apuesta a todo o nada. La historia reciente registra casos de funcionarios importantes, e incluso ministros, que debieron mantener una ficción de vida privada frente a la exposición pública mientras terminaban de rearmar un matrimonio o una familia fisurados por una operación que había traspasado la línea de la política para usar reglas de la mafia.

Cuando una operación se pone en marcha, los políticos no tienen delante un menú suculento de alternativas. Pueden pelear, si saben de donde viene la estocada, y hasta esperar el mejor momento para el contragolpe. Pueden ignorar las operaciones, sabiendo que siempre pasan y, si el comportamiento público del político que ha sido elegido como blanco es irreprochable, no son capaces de destruir una reputación bien ganada. Pueden considerar que se trata de reglas de juego –repulsivas, pero reglas al fin– y aguantar.

Chacho explicó a sus amigos que, esa vez, se habían metido dentro de su vida. Demasiado adentro. Y, o porque no soportó la situación, o porque simplemente decidió que no debía soportarla, comenzó a construir lo que terminaría siendo una nueva alternativa, distinta de las anteriores: el portazo. Estaba seguro de que el gobierno no asumía seriamente la gravedad que él les atribuía a las operaciones en su contra.

La suerte de la dupla que conducía a la Alianza estaba echada, pese a que quizás aún lo ignorasen tanto Álvarez como De la Rúa. Era el final, aunque el vicepresidente todavía jugara algunas de sus cartas más audaces.

10

Teo, el caniche, y la mamá de Liliana ponen el toque familiar.

Liliana, que alterna el café con la discusión política y ambas cosas con la tele, está tirada en la cama cuando ve en la pantalla algo parecido a su perro filmado desde abajo en su propio departamento. Se bambolea.

—¡¿Quién es el pelotudo que está agitando un perro de peluche en el balcón?! —pregunta a los gritos.

No es un muñeco, sino Teo. Y no es un pelotudo, sino su mamá, haciendo bailar al perrito.

Abajo la gente grita: "Chacho, querido / el pueblo está contigo".

Cuando ven al perro cambian la consigna: "Perro, querido / el pueblo está contigo".

***

Todavía en casa de Chacho, Graciela recibe el primer llamado de De la Rúa.

—¿Se puede hacer algo? —le pregunta en el celular.

—Me parece que no, pero después vamos a hablar personalmente.

Llama Flamarique.

—Graciela, ¿vos qué creés que tengo que hacer? —interroga repitiendo la pregunta de esos días.

Obtiene la misma respuesta que no aceptó antes:

—Tenés que renunciar. Te lo digo con afecto y con consideración por tu persona.

Llama Alfonsín. Habían quedado en encontrarse a la tarde, para conversar sobre la política y el gobierno.

—¿Nos encontramos igual? —pregunta el ex presidente.

—Sí.

—¿No querés que yo vaya para allá, Graciela?

—No, Raúl, esto está lleno de gente y Chacho ya decidió la renuncia. No tiene sentido que vengas, porque te vas a ir con un no, y nadie querría hacerte eso.

La ministra deja el departamento un rato después. Hay un ambiente de exaltación de la renuncia que no puede compartir.

La hija del encargado del edificio llega para saludar a Chacho. Llora.

Entra la cantante Cecilia Rosetto, una amiga de la familia. Esa tarde terminará hasta regando las plantas.

Abajo, en la calle, el clima es heterogéneo. Todos gritan "Olé, olé, olé, olé / Chacho, Chacho" pero algunos intercalan otro cantito: "No se va, el Chacho no se va / El Chacho no se va / El Chacho no se va".

Álvarez habla con Mitre y Muro sobre el lugar para la conferencia de prensa de la tarde, donde hará el anuncio público de la renuncia. Descartan el Panamericano y el Intercontinental. El Castelar, en Avenida de Mayo y Lima, parece una buena opción. La Alianza ya lo usó varias veces para pequeños actos. ¿Recordarán los dirigentes del Frepaso la publicidad del hotel? Dice que pasaron por allí varios artistas, de Alfonsina Storni a Jorge Luis Borges, y políticos como Ricardo Balbín, Arturo Illia y Raúl Alfonsín. "En la actualidad, candidatos y funcionarios de distintas filiaciones políticas continúan utilizando las óptimas instalaciones del hotel para sus encuentros", reza el prospecto. Desde ese día podrán sumar un jalón en su historia.

***

—Vas a ver que renuncian Flamarique y Santibañes —dice Chacho.

—No lo creo —contesta Vitar.

—Acordate de lo que te digo.

—Chacho, ¿vos creés que De la Rúa no evaluó el riesgo de que vos renuncies? —aprovecha Vitar para preguntar a su jefe político.

—Creo que no, que creyó que era imposible que yo renunciara —explica Álvarez.

"EL KARMA DE LA HIPERINFLACIÓN"

—Hola, ¿José Luis? Yo terminé con el karma de la Ley Mucci. A ver si vos terminás con el karma de la hiperinflación.

Todavía caminaba por el Senado, saludando y recibiendo felicitaciones y abrazos. Alberto Flamarique estaba eufórico la noche de abril en que se aprobó la reforma laboral. A Chacho lo había visto desde el palco, en pleno recinto. Cuando el proyecto quedó votado, levantó los dos pulgares en señal de triunfo hacia donde estaba sentado el vicepresidente, que dirigía la sesión. Con De la Rúa había hablado después. Y cerraba su noche de gloria gritándole, casi, a José Luis Machinea en el teléfono.

Cualquier antiguo integrante del gobierno de Raúl Alfonsín podía entender su frase. En 1984, tras denunciar en la campaña un pacto sindical-militar firmado por los dirigentes gremiales peronistas, Alfonsín se propuso lesionar el poder de los sindicatos. Su ministro de Trabajo, Antonio Mucci, envió al Parlamento un proyecto de nuevo régimen que introducía la figura de la representación proporcional en las conducciones gremiales. Pensaba que así quitaría homogeneidad, y por lo tanto poder, a los viejos dirigentes. Su empecinamiento fue tal que Mucci terminó jugando a todo o nada. En medio de la puja con los sindicatos, cuando parecía que éstos aceptaban un régimen de mayoría y minoría, el Ejecutivo insistió de todos modos en su propuesta original. Y su maximalismo perdió en el Senado. Fue una derrota dura, porque ocurrió a comienzos del gobierno, cuando el capital político de un Presidente está intacto. El de Alfonsín, incluso, parecía crecer sin freno hacia el Tercer Movimiento Histórico que encabezaría robándole un trozo de electorado al peronismo. Así había ocurrido en la consulta por la paz en el Beagle, también en 1984, cuando una mayoría abrumadora, que incluía al entonces gobernador de La Rioja, Carlos Menem, apoyó el arreglo diplomático con Chile.

Cinco años después, con el capital político totalmente evaporado, Alfonsín sufriría el segundo cataclismo. La economía se disparaba fuera de control, los empresarios retaceaban su apoyo, el peronismo esperaba el derrumbe radical y, mientras, los precios entraban en órbita, ajenos a la ley de gravedad. Junto a Alfonsín y a su ministro Juan Sourrouille, el presidente del Banco Central miraba atónito cómo la Argentina reventaba, devorada por la crisis política, los saqueos a comercios y supermercados y la hiperinflación. A José Luis Machinea, aquel funcionario del Central, le había quedado una impresión tan fuerte que Flamarique podía dar razonablemente por indeleble.

Chacho no compartía esa experiencia ni ese complejo. En el '89, él era peronista. Sólo esperaba la asunción de Carlos Menem. Pero a principios del gobierno de la Alianza, como un incómodo vicepresidente y no desde el confort de la oposición en la Cámara de Diputados, lo embargaba cierta compasión por Machinea.

—Es una lástima que a vos te toque justo el achicamiento del gasto fiscal —le decía.

Fugazmente hasta deseó que el primer ministro de Economía fuera Adalberto Rodríguez Giavarini, que estaría más a gusto con la prudencia en el gasto, y que Machinea viniera después, cuando estuviera todo arreglado y hubiera llegado el período del despegue.

Igual, Álvarez fue un gran defensor de Machinea, a quien veía generacionalmente como un par.

—Hasta vemos las mismas películas, nos emocionamos con la misma historia y compartimos los mismos códigos —solía repetir cuando se aflojaba.

Pero la película fue más dura de lo que todos habían imaginado. El final resultó electrizante. Demasiado electrizante. Muy diferente de cuando, en los primeros meses, Álvarez se ponía en abogado del diablo y escuchaba del equipo económico autodefiniciones como ésta:

—Nosotros queremos desarrollo en una economía abierta. Mirá, acá hay sólo dos equipos económicos con alguna idea productivista, el de Cavallo y el nuestro. Y hoy por hoy sólo el nuestro es un proyecto presidencial.

Si ésa era su convicción, en teoría Machinea y sus muchachos debían sentirse eufóricos con una parte de la lectura que, meses después, predominaría en algunos análisis del viernes 6 de octubre, luego del gabinete delarruizado sin Nicolás Gallo ni Rodolfo Terragno. Pero la verdad es que la delarruización pura nunca entusiasmó a Machinea.

—No vamos a ser nosotros los que discutamos la importancia del liderazgo para garantizar la confianza, pero, ¿qué somos nosotros si la Alianza no existe? ¿Cómo nos definimos? —preguntaba a sus colaboradores.

Una pata de la vinculación aliancista del equipo económico era Alfonsín, que les garantizaba el contacto con la experiencia radical de los 80. Incluso en los peores momentos, cuando Machinea prefería tratar a Alfonsín como un abuelo querible o un tío bueno pero un poquitín inimputable, los puentes con el ex presidente nunca quedaban rotos. Machinea jamás quiso perder aliados, que sabía necesarios, y por eso nunca reclamó con vehemencia conservar como quinta propia la Administración Federal de Ingresos Públicos, que en octubre pasaría a manos de la Jefatura de Gabinete con la asunción de Chrystian Colombo. Los técnicos de Machinea estaban convencidos de que la gran evasión en la Argentina es un "mito popular".

—Evaden los que no pagan, pero acá el problema principal es que eluden el pago los que, justamente, están pagando —repetían diferenciando la evasión que es ilegal, de la elusión, que consiste en pagar lo mínimo posible sin violar la ley.

Ninguno de ellos tenía contacto con la realidad chilena de los últimos tiempos, pero allí se desarrollaba en octubre y noviembre una experiencia piloto en materia impositiva y política. Chile tenía cerrados sus números macro. Los mercados deberían haber considerado que ésa era la situación ideal. Ni el déficit fiscal era inmanejable, ni los vencimientos de la deuda aleteaban como un fantasma proyectando su sombra sobre las cuentas públicas. Pero otra sombra oscurecía la realidad.

El desempleo estaba clavado en el 11 por ciento.

La inversión era baja. Demasiado baja como para generar empleo. Cuando los funcionarios del gobierno de la Concertación preguntaban a los analistas financieros sobre el porqué, recibían esta respuesta:

—Porque falta confianza.

Igual que en la Argentina. Sin embargo, en Chile no había diferencias dentro de la coalición de gobierno, que pivoteaba entre los socialistas del presidente Ricardo Lagos y los democristianos. Y Lagos recogía el 60 por ciento de imagen positiva.

—¿Ustedes dicen que el Presidente no está fuerte?

—No, en absoluto. Pero es socialista. No es tan confiable.

—¿Por qué?

—Porque es socialista.

Cuando los funcionarios pedían un ejemplo concreto para salir de la tautología, a duras penas conseguían arañar una contestación:

—Es muy peligroso el sistema impositivo en el que están pensando.

La prioridad de Lagos para el segundo semestre del 2000 era, justamente, la elusión: cómo cobrar más impuestos no sólo a quienes evadían, y eran penalmente responsables, sino a quienes deberían pagar más simplemente por razones de equidad social.

La reacción de las empresas era, pues, un castigo.

Un castigo político: Chile no había vivido diecisiete años de dictadura bajo Augusto Pinochet sólo para que los socialistas, desalojados del poder en 1973 con los *rockets* sobre La Moneda que defendía con su ametralladora Salvador Allende, pudieran jugar otra vez a gobernar. Ni siquiera los socialistas reformados, como se llamaba en Chile a los que sacaron como conclusión de la experiencia allendista que no se puede ir ni contra el mercado —para suprimirlo— ni contra el consenso, para sustituirlo por el vanguardismo revolucionario.

Y un castigo económico: si por la perspectiva cierta de pagar más impuestos las empresas calculaban que su rentabilidad bajaría hasta llegar más allá del límite autoimpuesto, penarían a quien iba contra su lógica económica desde el poder político del Estado.

Era una perspectiva desoladora para quienes, aunque entendieran el absurdo de sentir otra cosa que nostalgia y cariño por los tiempos de Allende, tenían la convicción de que ése era, sólo, el pasado.

Si buscaban romper los márgenes impuestos apelando a la audacia política, podían terminar en un desastre.

Si no lo hacían, quedarían sólo conservando sus puestos en el aparato del Estado, con la excusa, o el argumento valedero según se mire y según las épocas, de que la derecha pura y dura haría peor las cosas. Con un agregado: terminarían languideciendo hasta que llegara el momento de que la derecha pura y dura, pero de maneras cada vez más civilizadas, entronizara a su candidato Joaquín Lavín. Antes habría preparado el campo, polarizando toda la política hacia el centro y provocando un nivel tal de indiferenciación que haría dudar a los ciudadanos del valor de la política misma, entendida como otra cosa que la administración de los negocios públicos.

Algunos tendrían, por lo menos, el acicate personal del puesto en el Estado. De la carrera política, así fuera de un entusiasmo más bien módico. Otros, los que estaban menos interesados en los cargos o ya habían pasado por todas las escalas del *cursus honorum*, tenían como único futuro la desilusión, la grisura, la meseta.

En octubre y noviembre, el juicio en Buenos Aires a los asesinos del ex comandante del Ejército chileno Carlos Prats, asesinado en la Argentina en 1974, sirvió para que buena parte de esa experiencia chilena —muchas veces amarga, a menudo desencantada— fuera compartida entre viejos cuadros del socialismo y unos pocos observadores argentinos.

El equipo económico de Machinea estaba ajeno a esos intercambios —en apariencia, pero sólo en apariencia, propios de gente sin la premura de la gestión pública— y al mismo tiempo recibía mensajes implícitos de los mercados. Éstos iban en la misma dirección que el castigo a la Concertación chilena.

—¿Saben lo que pasa? —escucharon un día de octubre los hombres del ministro, aunque luego se juramentaron para que no trascendiera el nombre del visitante—. Donde no hay gobierno monolítico el capitalismo no funciona.

No era un marxista el que lo decía. Era un operador financiero suficientemente crudo como para no perdonar ninguna situación. Para él, Chile no era monolítico, por la Concertación y porque gobernaba un socialista. Y tampoco lo sería México –calculaba–, con el paso del PRI (Partido Revolucionario Institucional) al PAN (Partido Acción Nacional, conservador, sí, pero de hecho un frente político que bien podría no asegurar el unicato del PAN (Partido Autonomista Nacional) argentino de Julio Argentino Roca... o de su encarnación un siglo después, Carlos Menem.

–Me parece que nos están diciendo que acá falta menemismo –resumieron los economistas de Machinea.

No quisieron interpretarlo como la contracara de la Alianza sino como un reclamo financiero de energía política, liderazgo y planes claros.

Ese reclamo iba un paso más adelante de ese De la Rúa que aparecía a veces en una reunión y se quejaba:

–Ustedes no gobiernan.

Para bajar de inmediato a tierra su preocupación con una ecuación casi casera:

–No me sacan los decretos. No trabajan. No gestionan.

El equipo económico temblaba cuando nada insuflaba energía a De la Rúa y dejaba a Machinea y sus colaboradores pedaleando en el aire. Recordaban aquella vez en que, para anunciar uno de los ajustes fiscales, De la Rúa presentó a Machinea y dijo que el plan era suyo. Pero después de hablar se paró, se abrochó el saco, arrastró a Chacho consigo, que también se paró y se abrochó el saco, y ambos dejaron solo al ministro de Economía. Machinea había recibido la bendición *urbi et orbi*, pero De la Rúa y Álvarez parecían reacios a aparecer en la misma foto que el ministro, a quien, sin embargo, insistían en darle confianza. Una confianza que, ante ese cuadro, sonaba más a retórica que a otra cosa.

El equipo económico se hinchaba de satisfacción, en cambio, cuando la energía de Chacho contagiaba al más apocado De la Rúa.

El 29 de mayo se realizó una reunión entre el Presidente, Álvarez y los legisladores oficialistas. De la Rúa no tenía proyectado hablar. Chacho, tampoco; pero terminó pidiendo la palabra:

—A ver si ponen los huevos sobre la mesa —dijo—. Éste es el programa del gobierno, y lo digo para que nadie salga después a rumorear que no estoy de acuerdo.

Después le confesaría a Machinea:

—Sentí que yo no podía dejar de hablar.

Su discurso, esa vez, no tuvo sólo un efecto interno. Mientras Chacho hablaba, De la Rúa sacó una lapicera de su saco gris oscuro y empezó a garabatear algo. Algunos pensaron que se entretenía con dibujitos. Pero los que estaban alrededor vieron enseguida que sobre el papel iban apareciendo las enumeraciones que ya se habían acostumbrado a verle hacer, separadas por un guión largo al principio de cada línea.

Al final, De la Rúa también habló.

Había estado escribiendo el guión de su discurso. Chacho influía sobre él. A veces, hasta parecía insuflarle el ánimo del que carecía.

En esa época el Presidente todavía se mostraba sorprendido por el nivel tan profundo del alineamiento de Chacho con él. No lo esperaba. Después, terminaría sorprendiéndose con la agudeza del desalineamiento. Tampoco lo esperaba.

***

El equipo de Machinea no sólo debió lidiar con el pedido de más menemismo de los mercados. Tenía con Menem otra cuenta vieja: la herencia.

¿Menem les había dejado un país ordenado al que sólo le hacía falta una decisión colectiva de apostar a la transparencia y el crecimiento? ¿O una bomba de tiempo?

La discusión no fue menor a fines de 1999, y sería aun más importante un año después.

Cualquier respuesta puede sonar estéril, porque en política nada puede volver atrás, pero nada obliga a esquivar el apasionante, y a veces flagelante, análisis del tipo de "qué hubiera pasado si...", que los historiadores norteamericanos llaman, con más pompa, "contrafactual".

El comienzo del debate parte de una premisa que podría formularse así: "En los últimos meses de 1999 la economía estaba, por fin, volviendo a crecer, y salía de la tremenda recesión iniciada en 1998. Cuando asumió De la Rúa, la obsesión fiscal del nuevo gobierno fue tan grande que en lugar de acompañar el ciclo ascendente de la economía, lo planchó. ¿Cómo? Dando señales de congelamiento, al estilo de los discursos fiscalistas del propio Presidente y, más aún, de la reforma impositiva para que la clase media pagara más, que todos entendieron muy pronto como *impuestazo*. De esta manera, el país se perdió la oportunidad de crecer, y ese pecado inicial se convirtió en el punto de partida ilevantable de todo el gobierno de la Alianza, hasta transformarlo en un mandato débil y tambaleante".

Los miembros del equipo de Machinea aseguraban a fines del 2000 que no habían pasado por alto ese razonamiento en noviembre del '99, cuando debían acercarle a De la Rúa las primeras medidas que imprimirían su sello al comienzo de la gestión aliancista. Pero su diagnóstico fue diferente y debería escribirse como sigue: "La Argentina creció en el último trimestre de 1999 porque la administración Menem aumentó el gasto público. En una economía abierta como la Argentina, los capitales deberían haberse fugado por desconfianza: debía ser evidente para sus analistas financieros que la Argentina no podría seguir con ese ritmo de financiamiento externo. Pero no fue así. Los capitales no se fugaron, porque advirtieron un comportamiento responsable del presidente que sucedería a Menem, quien se despedía de diez años de gobierno con una economía keynesiana de hecho. Para ellos, ganaría las elecciones y gobernaría un fiscalista prudente".

Ajustar o no ajustar inicialmente fue la duda que desveló al equipo de Machinea.

Los partidarios de no ajustar insistían en que no había que planchar el ciclo ascendente de la economía. Los que planteaban el ajuste replicaban que sin restricciones fiscales de movida la economía estallaría y la recesión sería aun peor.

Ganaron los segundos, quienes se vieron reconfortados cuando sintieron que De la Rúa estaba confirmando la profecía del mercado.

Un año después, incluso en medio de la economía triste, seguían razonando con cierto alivio por el peligro que había acechado en 1999:

—Hubo plancha, pero no una recesión aun más profunda.

A caballo entre dos épocas, el final del gobierno de Alfonsín y el comienzo del de De la Rúa, Machinea creyó que la situación era, en un sentido, económicamente más fácil que la de 1989 pero políticamente más difícil. O más difícil de explicar, al menos.

En 1989 había una tragedia: la hiperinflación. En 1999 había un peligro de dos cabezas: el déficit fiscal y la continuidad de la recesión. No había una tragedia, o no la había en los términos explosivos de diez años antes.

En 1989 había que salir de la crisis rápido. Menem había llamado a su método "cirugía sin anestesia". En 1999 era preciso convencer día a día a los mercados, a los analistas financieros, a los asesores de los tenedores de títulos de la deuda externa argentina. Con un problema, que desvelaba a los técnicos del Palacio de Hacienda: el análisis de los mercados, decían, no tiene un carácter —para expresarlo en vocabulario de los economistas— *intertemporal*. Los ponía nerviosos, pero estaban resignados a que fuera así, como un dato de la realidad, que todos los análisis se tomaran como una fotografía: la que mide solamente el déficit y el *stock* de deuda en un momento dado del año. O la que proyecta ambas variables para otro momento y enciende todas las luces de peligro entre las consultoras de riesgo de todo el mundo.

Sin catástrofe como una híper a la vista, no había un desastre popularmente palpable a sortear, y entonces cobraban importancia las decisiones políticas. Las posturas ante un dilema, para ponerlo en las categorías de Gerchunoff.

Y la decisión fue la reforma impositiva. El *impuestazo*, como muy pronto quedó bautizado, para irritación del propio De la Rúa, quien jamás terminaría de entender por qué recibió ese nombre la decisión de gravar más a los sectores medios y medios altos.

—El impuesto no castiga a todo el pueblo —insistía el gobierno.

Y remataba:

—Sólo al cinco por ciento más rico de la población.

No lo decía así, claro. Decía: al cinco por ciento de ingresos más altos. Y entre ellos, los profesionales de altos ingresos, los empleados calificados y –tampoco lo decía, sólo lo pensaba, temía expresarlo– los periodistas.

En la réplica, el argumento de la franja que se sentía perjudicada especialmente por la suba de impuestos resultaba muy sencillo. Decía que había sido elegida como blanco porque era muy fácil cobrarle los impuestos. A un empleado jerárquico bastaba con que su empresa le retuviera el importe para Ganancias cada vez que le depositaba el sueldo en el banco. Y añadía que en realidad el Estado debía cobrar al uno por ciento rico de verdad, pero que políticamente no se animaba a hacerlo.

Machinea no encontró la forma de contrarrestar ambos argumentos, decisivos a la hora de calificar de *impuestazo* a lo que los colaboradores del ministro gustaban presentar como un paquete reformista y modernizador.

Además, podían compensar la angustia con la seguridad de que contaban con un apoyo irrestricto de De la Rúa y de Álvarez. Un apoyo que después de octubre menguaría.

***

Conviene adelantarse por un momento a los hechos, porque ayudan a iluminar hacia atrás los primeros, tormentosos meses de gobierno de la Alianza. Cuando Álvarez renunció, Gerchunoff y Machinea no fueron al Castelar a presenciar el acto de salida del vicepresidente. Su presencia allí, razonaron, sería leída como una señal de ruptura que no querían dar. Pero la salida de Chacho les preocupaba.

El viernes a las 19.18 vieron juntos el discurso de Álvarez por televisión.

–Es más duro de lo que pensaba –comentó Machinea.

El sábado 7 de octubre, a Gerchunoff lo asaltó lo que después definiría como un rapto de furia y escribió una carta abierta a Chacho Álvarez. La debe haber escrito en unos ocho minutos. Gerchunoff tenía oficio. Había sido periodista antes que economista profesional, y tanto en su cátedra como en su despacho de la Universidad Di Tella estaba acostumbrado a exponer. Ingenioso aunque a veces excesivamente dado a buscar la aprobación a sus ideas, y no sólo al señalamiento de políticas y límites, a principios de la Convertibilidad se divertía ensayando delante de periodistas extranjeros los pros y los contras del plan de Cavallo. Lo suyo no era, sin embargo, un arqueo de razones que fuera derivando a la columna de lo negativo o a la lista de los valores positivos. El método era distinto. Primero, exponía el plan como si fuese Cavallo. Y por momentos podía convencer al interlocutor. Pero cuando veía que, gracias a alguna cuota de exageración importada del periodismo, la convicción era casi absoluta, cambiaba de papel.

—Bueno, ahora vamos a criticarlo —proponía, y seguía otra media hora del mismo nivel que la anterior con cuestionamientos sólidos a Cavallo.

A Gerchunoff lo que menos le gustaba en esos casos era sacar él mismo las conclusiones. Su obsesión era que el interlocutor entendiese la realidad y las decisiones de un economista en funciones de gobierno no como una sucesión de errores tontos y aciertos valiosos, sino como dilemas con grandes dosis de razonabilidad en cada polo de la opción, de modo que no fuera insensato seguir un camino u otro.

¿Cuál sería el dilema de Chacho después de la renuncia? En esos momentos, Gerchunoff estaba más ocupado en crear uno nuevo que en adivinarlo. Debía ayudar a que, incluso después de la renuncia, el jefe del Frepaso no se distanciara del gobierno. Y, sobre todo, que no se distanciara del equipo económico al que había dado aire como ninguno durante diez meses.

Llamó a *Página/12*. ¿Publicarían una carta abierta a Álvarez? La publicarían. Pero antes de mandarla, Gerchunoff, que mamó organicidad mientras revistaba en agrupaciones de izquierda en el Colegio Nacional de Buenos Aires, se dio cuenta de que por primera vez estaba salteando un paso obvio y podría cometer una absoluta irresponsabilidad. Quizás una carta abierta a Álvarez en esos momentos fuera mal recibida por De la Rúa, preocupado desde la noche anterior por que nadie elogiara públicamente el desplante de Álvarez y, al revés, cerrara filas junto al Presidente a quien su vice había abandonado dejándole la alforja propia y la del compañero, para usar una metáfora delarruana. Gerchunoff volvió atrás. Tomó el teléfono.

—José Luis, escribí una carta abierta al Chacho.

—¿¡Qué!? Dejámela leer.

Gerchunoff llamó al diario y paró la publicación. Se encontró con Machinea. Sacó la carta de su bolsillo y se la dio a leer a su jefe.

—Dejame solo —pidió el ministro.

Volvió recién a los diez minutos. Más de lo que hacía falta para leer veinte líneas. Gerchunoff asegura que nunca supo si Machinea habló o no con De la Rúa sobre el texto de la carta. No puede garantizarlo, pero tampoco está en condiciones de garantizar lo contrario.

—¿Te puedo pedir dos correcciones? —preguntó Machinea.

—Por supuesto —accedió Gerchunoff.

En esos casos seguía un viejo criterio periodístico. Si las correcciones son pocas y ninguna es esencial, se aceptan. Si alteran el sentido original del texto, se publica el texto sin firma. En este caso, por supuesto, la segunda opción suponía tirar el texto a la basura, dejarlo para las memorias en el disco duro de la computadora. En el dilema, ganó la primera variante. Gerchunoff volvió a llamar a la redacción de *Página/12*, donde el subjefe de Política Sergio Moreno estaba intrigado por las idas y vueltas del artículo pero intuía con razón que el texto prometía mucho.

La versión publicada decía así:

"Ayer lo vi [a Chacho] contando los motivos de su renuncia. Intuí algo de lo que seguramente se va a escuchar: 'A Chacho le gusta más el dulce de leche que la sopa; jugar a la pelota en la vereda más que hacer los deberes. En definitiva, Chacho prefiere el testimonialismo a los rigores de la gestión pública'. Sin embargo, si se escarba en lo más profundo del gesto de Chacho, se advertirá que éste no es el caso. Chacho, creo entender los motivos de lo que hiciste. Sé que no les estás escapando a los deberes, sino planteando una nueva agenda —la de la renovación integral de las prácticas políticas—, una agenda que contiene otros deberes que apenas comenzamos a encarar. Sé también que armar esa agenda y arrebatársela a quienes quieren hacerla suya desde la antipolítica no es tarea fácil y requiere una dedicación especial".

Y cerraba Gerchunoff de esta forma:

"Pero no te vayas lejos, Chacho. Nosotros estamos trabajando por ideales comunes desde dentro del gobierno. Y es muy importante que nos ayudes. Vos podés hacer un gran aporte para acortar camino y colaborar con la misión del Presidente, quien ayer mismo señaló las coincidencias que los unen. Si te vas lejos, en cambio, la Alianza se verá debilitada como instrumento de transformación, y vos sabés cuánta lacra hay esperando eso. No les hagamos el juego. Sería malo para todos. Y yo, personalmente, no soportaría a aquellos que –si no nos mantenemos cohesionados– te habrán de calificar como irresponsable o traidor".

El lunes 9 de octubre, Gerchunoff recibió un llamado de Álvarez.

–Pablo, sos un hijo de puta –lo chanceó.

–¿Yo, "hijo de puta"? –siguió la corriente el economista–. ¿Justo yo, que soy acusado de chachista?

–Pablo, Pablo... Me querías cortar la salida, Pablo...

Gerchunoff se rió abiertamente. Álvarez tenía razón. El domingo había recibido decenas de llamados, en especial de frepasistas que querían saludarlo, agradecidos por lo que entendían como un saludo fraternal a su jefe en un momento de desgracia, o una muestra de sentimientos comunes en un instante de alivio: el Frepaso se había sacado de encima a De la Rúa, junto con el costo de gobernar. Pero muy pocos se habían dado cuenta de que la carta era, sí, una carta, y sinceramente cariñosa, pero también una jugada política para retener a Chacho cerca. ¿No era por eso que tenía la bendición de Machinea y, tal vez, del propio Presidente?

En esos días, Machinea reunió a su equipo para discutir la situación económica en el nuevo cuadro político. Sus funcionarios se concentraron en una idea:

–Hay que instalar la idea del desarrollo. Ni siquiera la del crecimiento, la del desarrollo, que es la única que se vincula con la Nación.

Ése fue el origen de un pequeño paquete reactivador, pero la verdad es que el fantasma que acechaba a la Argentina era a la vez la continuidad de la recesión y el malhumor, el descontento de los mercados externos, las dudas sobre la capacidad de pago de la Argentina, las dificultades para conseguir financiamiento en el exterior y la solidez de la coalición de gobierno.

–Me parece que Pablito y José Luis tienen un problema –empezó a decir Chacho a sus colaboradores–. En el '89 se tuvieron que ir porque desconfiaban de ellos como heterodoxos. Y hoy desconfían de ellos como ortodoxos.

Cada vez más, Álvarez iba adoptando como propia la idea de que el "planchazo" inicial había sido determinante no sólo para la economía sino para la política.

Le acercaron una medición del Indec sobre el nivel de actividad industrial. Tomaba como base el parámetro de 1993, que consideraba igual a 100. Desde mediados de 1995, la línea roja del gráfico subía hasta pasar el 120 en junio de 1998. Después, la recesión. Otra vez abajo. La línea recién comenzaba a ascender en noviembre de 1999. Rozaba el número 118. Pero a principios del 2000 cayó en picada hasta debajo del 110.

Machinea tal vez acumulara un karma y un pecado original. Chacho, que no había sufrido el primero, se sentía agobiado por el segundo. Lo diría en público en cuentagotas, pero a riesgo de incurrir en el psicoanálisis político, ningún análisis de su portazo debería excluir la frustración ante la heladera económica.

11

—*Pongámonos del lado del Chacho pero sin romper* —sintetiza Darío Alessandro—. *Si no, esto termina con la fractura de la Alianza, con el Frepaso afuera y con el debilitamiento del gobierno.*

—*Voy a plantear que todos los funcionarios sigan y yo voy a ayudar al gobierno desde afuera. No tengan miedo* —repite Chacho.

Al mediodía, Alessandro llama a la Presidencia.

—*Fernando, esto ya está decidido* —le comunica por si quedan dudas.

—*Sí, ya sé.*

—*Te quiero decir que la gente sigue en el gobierno y que el Frepaso sigue en la Alianza.*

—*Me alegra escuchar eso. Venite para acá* —pide De la Rúa.

A las dos de la tarde, Alessandro y Mitre se encuentran en la Casa Rosada con el Presidente y el ministro del Interior, Federico Storani. Coinciden en que deberán afrontar un marco de mucha fragilidad, y que el desafío es evitar que la Alianza estalle en las horas siguientes.

—*Acordemos hacia el futuro, Fernando, pero te queremos decir que la conformación del gabinete desde nuestro punto de vista fue desafortunada* —deja en claro Alessandro.

De la Rúa espera que siga.

—*Hiciste una desautorización a Chacho y no contemplaste lo que la sociedad reclamaba* —continúa el jefe de los diputados.

Será una reunión corta, pero lo suficientemente larga como para que el Presidente llore por la pérdida de su coequiper.

—*No saben cuánto lo aprecio a Chacho... No quise ofenderlo. Pensé que poner a Flamarique en la Secretaría General no era un ascenso y consideré*

181

que era hombre del Chacho y del Frepaso. Además, el día anterior se lo dije a Chacho —cierra la frase, y mira a la cara a Mitre y Alessandro.

—Pero es notorio que hubo muchas discrepancias con Flamarique en el tema del Senado. Vos sabías que no estaba cercano a Chacho —le dice Darío.

De la Rúa sigue adelante:

—Con Patricia Bullrich buscamos alguien que no está en el radicalismo. Además, tiene alguna relación con ustedes, ¿no?

Le dicen que no.

Storani plantea que la Alianza tiene que seguir, a pesar de que la renuncia de Álvarez haya puesto a todos en una situación muy complicada. Están de acuerdo.

Al volver, comentan a Chacho que De la Rúa no parecía desesperado. Lo vieron igual que siempre, retraído, aunque cierto abatimiento comenzaba a invadirlo.

Quedan en que Parentella y Cafiero convocarán a los diputados del Frepaso.

Mientras, Alessandro habla con Rafael Pascual. Le transmite que el Frepaso va a hacer todos los esfuerzos para que no se rompa la Alianza.

Los dirigentes del Frepaso saben que Pascual será receptivo porque el día anterior registraron un comentario del presidente de la Cámara de Diputados.

—Lo del gabinete fue una cagada —dijo sin doble sentido.

También formuló declaraciones contra De Santibañes, algo raro porque Pascual, un viejo delarruista, pocas veces saca la cabeza a la superficie.

En todas sus conversaciones del jueves el diputado se lamentó pero fue comprensivo.

—Yo lo entiendo a Chacho —dijo.

"WALSH, ESTO ES OFICIAL"

—Mire, Walsh, esto es oficial —arrancó Chacho Álvarez.

Sentado en un cómodo sillón en el despacho del vicepresidente,

James Walsh, el embajador de los Estados Unidos, se dispuso a escuchar con atención.

Estaba intrigado. Álvarez lo había convocado a su oficina sin adelantarle ningún tema de la conversación que mantendrían y ahora escuchaba este comienzo inusual para una conversación diplomática.

Walsh rebobinó rápidamente en su memoria. ¿Sería una protesta? Las protestas, se dijo, siempre eran canalizadas por el ministro de Relaciones Exteriores. Sobre todo, las que requerían alguna formalidad. A veces hasta el Presidente podía deslizar una queja, pero no había sido lo habitual ni siquiera en la Argentina, un país que suele proyectar al exterior su propia forma de hacer política, desordenada, a veces anárquica, autocentrada en el propio ombligo.

Había otra posibilidad, que él mismo había utilizado por ejemplo después del Swiftgate, en enero de 1991, cuando trabajaba como consejero político de la embajada de los Estados Unidos y Horacio Verbitsky reveló que Terence Todman había protestado contra un supuesto pedido de coima para una empresa norteamericana. Siempre estaba la chance de encontrarse en La Biela o en un terreno más discreto y plantear una vía más informal.

Álvarez quería un escenario formal. Miró a la cara de Walsh. No tenía confianza con él y no podía saber cuál sería su reacción. Pero estaba jugado. Hablaría.

Al lado del vicepresidente, los diputados Darío Alessandro y José Vitar también estaban expectantes. Ninguno de los dos tenía experiencia de trato con los diplomáticos norteamericanos. Habían mantenido charlas con el consejero político de la embajada, un puesto ocupado casi siempre por un funcionario de poco más de 40 años, la misma edad de ellos hasta hacía poco tiempo atrás. Pero ni Álvarez ni Alessandro ni Vitar integraban el círculo selecto de los invitados a las cenas del embajador de los Estados Unidos. No lo habían integrado con Terence Todman, que prefería a la primera línea de los menemistas y los asesores de Eduardo Angeloz, y tampoco con James Cheek, el hincha de San Lorenzo y de Eduardo Eurnekian que prefería a los empresarios. Después, Manuel Rocha no los incorporó a su agenda diaria, y el Departamento de Estado se abstuvo de cortejarlos, de intercambiar informaciones con ellos, de hacerles conocer directamente, como sólo la embajada norteamericana sabe hacer, cuáles eran las prioridades de Washington en la Argentina.

Chacho fue al punto.

—Walsh, como le dije lo llamé para comunicarle oficialmente, para que usted se lo comunique a su vez a la empresa norteamericana que es socia del señor Daniel Hadad, que puede perder 17 millones de dólares de inversión.

El embajador esperó que Álvarez siguiera. No quería opinar e intuía que vendrían las condiciones del vicepresidente.

—Si no quieren perder los 17 millones, que por favor dejen de atacarme en mi intimidad y en mis problemas personales.

Vitar y Alessandro se quedaron en silencio. Igual que Chacho, aguardaban la respuesta de Walsh. Habían averiguado que el embajador no era un cultor de la diplomacia de cóctel, insustancial y frívola, y querían saber su opinión.

El diplomático parecía sorprendido. Pero, como si supiera que debía complacerlos jugando su papel, Walsh los miró, puso sus ojos en Álvarez y se limitó a preguntar:

—Si el problema es tan grande, ¿por qué no les hace una demanda judicial?

Álvarez se quedó en silencio.

Walsh volvió a mirarlo. Era un tipo directo, pero su estilo no consistía en presionar personalmente a sus interlocutores. Además, estaba ante un vicepresidente. Prefirió ser diplomático:

—De todas maneras, viniendo de quien viene lo voy a comunicar.

Y se fue.

***

Para Walsh, el encuentro con Álvarez había sido la confirmación de que había valido la pena rechazar la jubilación anticipada del Departamento de Estado. La Argentina era un gran país, y uno de los pocos que podía deparar algún grado de sorpresa.

Con 53 años, antes de venir a la Argentina creía tener decidido su futuro. Se jubilaría como funcionario del Departamento de Estado y cumpliría su sueño de montar un pequeño diario en alguna ciudad chica de los Estados Unidos. Pero un llamado cambió su decisión:

—Tengo una propuesta que hacerle —le dijo el jefe de personal del Departamento de Estado.

—Imposible, ya tengo la fecha para la jubilación —respondió Walsh.

—Pero mi propuesta no la podrá rechazar. Se la diré: embajador en la Argentina.

Walsh quedó mudo. Sólo atinó a lanzar una exclamación de asombro:

—¡Ah...!

Para el diplomático, volver a la Argentina era regresar a la década del 60, cuando una beca del Rotary lo llevó a Córdoba a cursar Ciencia Política en la Universidad Católica como parte de un programa de intercambio estudiantil. Salvo los de Córdoba capital, los estudiantes de afuera o del interior de la provincia vivían en pensiones. Uno de ellos era Guillermo González, que una vez dijo a Walsh:

—Mirá si un día vos terminás como embajador en la Argentina y yo en Estados Unidos...

Se le dio. González, que integró el plantel de la misión argentina ante la OEA en la dictadura, cuando el organismo investigó los derechos humanos en la Argentina, fue designado por De la Rúa representante en Washington poco antes de que Bill Clinton nombrara a Walsh en Buenos Aires.

Otro de los compañeros de estudios era un joven que pocos años después, tras pasar por la Universidad de Georgetown e ingresar en el servicio exterior, se convirtió en un embajador novel como vicecanciller de Héctor Cámpora. Luego, dictadura mediante, lo que en su caso significó la pérdida de la dentadura por las patadas de los carceleros, Jorge Vázquez sería reincorporado y terminaría como embajador de Menem, que había sido compañero suyo de prisión en el buque *Treinta y Tres Orientales* y en Magdalena. Sólo ese antecedente lo salvó del ostracismo cuando, siendo embajador en Naciones Unidas, llamó a Domingo Cavallo "gordo caramelero" porque la Fundación Mediterránea recibía dinero de la fábrica de golosinas Arcor.

En esa misma época Walsh revistaba en la Argentina, primero como consejero político y después como número dos de Todman, *El Virrey*, a quien había secundado en la etapa en que el país se alineó estratégica y militarmente con los Estados Unidos como no lo había hecho antes en toda su historia.

Jim, como lo llaman sus muchos amigos argentinos, era conocido desde su anterior período en Buenos Aires como un diplomático llano, cálido y de trato directo, capaz de ponerse duro si las instrucciones del Departamento de Estado se lo indican.

—A mí el sueldo me lo paga el pueblo de los Estados Unidos —suele decir para aventar dudas entre los que escuchan sus reclamos diplomáticos.

Antes, con Menem, Walsh jugó un papel clave en la incorporación de la Argentina a la coalición multinacional que acompañaría a los Estados Unidos en la guerra contra Irak después de la anexión de Kuwait.

También se encargó de presionar sin vacilaciones a la Argentina cuando el gobierno de Menem dudaba sobre suspender o no un embarque de equipos locales para convertir uranio y elaborar combustible nuclear en Irán. "Insistimos con toda firmeza en que se adopten las medidas necesarias para evitar cualquier embarque", había sido capaz de escribir en una nota confidencial Walsh en nombre de Todman. Y poco después, cuando el vicecanciller Juan Carlos Olima le pidió alguna compensación financiera para el país por no enviar el equipo, Walsh le contestó: "El gobierno de los Estados Unidos no puede asumir ninguna responsabilidad financiera derivada de la muy adecuada decisión del gobierno argentino en este asunto". Esos costos, decía, "son la lamentable, aunque necesaria, consecuencia de la actitud de gobiernos responsables".

Como el inventor de las "relaciones carnales" había sido Menem, Walsh no tendría la agenda abultada de antes. Presionaría por una nueva ley de patentes farmacéuticas, haría fuerza para que el gobierno apurara al Congreso en la liberación de los vuelos en favor de

American y United Airlines y, sobre todo, se dedicaría con alma y vida a sostener la entrada de las compañías telefónicas norteamericanas, que en noviembre del 2000 comenzarían a competir con las europeas Telefónica y Telecom gracias a la desregulación impuesta al mercado por Fernando de la Rúa y Henoch Aguiar.

Era un negocio de 4000 millones de dólares y no convenía descuidarlo.

Lo mismo había calculado Chacho cuando llamó a Walsh.

La maniobra de Álvarez podía ser arriesgada, y dejarlo mal para siempre con los Estados Unidos, para colmo después de ser considerado un político moderno, transparente y confiable. Pero también le servía para poner en claro varios puntos:

- Quizás efectivamente una presión discreta podía frenar a Hadad.
- Si Hadad no era sólo Hadad, y *La Primera* recibía estímulo de los servicios de inteligencia del gobierno, la propia administración se enteraría de que Álvarez estaba dispuesto a jugar fuerte. Tan fuerte que había convocado al embajador de los Estados Unidos sin el canciller Adalberto Rodríguez Giavarini a su lado.
- Si la jugada era del menemismo, también los ex funcionarios y operadores de Carlos Menem sabrían que Álvarez estaba apelando no a la izquierda de su partido sino a la embajada que más respetaban sus antecesores en el gobierno.
- Quedaría ante Washington como un impertinente, en el más puro sentido de la palabra, aunque a la vez el Departamento de Estado lo registraría como un político decidido. Álvarez sabía que no figuraba en ninguna de las listas de sospechosos de la diplomacia norteamericana. Ni lo había investigado la DEA, la poderosa agencia antinarcóticos, ni estaba entre los legisladores que habían recibido coimas de unos y de otros —los nacionales y los extranjeros— al momento de votar la ley de patentes farmacéuticas.

De la Rúa, claro, se enteró. Pero jamás esbozó una reacción por la movida de Álvarez. Sólo la anotó, confiado en que nunca cobraría fuerza pública. Y así fue, por cierto. Hasta hoy.

En cuanto a Chacho, la investigación deja en claro que, si hubiera admitido un análisis más amplio de las operaciones de inteligencia, habría llegado a un punto de asombro. El mismo asombro que sintió el Presidente cuando recibió una visita inesperada.

12

Cuando Silvia Sapag aterriza en Buenos Aires sólo hace un poco de tiempo hasta llegar al Castelar. Tiene una mezcla de sensaciones personales y políticas. Siente que la única persona que la respaldó con la denuncia de la ley de hidrocarburos es Chacho. Al irse él del Senado, piensa, ella queda casi en soledad, con falta de contención. Pero además, intuye que está compartiendo una preocupación colectiva. ¿Qué pasará después de la decisión de Álvarez? En el Castelar la hacen subir al segundo piso, a la suite donde están reunidos los dirigentes del Frepaso con el listado de quienes acompañarían a Chacho rodeándolo durante el discurso. Sapag no figura, quizás porque nadie imaginó que estaría allí en ese momento, pero terminará formando parte de la comitiva que despide a Álvarez.

—Pero acá no hay nadie de otro partido... —se sorprende en un momento, en voz alta, hablando con dos frepasistas—. Ni siquiera un radical.

Un periodista le pregunta si dejará el Movimiento Popular Neuquino y si su presencia allí es el gesto de abandono, por su enfrentamiento con el gobernador Jorge Sobisch.

—No estoy acá por una especulación política —repite Sapag, aunque tiene la incómoda percepción de que pocos le creen—. Y me siento desolada como cuando había golpe de Estado.

"¿DE DÓNDE SACARON A LA PIBA?"

—¿Yo, a ese lugar?

Alberto Flamarique no lo podía creer. Darío Alessandro acababa de revelarle qué función pensaba destinarle De la Rúa para sacarlo del Ministerio de Trabajo y dejarlo en el gabinete. O en qué destino decía De la Rúa que pensaba.

Alessandro había estado con el Presidente el lunes 2 de octubre.

—Decime cómo te dijo —pidió Flamarique como para imaginarse la situación y tener más elementos de análisis.

—Me dijo que se venían los cambios en el gabinete y que ibas a ir a una de las secretarías de la Presidencia. Por ahí, la Legal y Técnica.

—Ah, por ahí.

—Sí. No me lo dijo seguro.

—Pero yo no soy abogado, Darío.

—Es lo que yo le dije al Presidente, pero él me contestó que quizás con un equipo técnico se puede. Yo qué sé.

—Me parece absurdo.

Con Darío y Chacho habían discutido antes cuál sería la solución. Después de la crisis, Flamarique contaría asombrado a sus amigos que en esa reunión Chacho había tratado de convencerlo de que no tenía nada contra él.

—Tenés que resolver con el Presidente adónde vas después del cambio —le decía Álvarez, y Flamarique no notaba en sus inflexiones de voz ninguna sombra de ironía—. Tenés que buscar un lugar. Resolvelo con De la Rúa.

Todos eran conscientes de que debía salir del Ministerio porque el desgaste público era intolerable.

—Vos trabajaste y cumpliste con todo desde Trabajo —opinaba Chacho—. El Presidente tiene que bancarte.

La tesis de Flamarique es que había tres salidas a la encerrona del cambio de gabinete.

Una, sacarlos sólo a él y a De Santibañes.

La segunda, una reestructuración general del gabinete. Ya se hablaba desde septiembre de que dejarían el Ejecutivo Juan Llach y Rodolfo Terragno. Llach se había anticipado a renunciar cuando De la Rúa volvió de su viaje a China. Quería irse antes del recambio de gabinete, lo más separado posible de cualquier movimiento, como para que quedara claro que él no tenía nada que ver con la crisis de las coimas, no ya como sospecha judicial sino ni siquiera desde el punto de vista político. Su interés era, para ponerlo en variables matemáticas, inversamente proporcional al de Flamarique.

La tercera alternativa, que el ministro de Trabajo rechazaba con verdaderas ganas, es que él se fuera solo. Diría Ricardo Güiraldes: que se fuera solo al estilo de don Segundo Sombra. Como quien se desangra.

Flamarique lo rechazó expresamente cada vez que se discutió ese último punto. Prefería la variante número dos, la menos cruenta para todos en términos personales.

—Lo otro me parece injusto, y no es una situación válida tener que soportar yo solo la carga de la crisis —le dijo incluso a De la Rúa en una de las conversaciones.

Repitió el mismo argumento en una reunión con Alessandro y Rodolfo Rodil de la que no participó Álvarez. Ese día se agregó Rafael Flores, el diputado por Santa Cruz.

—Solo, yo no renuncio. No tengo por qué llevarme la gallina colgada —dijo Flamarique.

Después contó a sus asesores que Darío y Rodil estuvieron de acuerdo con su posición. La situación era desgastante. Todos decían todo el tiempo lo mismo, preguntaban lo mismo y se sentían dando vueltas alrededor de lo mismo, sin salida.

Los frepasistas no se daban cuenta —o preferían callarlo— de que ésa es una de las situaciones preferidas por De la Rúa. Así había actuado al designar el gabinete, antes de su asunción como Presidente. Dejó que todos hablaran y después, cuando periodistas y políticos parecían extenuados como si hubieran sido sometidos a una combinación de tortura psicológica y dos mil abdominales diarios, cuando todos parecían haberse rendido, apareció triunfante y dijo sus anuncios. Como suele pasar en estos casos, la mezcla de economía y (buen) humor es determinante para la lectura de un estilo presidencial. Carlos Menem no pagaba costos cuando aparecía jugando al básquet —sin temor al ridículo, tres cabezas más abajo de los profesionales— mientras los argentinos estaban encandilados con el principio de la

Convertibilidad, que había cambiado saqueos por licuadoras. Los pagó, y altos, cuando el hartazgo por el paso del tiempo y la repetición de sus *gags* se entreveró con la suba del índice de desocupación y la certeza de que no crecerían ni el salario real ni, menos aún, la cantidad de personas con empleo.

Al principio, De la Rúa sonaba raro con su parsimonia para la gestualidad, pero la rareza no tenía por qué ser mal recibida. La esperanza diluía cualquier sensación incómoda, y la curiosidad ante lo nuevo parecía capaz de impedir el rechazo natural que produce la duda de un líder político en condiciones de angustia colectiva.

Poco a poco, como había ocurrido con Menem, lo singular se convirtió en defecto y el defecto, en caricatura.

Álvarez percibía ese fenómeno, y se podría decir que lo acompañaba más y más. Pero no era ése el tono de sus colaboradores en el Frepaso. Cuando Flamarique contó a sus asesores la reunión con Alessandro, Rodil y Flores, les dijo que uno de ellos había hablado con Álvarez y que la respuesta había sido esperar un cambio integral del gabinete.

—Respetemos los tiempos del Presidente —aconsejó Chacho según la versión de uno de sus segundos.

Hasta la semana en que todo se precipitó habían pasado veinte días durante los que De la Rúa no le dio ningún indicio de lo que haría. Sólo conversaban de la agenda específica: los decretos que faltaban para reglamentar la reforma laboral y el decreto de las aseguradoras de riesgos de trabajo, programado para noviembre.

Cuando se acercaban al tema de su lugar en el Poder Ejecutivo, el Presidente se limitaba a expresar una idea. Cada vez variaba las palabras, aunque no demasiado, y repetía lo mismo:

—Lo único que me preocupa, Alberto, es que quiero encontrar un lugar donde te quedes cerca mío. Y que sea un lugar importante.

Flamarique preguntó a Graciela Fernández Meijide qué creía ella que debía hacer él.

—Retirate —recomendó—. Es lo mejor para vos y para la fuerza.

—¿Por qué yo solo? Voy a quedar como un culpable, que no soy. Y como el único culpable.

–¿Y a vos qué te importa? ¿Qué te calienta, a esta altura de las cosas? Fijate en vos, en tu mujer, en tus chicos, en el mismo Frepaso. ¿No ves que si no te están castigando demasiado?

Graciela también le dijo a De la Rúa en una conversación:

–Si querés conservar a Flamarique, que tiene buena cabeza y ayuda a pensar política, que te permite ver cosas porque sabe tomar distancia de las situaciones cuando las analiza, dejalo cerca tuyo. No estás obligado a alejarlo de un área donde te pueda dar un consejo político.

Sin embargo, no estaba pensando en ninguna función concreta.

En la tarde del martes 3 de octubre, Graciela pasó mucho tiempo con Fernando de la Rúa. El Presidente estaba inquieto por el paro de camioneros que tenía paralizada buena parte de la distribución de alimentos, la recolección de basura y el abastecimiento de las estaciones de servicio. Como siempre en esos casos, se rodeaba intermitentemente de colaboradores. Sin embargo, no agotaba un tema con ellos. Toleraba interrupciones por otros temas, y a veces incluso se involucraba demasiado, cediendo a la pasión por el detalle que a él lo dejaba tranquilo y a sus ministros y secretarios tan molestos.

–Quiero preguntarte por el gabinete –alcanzó a decirle a Graciela.

La ministra de Desarrollo Social lo miró sin presionarlo.

–Está lo de Trabajo –siguió el Presidente, que ya había decidido sacar de allí a Flamarique.

Después bajó la voz, giró la cabeza hacia un costado y luego al otro y musitó algo mientras se miraba la corbata.

–Para el área de Trabajo estaba pensando en esta chica que está cerca de ustedes...

–¿Qué chica? –preguntó Graciela intrigada.

–Esta chica... Patricia Bullrich –se hizo el distraído De la Rúa.

–Fernando, Trabajo debe seguir siendo del Frepaso –contestó firme Graciela.

De la Rúa no respondió y Fernández Meijide siguió adelante con su argumentación.

–Como vos sabés bien, tenemos dos candidatos, Juan Pablo Cafiero y...

–No, Juan Pablo no... –interrumpió De la Rúa.

El Presidente tenía claro que Cafiero hijo concentraba el rechazo de los dirigentes más poderosos de la CGT por sus buenas relaciones con Víctor De Gennaro, el líder de la Central de Trabajadores Argentinos.

–El otro es Rodolfo Rodil –completó Graciela.

–Ah, Rodil sí, ¿ves? Es serio, inteligente. Y Patricia podría funcionar muy bien en el Anses.

Graciela no respondió a la última parte. Después dijo a sus compañeros del Frepaso que no le correspondía a ella discutir con De la Rúa la intervención en la Administración del Seguro de Salud. Y además ya le había aclarado al Presidente que Bullrich no era una militante del Frepaso.

Tenía razón. Nacida en 1957, Patricia Bullrich Luro Pueyrredón era una recién llegada a la Alianza que había caído directamente en el delarruismo más puro, representado por el hijo presidencial Antonio y el amigo presidencial Fernando de Santibañes. En su vida política había cumplido una trayectoria que un francés describiría como *faire la navette*, por las idas y vueltas permanentes y cortas de las lanchas que cruzan un río de una costa a la otra. Proveniente de una familia aristocrática, Patricia había sido en los 70 la oveja negra entre martilleros y propietarios de tierras. Lo más extravagante que habían producido sus parientes eran dos miembros del ambiente artístico, los cantantes Fabiana Cantilo y César *Banana* Pueyrredón. Pero ninguno se había comprometido con tanta fuerza con la política –con una política que consistía justamente en desafiar el poder de lo que los Montoneros llamaban *la oligarquía y el imperialismo*– como ella, que empezó a militar antes de los 20 en la Juventud Peronista. Cajera de Cherburguer en el '73, con sombrero naranja y todo, para escapar de la represión contra la JP tuvo que exiliarse y, siempre hiperquinética, terminó la licenciatura en Ciencias y Economía Política en la Universidad Candido Mendes de Río de Janeiro.

De retorno del exilio, fue asesora del bloque justicialista de concejales porteños, diputada nacional por el Partido Justicialista, después aliada a Gustavo Beliz, fugaz funcionaria de Seguridad en la provincia de Buenos Aires y aliada de Domingo Cavallo en la investigación de

Alfredo Yabrán, a quien siempre consideró como la punta del iceberg de un negocio mucho más grande y más turbio. La pesquisa sobre *El Cartero* la convenció de que una mafia había llegado a la cumbre del poder, y el paso por el área de seguridad le proporcionó otro toque para añadir a su actividad política. Patricia tiene un acercamiento periodístico a los temas, si es cierta la definición de un antiguo embajador portugués en Buenos Aires que decía que diplomáticos y periodistas tienen algo en común: son personas casi inteligentes. Cuando De la Rúa llegó a la Casa de Gobierno la designó como secretaria de Política Criminal, a cargo de las cárceles. Superó el desafío, que incluyó el trato con mafias y aparatos de inteligencia, y lo aprovechó doblemente. Reforzó su imagen de mujer eficiente —porque el acercamiento periodístico a las cosas se complementaba con un modo de ejecutar que los delarruistas juzgaban "peronista", eufemismo por "rápido"— y mejoró sus ya excelentes contactos con Fernando de Santibañes, a quien había conocido en la campaña electoral.

—Antes del gobierno la ventaja de Patricia era su computadora, y en el gobierno, la lentitud de varios de los demás —fue el comentario de un ex ministro que no quiso ser identificado.

Ella misma suele desmentir a De la Rúa. Acostumbra presentarse como una independiente que tiene equipo, un pequeño equipo, y que no reporta a ningún dirigente del radicalismo y del Frepaso. En la campaña trabajó con Antonio de la Rúa armando el discurso de su padre. En el Panamericano trabajaba velozmente en propuestas concretas volcadas en la computadora y eso sedujo a De Santibañes. Después, ya en el gobierno, demostró que a pesar de ser mujer podía discutir con el Servicio Penitenciario Federal y que era capaz de cumplir con el plan de demolición de la cárcel de Caseros, un símbolo de la dictadura militar.

Podía ser mitad Antonio o mitad De Santibañes, como sostienen hasta hoy algunos delarruólogos, que todavía quedan en este país. Podía ser que Antonito necesitara poner un ministro para demostrar que su influencia no se había desvanecido como comenzaba a decirse en octubre, y Bullrich era su oportunidad, que se potenciaría si Hernán Lombardi pasaba de secretario de Turismo a ministro, recategorización mediante. O un tercio de cada uno y un tercio ella misma. O todo eso a la vez. Pero estaba claro que, en términos de porcentajes, en su sangre no había ningún glóbulo frepasista, y ella no lo ocultaba aunque De la Rúa sí lo hiciera.

Cuando el Presidente habló con Graciela, aún no había comunicado nada a Patricia. El miércoles 4 a la tarde la llamó y le preguntó:

—Te necesito en el área de Trabajo. ¿Qué te parece?

Bullrich no pidió detalles ni reclamó ni un segundo para pensarlo, otra característica que, por contraste, podría interesar a De la Rúa.

Por supuesto, le parecía bien.

—Lo único que te pido es que no hables absolutamente con nadie.

También le pareció bien.

A la mañana siguiente De la Rúa volvió a llamarla.

—Vas a ser ministra de Trabajo —le anunció—. Asumís hoy mismo.

Un trámite expeditivo. Le pareció muy bien.

Muy pronto, dentro del Frepaso circuló una teoría: a Patricia Bullrich la habían propuesto los *Gordos* de la Confederación General del Trabajo, el sector más negociador del movimiento sindical, liderado por Rodolfo Daer, un ex militante comunista que inexplicablemente siempre quiso ocultar su pasado, y con algunos nombres muy conocidos entre los secretarios de los sindicatos grandes.

La versión era que varios políticos se habían cruzado para distintos bloques de un programa de cable conducido por Charlie Fernández. Entre bloque y bloque, el mercantil Armando Cavalieri le habría contado al diputado radical Marcelo Stubrin sobre una presunta reunión con el Presidente. Como en el encuentro no había participado Alberto Flamarique, la conclusión habría sido que el Ministerio de Trabajo sufría un vacío de poder por la crisis del Senado. En esas semanas, los diputados solían quejarse de que no tenían con quién discutir el nuevo régimen de los seguros por riesgos de trabajo.

La versión se completaba diciendo que los *Gordos* habían urgido el reemplazo de Flamarique y habían deslizado el nombre de Bullrich, a quien conocían del movimiento peronista.

La verdad es que, si fue así, se consumaron como grandes actores, porque el jueves 5 el propio Flamarique recibió una llamada para evacuar una consulta sobre los cambios.

—Decime: ¿de dónde sacaron a la piba? —fue la pregunta.

El que interrogaba era el dirigente de la Sanidad Carlos West Ocampo, uno de los cuadros de la CGT *gorda*, bien conocido en el ambiente sindical por ostentar los mejores contactos con sectores oficiales y laborales de los Estados Unidos.

Los gremialistas tenían buen diálogo con el mendocino, pero ya habían chequeado que Bullrich no era una persona de su íntima confianza. Sus pesquisas sólo registraban que la secretaria de Política Criminal y el ministro de Trabajo habían hablado una sola vez durante todo el gobierno, cuando Bullrich llamó a Flamarique y el secretario de Empleo Horacio Viqueira para pedir que no quitaran unos planes Trabajar que le serían útiles para su programa de reforma carcelaria.

***

Mientras Flamarique y West intercambiaban bromas sobre la sucesora del ministro, Fernández Meijide y Alessandro mantenían su propio diálogo. Coincidieron en que según los primeros rumores el nuevo gabinete no respondía a la forma en que se habían acordado las cosas. ¿Quién podía estar detrás de las designaciones? ¿Era De la Rúa solo, o seguía consejos de un círculo íntimo cada vez más pequeño? Hasta hoy, Antonio de la Rúa no reconoce ninguna autoría en la iniciativa de designar a Flamarique en la Secretaría General de la Presidencia, y Jorge de la Rúa repite a quien quiera escucharlo —o, en su caso, a quien pueda escucharlo— que él no hubiera sido tan drástico contra Chacho en los cambios.

—Hay que hablar urgente con el Presidente —dijo Graciela a Darío Alessandro.

Lo llamó con insistencia pero no dio con él.

De la Rúa estaba ocupado practicando los despidos de Rodolfo Terragno, Ricardo Gil Lavedra y Nicolás Gallo.

No había en el gobierno ninguna imagen más asimétrica que la que

De la Rúa y Terragno tenían mutuamente. Terragno estaba convencido de que era el funcionario que mejor planteaba la necesidad de diseñar una estrategia productiva y exportadora para crecer. De la Rúa se quejaba de que no entendía a su jefe de Gabinete. Terragno presentía que podía liderar el gobierno. De la Rúa insistía en que no lo veía demasiado ejecutivo. El Presidente se concebía a sí mismo como un estadista. Terragno pensaba que actuaba atemorizado por los operadores financieros internacionales y era timorato al momento de anunciar una epopeya para sacar a la Argentina de la tristeza. De la Rúa decía estar convencido de que nadie como él se había comprometido con Álvarez en la lucha contra la corrupción en el Senado. Pero recordaba que Terragno no había querido jugarse desmintiendo cualquier papel del gobierno en el pago de sobornos y que una noche, incluso, distribuyó un discurso que pronunciaría ante los senadores, advirtiendo sobre las nefastas consecuencias que el descrédito de la clase política acarrea a las democracias. Era seguro que el encuentro entre ambos, esa mañana, terminaría mal. Terminó mal. Terragno ni siquiera recibió la embajada de rigor que en otras épocas se ofrecía a los amigos en desgracia.

A Gil Lavedra De la Rúa le dio sólo una explicación familiar, y por lo tanto insólita. Quería poner a Flamarique en la Secretaría General de la Presidencia. Como el puesto lo ocupaba su hermano, a quien no quería perder, necesitaba un cargo para Jorge de la Rúa. ¿Dónde ponerlo, si no en el Ministerio de Justicia?

Gil Lavedra confesaría esa tarde a sus amigos que se había sentido maltratado por el Presidente.

—Ricardo, si no es contra vos —quiso consolarlo un asesor—. Tuviste la desgracia de que sos abogado y Jorge de la Rúa también. Si Jorge fuera médico, el que hubiera volado habría sido el ministro de Salud.

—Cuando uno entra en la función pública no tiene un contrato, pero nunca pensé que mi función duraría diez meses —se lamentó tristemente Gil Lavedra.

Miembro de la Cámara Federal que en 1985 juzgó a los comandantes de la dictadura, Gil Lavedra no era uno de los ministros preferidos por De la Rúa, a pesar de que acompañó la política presidencial de no chocar ni con la Corte Suprema heredada del gobierno anterior ni con los jueces federales. La Corte había sido oficialista y menemista. ¿Por qué no podría ser, con ellos, simplemente oficialista?, razonaban los allegados a De la Rúa. Y lo mismo pensaban de los jueces federales. La única división se daba entre quienes no veían la forma de removerlos y quienes ni la veían ni la querían.

Gil Lavedra había dado independencia a la Oficina Anticorrupción dirigida por José Massoni. ¿Eso le molestó al Presidente? Jamás lo supo por boca de él.

En los temas militares, el ministro había terminado por convencerse de que la mejor alternativa era que la Justicia fijara por sí misma los criterios para seguir juzgando a los responsables de violaciones a los derechos humanos, sin que el Ejecutivo debiera perseguir un nuevo punto final que acotara la reconstrucción de la verdad sobre los años de plomo. Gil Lavedra también se había opuesto a que las Fuerzas Armadas recuperasen autonomía política. ¿De la Rúa se fastidió por esa posición? Si fue así, tampoco se lo dijo.

El ex juez había desplegado una gran cuota de iniciativa propia para frenar a Baltasar Garzón, el magistrado español que pedía la detención de 98 represores argentinos para juzgarlos en España. Aunque la Alianza había prometido en el llano que sólo la Justicia decidiría cualquier pedido de extradición, una vez que llegó al gobierno nunca consultó realmente al juez Gustavo Literas cuando Garzón envió a Buenos Aires los pedidos de arresto que debían convertirse después en solicitudes de extradición.

—Que mande directo el pedido de extradición —guapeaban los argentinos.

Abrigaban la idea de que entonces el gobierno español detendría ese pedido e impediría que los papeles salieran de Madrid. Si eso ocurría, pensaban, ellos no deberían cargar con el costo de haber interrumpido otro paso hacia la verdad dentro del nuevo escenario internacional de los derechos humanos.

En ese tema, sin duda De la Rúa apoyaba a Gil Lavedra. ¿O le hubiera gustado una actitud aun más dura? Era otro misterio que el jurista se llevaría de la Casa Rosada.

La reunión más tensa de esa mañana del 5 de octubre fue con Gallo. De la Rúa y su ministro de Infraestructura eran amigos personales. ¿Cómo decirle que quería disolver el Ministerio y, con él, quitarle las funciones al ministro?

Gallo se ocupaba en esos días de cerrar el acuerdo para que no quebrara Aerolíneas Argentinas y de arreglar la amenaza de los transportistas de cortar las redes de distribución en todo el país. Le estaba yendo bien con los dos temas y cuando De la Rúa ordenó llamarlo supuso que quería tratar con él algún detalle recién descubierto. Notó que se equivocaba cuando, ya en el primer piso de la Casa Rosada, uno de los secretarios lo detuvo y le preguntó:

—Te felicito, vas a estar más cerca.

Su despacho estaba en Corrientes y Leandro Alem, en el Correo Central, justo al lado de la gran sala en que Evita repartía donaciones de su fundación. ¿"Más cerca" era dejar el Ministerio? ¿Para ir adónde?

—Nicolás, quiero pasarle Infraestructura a Economía —anunció De la Rúa—. Y te ofrezco la presidencia del Banco Nación.

De modo que ése era el destino más cercano a la Casa Rosada. El Nación estaba frente a Plaza de Mayo. Gallo evitó el tuteo habitual entre ellos. Quería diferenciar el plano de la amistad del ámbito de las decisiones oficiales.

—Presidente, me opongo a disolver el Ministerio. Pero yo acato la voluntad de quien tiene el poder emanado por el pueblo y decidió que será Machinea quien maneje un fondo de infraestructura de muchos miles de millones de dólares.

—Ah, no tenía esa información —dijo De la Rúa—. Voy a evaluar de nuevo el tema.

—¿Entonces queda todo igual? —preguntó Gallo.

—Sí, no cambiamos nada.

—Me voy a España para terminar de discutir lo de Aerolíneas.

—Andate.

Veinte minutos después recibió un llamado del Presidente.

—Nicolás, volvemos a la posición anterior —le anunció.

—Muy bien, Presidente. ¿Puedo pasar en media hora por su despacho?

La segunda reunión fue tensa y triste. De la Rúa tenía los ojos enrojecidos. Discutieron otra vez sobre Infraestructura y Gallo aprovechó para preguntarle, tratándolo ya como amigo:

—Fernando, ¿vos vas a designar a Flamarique en la Secretaría General?

—Sí.

—Entonces te digo una cosa: dentro de tres meses vas a tener un Watergate en la Casa de Gobierno, y antes vas a encontrarte con una reacción muy dura de Chacho.

***

Flamarique cortó con West y fue a la Casa Rosada. De la Rúa lo había citado a las diez de la mañana y obviamente no era para discutir las Aseguradoras de Riesgo de Trabajo (ART), aunque nunca se sabía.

El Presidente parecía un vocero de sí mismo. Un minuto después de recibirlo, sin ninguna vuelta, le comunicó los cambios. Todos. Incluido su pase de Trabajo a la Secretaría General de la Presidencia.

—Fernando, te hago una sola pregunta: ¿vos lo hablaste con Chacho?

—Estuve con él anoche.

—¿Y?

—Se lo dije. Estaba todo bien.

Cuando dejó la Casa Rosada, Flamarique marcó su celular para dar con Álvarez. No lo encontró. Lo ubicó recién a través de la secretaria del vicepresidente.

—¿Conocés los cambios?

—Sí —respondió Álvarez.

—¿Y qué te parecen?

—Bien.

—¿Pero vos estás de acuerdo?

—Sí, sí, estoy de acuerdo.

Quedaron en verse a las 18 en el juramento.

13

A las seis de la tarde Álvarez saca del placard la corbata azul con pequeños dibujos rojos y se la pone sobre la camisa blanca. Un equipo sobrio junto con el traje oscuro cruzado.

—¿Cómo vamos? —pregunta.

Ibarra ofrece la camioneta del gobierno porteño. Ha vuelto al departamento de Paraguay y Scalabrini Ortiz después de reunirse con su gabinete para comentarle las novedades políticas.

—Los llamé para hablar de China —empezó en broma.

Lo abuchearon, y entonces contó que la renuncia de Álvarez era irreversible. La mayoría de los secretarios se mostró conmovida, pero no estuvo de acuerdo con la salida del jefe del Frepaso. Experimentaban una sensación de mayor fragilidad.

A las 18.36 suben a la camioneta azul Álvarez, Ibarra, Liliana, Mitre y la vocera de Ibarra, Verónica Torras.

Escuchan por la radio que Flamarique está por renunciar.

—Che, demos unas vueltas más así renuncia De Santibañes —dice Mitre.

Se ríen con ganas.

"RICHARTE ESTÁ ENAMORADO DE LOS APARATITOS"

Chacho Álvarez no conoce la frase. Cuando la lea, pegará un respingo. Si la hubiera escuchado antes se le habrían presentado dos posibilidades que no se contradicen entre sí. Primera: podría haber atado cabos útiles para esclarecer su propia situación. Segunda: podría haber encabezado dentro del gobierno –el gobierno que aún integraba como vicepresidente– una ofensiva seria contra el uso de la inteligencia para espionaje interno.

La frase pertenece a un funcionario del gobierno de los Estados Unidos, y fue transmitida a un funcionario del Ejecutivo argentino:

–¿Saben cuál es el problema? Que Richarte está muy enamorado de los aparatitos.

De la Rúa conoce bien la idea. Un hombre clave del gobierno norteamericano se entrevistó también con el Presidente para comunicarle la preocupación de Washington.

"Los aparatitos" es la forma sintética de denominar a la parafernalia que puede escuchar conversaciones ajenas, grabarlas y filmar personajes sin su permiso para ser utilizados como actores, y menos gratuitamente.

En cuanto al blanco de la protesta, Darío Richarte, era todavía, a fines del 2000, el número dos de la Secretaría de Inteligencia del Estado. Lo fue mientras Fernando de Santibañes ocupó la jefatura de la SIDE. Cuando, al fin, después de la renuncia de Chacho, el Presidente decidió desprenderse de su amigo, Richarte continuó en el puesto con el nuevo jefe de la SIDE, Carlos Becerra.

***

Richarte no llegó al edificio de la calle 25 de Mayo por su experiencia en el área sino por sus padrinos. Uno, el propio De Santibañes. El otro, Antonio de la Rúa. Con el hijo del Presidente, cuando éste se dedicaba *full time* a la política, compartía Richarte lo que por simplificación se llamó Grupo Sushi –quizás por una equivocada versión de los gustos gastronómicos de Antonio y sus tres amigos principales dentro del gobierno–:

- El mismo Richarte, un abogado de poco más de 30 años que comenzó su carrera política en Franja Morada y consolidó su amor por los aparatos, en este caso políticos, como secretario del poderoso rectorado de la Universidad de Buenos Aires.

- Darío Lopérfido, vocero presidencial a comienzos del gobierno y por momentos el expositor más transparente de las estrategias de comunicación de la administración De la Rúa. Fue él quien se encargaba, por instrucciones del Presidente, de proclamar en la primera semana de octubre que "mientras algunos políticos intrigan, otros nos matamos trabajando para que la gente viva mejor". El Frepaso recibió la crítica sin nombre como una crítica con nombre, apellido y seudónimo comenzado en ce hache.

- Y Lautaro García Batallán, un funcionario del Ministerio del Interior que se vio envuelto en su primer escándalo por corrupción cuando era legislador porteño.

De los tres, el que tenía la vinculación más estrecha con Antonio era Richarte. Su acercamiento a De Santibañes se produjo gracias al hijo presidencial.

Washington nunca se preocupó por criticar a Antonio, Lopérfido y García Batallán. Su concentración en Richarte se debía a que el gobierno de los Estados Unidos se sentía decepcionado por Fernando de Santibañes, curiosamente el más pro norteamericano de los funcionarios de De la Rúa. La historia se repetía. Una vez más, Washington dejaba de confiar en una autoridad importante de la Argentina aunque en teoría debía hacerlo por su posición ideológica. Sencillamente, se quejaba porque no tenía un interlocutor que considerara válido para la Agencia Central de Inteligencia. Y el conflicto tuvo el tono de la decepción porque la relación entre la CIA y el jefe de los espías argentinos había comenzado a las mil maravillas.

***

La CIA recibió muy bien la visita que De Santibañes le hizo a Joseph Nye, un brillante académico de Harvard que había dirigido el departamento de Planificación de la agencia a comienzos del gobierno de Bill Clinton. Nye, jefe del departamento de Gobierno de la universidad, autor del famoso libro *Preparados para liderar*, sobre el papel de la tecnología y la educación en las relaciones de poder, pasó por la CIA para *aggiornar* los métodos y los temas. Acercó a la agencia a los académicos más calificados de los Estados Unidos para dar conferencias a los agentes con el objetivo de garantizar la actualización en las nuevas tendencias de la economía globalizada y la política de la posguerra fría. También impuso un lema. "Además de descubrir secretos, la CIA debe develar misterios", decía a sus agentes para graficar la importancia del análisis, incluso, o sobre todo, de fuentes públicas de información.

También invitó a De Santibañes a que visitara el cuartel de la CIA en Langley, Virginia, a veinte minutos del centro de Washington, para que durante una semana se sumergiera en el conocimiento intensivo de la administración de una agencia de espionaje.

Para subrayar la idea que la CIA tenía de la SIDE, los norteamericanos aportaron a los argentinos seis millones de dólares a ser utilizados en perfeccionamiento de los agentes.

Cuando De Santibañes dejó las oficinas rodeadas de parques poblados de ardillas y la mejor tecnología de control satelital de imágenes, la dirección de la CIA lo despidió con un consejo:

—No usen a la SIDE para hacer operaciones internas.

Naturalmente, la CIA tenía sus propias metas. Podía interesarle la calidad de la democracia argentina —después de todo, la estabilidad aquí puede ser una variable de estabilidad en todo el continente—, pero le importaba en especial que la SIDE se concentrara en objetivos que los norteamericanos perseguían. Un ejemplo es la Triple Frontera entre la Argentina, Paraguay y Brasil. Según los Estados Unidos, la zona es un santuario formidable para contrabandistas de armas, narcotraficantes, lavadores de dinero de cualquier origen y terroristas internacionales. El Departamento de Estado y la CIA sostienen que con Paraguay no se puede contar para ninguna tarea de inteligencia y que Brasil tiene un acuerdo no escrito con los fundamentalistas del Medio Oriente: no los molesta si ellos no molestan en territorio brasileño. Itamaraty, por supuesto, niega que exista un arreglo de cualquier tipo, con o sin papeles.

***

En medio de la crisis del Senado, la SIDE realizó operaciones. Aprovechó los aparatitos del modo más pueril. No sólo los aparatos de escucha e interceptación telefónicas. Hasta un precario fax sirvió para manipulaciones de intoxicación de la opinión pública. Un caso fue la maniobra para implicar al ministro del Interior Federico Storani en el posible pago de sobornos usando dinero de los Adelantos del Tesoro Nacional, un fondo que administra Interior para auxiliar a las economías regionales más castigadas.

El fax de la agencia Telam recibió un papel sugiriendo un camino. ¿Por qué no prestarle atención a los ATN? Quería decir: ¿por qué ceñirse a la sospecha de que las coimas hubieran sido pagadas supuestamente por la SIDE? El director periodístico, Sergio Levit, un profesional con experiencia, frenó de inmediato la operación y ordenó consultar a Storani.

El ministro no demoró en increpar a De Santibañes, y el resultado fue veloz. Cuatro horas después, el jefe de la SIDE le informaba que se había desprendido de Román Albornoz, virtual número tres de la Secretaría. Ex peronista del Grupo de los Ocho desde que trabajó en el despacho del diputado Germán Abdala –sin duda el más noble de los dirigentes sindicales de los últimos veinte años, ya fallecido–, Albornoz mantenía una enemistad a tiempo completo con Álvarez. Pocos se lo explicaban, pero a los funcionarios les resultaba extraño que en cada reunión compartida con Albornoz éste criticara a Chacho incluso cuando no venía al caso. Y las reuniones con Albornoz eran muchas. Integraba los equipos de comunicación desde la campaña, ese período inigualable que para los políticos significa vivir con la adrenalina en su nivel más alto. Debía su influencia a muchas horas compartidas con Antonio, con De Santibañes, con Patricia Bullrich. Con Richarte.

A Chacho, curiosamente, la expulsión de Albornoz no lo alegró. Se produjo cuando su desconfianza había llegado a la cumbre. Experimentó la incómoda sensación de que había sido necesario que un radical como *Fredi* se irritase para que De Santibañes pusiera fin al acoso. El recelo era tan profundo que ni siquiera una buena noticia terminaba siendo una buena noticia. Al revés: profundizaba sus peores sospechas.

—Me gustaría saber qué hubiera pasado si una operación lo hubiera puesto a él entre dos mujeres —repetía Chacho sobre De la Rúa cuando criticaba a De Santibañes y Albornoz.

Y se contestaba:

—Hubiera descabezado la SIDE.

Es posible que Álvarez tuviera razón. Sin embargo, no lo hizo cuando tuvo la coartada de la presión norteamericana. El periodista Gabriel Pasquini publicó en *La Nación* del 17 de septiembre del 2000 que el jefe de la estación local de la CIA, Ross Newland, protestó ante De Santibañes porque la SIDE seguía a uno de sus principales colaboradores. Pero nadie del gobierno desmintió a Pasquini.

Una investigación para este libro recogió datos que no se oponen a los del periodista e incluso, en la misma línea, van más allá.

***

Miembros de servicios de inteligencia locales y extranjeros revelaron que cuando llegaron las primeras protestas a la SIDE, la cúpula de los espías locales reaccionó ferozmente. Con un ataque de nacionalismo súbito, quiso dar una lección a los entrometidos agentes de la CIA. Recurrió, entonces, a los aparatitos. Interceptó teléfonos de la embajada de los Estados Unidos, de colaboradores de la representación diplomática y de empresas vinculadas a ella. También realizó seguimientos y tomó fotografías. El problema para la SIDE fue que la contrainteligencia extranjera detectó rápidamente que sus teléfonos estaban sucios y que el origen de la suciedad era la central de espionaje de la Argentina. Y no tardó en centrar su enojo en un nombre: Alejandro Brousson, un mayor retirado del Ejército.

Brousson tiene un antiguo romance con el espionaje interno. Estaba encargado de la inteligencia en el Ministerio del Interior en 1993, cuando Gustavo Beliz aún era funcionario de Carlos Menem.

No bien se descubrió que Interior recolectaba datos sobre estudiantes, sindicalistas y organizaciones sociales —actividades que van contra la ley—, Beliz debió echar al responsable de esos actos, que no era otro que un hombre calvo, retacón y más bien gordo: Brousson. El mayor sirvió de fusible. Beliz alegó que la orden de espionaje interno llamada Plan Anual Región no había partido de él mismo sino de su antecesor en el cargo, José Luis Manzano.

Brousson no perdió la fuente de sustento. Lo contrató, o lo recicló, la SIDE por orden de Hugo Anzorreguy, quien designó a Brousson en el área de Terrorismo Internacional, también conocida como Área 34.

Cuando De la Rúa asumió el mando, las nuevas autoridades no cortaron la carrera del mayor sino que la estimularon. En una deformación típica de algunos radicales —quien no es culpable ante la Justicia no tiene restricciones políticas—, Richarte argumentó ante De Santibañes que Brousson había sido sobreseído por el escándalo de tiempos de Beliz.

El periodismo reveló dos hitos importantes en la carrera del mayor.

En marzo, Fernando Cibeira escribió en *Página/12* que Brousson tuvo un papel importante en el drástico achicamiento de la SIDE operado por De Santibañes como parte del recorte fiscal. Allí se ganó la confianza de la nueva cúpula y fue premiado con la Dirección de Contrainteligencia, encargada de detectar posibles operaciones de infiltración dentro del espionaje doméstico. Un nivel de paranoia institucionalizada que pondría en situación de éxtasis a cualquier admirador de Kim Philby.

En julio, Sergio Moreno informó que Brousson era el jefe de un programa para formar un grupo de custodias especiales para el Presidente que estaba preparando la SIDE. Remedaba el Servicio Secreto de los Estados Unidos, ese grupo de gigantes de negro que se desplazan conectados por un auricular en el oído izquierdo siguiendo los movimientos del presidente.

***

Cada vez que el gobierno recibió una protesta sobre Brousson, lo defendió por la supuesta profesionalidad del militar retirado.

—Hace mucho que integra el plantel de la Casa —decían, sin darse cuenta de que la defensa podía ser leída como una autoincriminación.

—Pero revelaron la identidad del jefe de la estación de la CIA y le sacaron fotos, poniendo en peligro la reserva y la carrera profesional de Newland —era la acusación norteamericana.

—No fuimos nosotros.

—Si no ustedes, ¿quién?

—Es una maniobra de los desplazados para dejarnos en ridículo.

Los servicios extranjeros contemplaban esa posibilidad, pero se inclinaban más por pensar que la misma cúpula de la Secretaría era la responsable de la operación.

Sospechaban cada vez más de Brousson.

—Es un profesional del espionaje, pero hace diez años tuvo simpatías carapintadas —atacaban.

Y añadían, los extranjeros, que la postura nacionalista a la argentina de Brousson, es decir nominalmente patriótica y en los hechos vacía, lo hacía tener empatía con sectores del gobierno venezolano.

—Quiere ser una especie de Chávez en pequeño —tal vez exageraban comparando a Brousson con el presidente venezolano Hugo Chávez, quien estaba convirtiendo la democracia representativa venezolana en un sistema plebiscitario en torno de su persona.

De Santibañes nunca creyó ni en las interceptaciones telefónicas ni en las críticas ideológicas.

—No puede ser —negó el inspirador de Albornoz—. Yo garantizo a mi gente.

La respuesta de De la Rúa fue, claro, a lo De la Rúa.

—Hay que estudiarlo —instruyó.

Richarte buscó cerrar toda discusión con una lógica de aparato.

—Brousson defiende a De la Rúa —dijo.

No está claro el papel de Enrique Nosiglia, pero, ¿acaso no es ése el rol de oscuridad que debe cumplir *Coti* en cualquier historia del gobierno?

En un principio, los funcionarios de De la Rúa estaba seguros de que Nosiglia era el promotor de Brousson. El dirigente radical tenía una excelente relación con Anzorreguy. En general, los radicales elogiaban al jefe de la SIDE en tiempos de Menem.

Estaban seguros de que no cumplía con la ley y escuchaba a los políticos, inclusive a ellos, aunque las escuchas fuesen ilegales. Pero siempre introducían un matiz:

—Hugo escucha para monitorear, pero no usa las escuchas en contra nuestra ni nos molesta o nos extorsiona.

Era una verdad a medias. Al final del menemismo, la SIDE comenzó a aprovechar la nueva tecnología digital para utilizar los celulares ajenos como micrófonos. Activaba un programa, se introducía en la red de teléfonos móviles y quedaba en condiciones de escuchar una conversación en tiempo real. Cuando la intención era, además, molestar al dueño del teléfono portátil, los espías hacían evidente su operación ilegal. Por ejemplo, le pasaban la conversación de un celular a otra persona, o transmitían a un teléfono una grabación obtenida interceptando el teléfono de un conocido.

Anzorreguy siempre desmintió que esas operaciones fueran realizadas bajo su orden, e incluso bajo su conocimiento. También lo desmintieron De Santibañes y Richarte, pero los afectados, que a menudo eran políticos conocidos y protestaban en persona, les creían cada vez menos. Nosiglia decía coincidir con el criterio de Anzorreguy. No debían usarse las interceptaciones, recomendaba mate de por medio, y menos meterse en la vida privada, algo que *Coti* nunca deseó que le hicieran a él. Pero entonces, ¿cómo podía ser que el jefe de la división de escuchas, llamada Observaciones Judiciales, la famosa Ojota de la SIDE, fuese Ezequiel Lanusse, su secretario privado en el Ministerio del Interior durante el gobierno de Alfonsín? ¿Lanusse era una pieza más al servicio de Brousson o su oponente? ¿No era que Nosiglia había impulsado el ascenso de Brousson? ¿O lo había auspiciado y luego se arrepintió? ¿Decía la verdad Nosiglia cuando relataba sus choques con Richarte?

Entre los espías circulaba una anécdota. Tenía forma de diálogo entre Nosiglia y Richarte.

"Aparato contra aparato, vamos a ver quién es más fuerte", le habría dicho el joven número dos. "Si vos y tus pesados o yo y la SIDE."

La respuesta de Nosiglia habría sido igual de dura: "Pendejo, debería cruzarte la cara de un sopapo".

Lo cierto es que Brousson seguía incólume en la Secretaría, ajeno a las disputas de los jefes políticos. Junto a él trabajaba un hombre bajo, enjuto y flaco, de unos 50 años. Su nombre era Luis Campos, pero le decían *Campitos*. Suboficial del Ejército, Campos fue uno de los entrenadores de los hombres de negro argentinos. Trabajaba (¿trabaja?) en tareas especiales. Brousson confía en él aunque no lo tenga ubicado en el escritorio contiguo. *Campitos* es fiel, está fogueado, tiene contactos.

Y vaya si los tiene: su principal contacto es otro hombre que apenas ha pasado los 50 años, a quien todos llaman *Alfredito*. Como Dios, Máximo Nicoletti está en todos lados. ¿O en uno solo, y Álvarez nunca ató cabos?

14

Alberto Flamarique sale a las 18.30 de la Casa Rosada. Está sombrío. Se para junto al micrófono del Salón de los Bustos.

—Estoy convencido de que el proyecto de la Alianza, el proyecto del gobierno, no deben depender de las posiciones de cada uno de los hombres. El Presidente me ha ratificado su confianza, pero le he dicho que no me siento personalmente en disposición de seguir ejerciendo el cargo.

—¿La renuncia ha sido aceptada? —le preguntan.

—La renuncia es indeclinable. Mi actitud personal tiene que ver con que la política para mí es un gesto de servicio. Hay una posición de cuestionamiento de algunos sectores de mi propio partido, y por eso he decidido presentar la renuncia con carácter indeclinable.

En el fondo, la silueta de un hombre de alrededor de un metro noventa sube y baja las escaleras que llevan al despacho presidencial. Fernando de Santibañes sigue en operaciones.

***

La gente que lo reconoce en el camino grita alentando a Chacho. Algunos se concentraron en los bares, como en un día de partido de fútbol, donde la televisión parece transmitir en cadena. Con ligeras variantes describe el clima de expectativa ante la renuncia. Sólo Crónica TV *da la nota distinta, al comparar el episodio con el 17 de octubre de 1945, cuando los obreros del sur del Gran Buenos Aires cruzaron el Riachuelo para reclamar frente a la Casa Rosada la liberación del coronel Perón, preso en Martín García.*

213

El sociólogo Artemio López, de la Consultora Equis, realiza una encuesta el mismo viernes por la tarde en la Capital y el Gran Buenos Aires.

El 49 por ciento está en desacuerdo con la renuncia, y el 41 de acuerdo, aunque se puede suponer que el desacuerdo no sólo culpabiliza al líder frepasista. Si no, no tendría explicación la diferencia de imagen entre De la Rúa y Álvarez en favor del segundo.

Chacho recoge una imagen positiva del 57 por ciento, que trepa al 67 por ciento en la Capital Federal. La imagen positiva de De la Rúa es del 29 por ciento. La de Flamarique, del 5,6 por ciento.

El 62 por ciento de los encuestados piensa que el país está peor después de la renuncia, y son parejas las cifras entre los que opinan sobre si la Alianza se ha roto. El 45,7 por ciento considera que sí. El 44,2, que no.

Los cambios en el gabinete sólo son un hecho positivo para el 14,5 por ciento. La gestión del gobierno le parece positiva solamente a un 5,2 por ciento. Del resto, un 50,6 tiene una opinión regular y un 42,8 por ciento una imagen negativa.

De 1 a 10, el gobierno apenas zafa del aplazo: merece una calificación promedio de 4,22 puntos.

"DECILE QUE ESTOY EN EL BAÑO"

—No vayas a la jura —le dijo José Vitar.

—Si no voy, es como romper la Alianza —replicó Chacho.

Vitar lo miró atento. ¿Estaba probando un argumento o contestaba lo que realmente sentía en ese momento? Igual le respondió.

—Mirá, Chacho, ésa es una exageración.

Álvarez coincidió en que era exagerado comparar la ausencia en el juramento con la ruptura de la Alianza, pero igual fue. Y de todas maneras Vitar no quiso acompañarlo. Chacho llegó con Darío Alessandro y Rodolfo Rodil.

Ambos se darían cuenta después de que en la cabeza de Chacho ya figuraba la posibilidad de quedar fuera del gobierno. La conclusión se debía a comentarios sueltos, porque ninguno de los dos podría recordar jamás un textual de su jefe que abarcara la palabra *renuncia*.

El juramento fue tenso. Uno de los ministros, que a finales del 2000 aún integraba el gabinete de De la Rúa, hizo para sus colaboradores un resumen que rozaba la psicología. "La jura fue un sufrimiento", dijo. "La sonrisa de los que sonreían era sólo de yeso. Los que decidieron no ocultar los problemas, no los ocultaron. Quedaron en escena, para el público, las amistades rotas. Mal rotas. Las tensiones mal resueltas, las dificultades para hacerse comprender. Ese día, todos se dieron cuenta de que estaban actuando."

José Luis Machinea, que era el supuesto triunfador, miraba al cielo. Rodolfo Terragno, que dejaba la Jefatura de Gabinete, observaba algo o nada en un costado del escenario. Ricardo López Murphy tenía el porte de un general en retiro. Ricardo Gil Lavedra, en una punta, sonreía caballerosamente. A su lado, Raúl Alfonsín parecía haber sufrido un golpe aun más grave que el de su accidente de 1999 en Río Negro. Estaba dolorosamente encorvado.

Apareció De la Rúa, serio, casi marcial, quizás imaginando aires imperiales, y quedó de frente al salón lleno, tan lleno que la mayoría de los invitados se habían visto obligados a quedarse de pie. Varios creyeron ver una barra de ex bordonistas, que habían sido llamados para alentar a Flamarique, entre ellos varios concejales de La Plata. Detrás, a la izquierda del Presidente, se ubicó José Genoud. También detrás, pero a la derecha, Álvarez.

De la Rúa le tomó juramento a Chrystian Colombo, que asumía como jefe de Gabinete. Sonrisas, un abrazo parco y a continuar la ceremonia. O a interrumpirla: la escena que se produjo luego estaba destinada a pasar a la historia, y representaría como ninguna el instante en que quedó simbolizada la fisura de la Alianza.

El Presidente repitió la fórmula del juramento a Flamarique.

El nuevo secretario general de la Presidencia dio el sí con voz fuerte. En ese momento, Chacho volteó la cabeza hacia el otro costado y revoleó los ojos.

Después se produjo el abrazo distante típico de la relación con De la Rúa.

Álvarez estaba ensimismado.

Cuando Flamarique lo saludó, puso el codo hacia afuera para impedir un abrazo que ninguno de los dos buscaba y amagó morderse los labios.

"Quise producir un cambio en el gabinete con el propósito de reforzar la marcha de la economía, agilizar el trámite de la administración y adecuar el ritmo de trabajo a los conceptos de la conducción del gobierno", dijo De la Rúa tras los juramentos.

Chacho seguía reconcentrado, como si estuviera en otro lugar. Comenzaba a hamacarse y ya se mordía decididamente el costado izquierdo del labio.

"Cada uno de los ministros salientes merece toda la consideración, pero es necesario el recambio porque así se dan las circunstancias", terminó De la Rúa. Álvarez había pasado los últimos instantes bamboleándose, sin sonreír, pasándose la mano por el ojo derecho en gesto de fastidio. Al final del pequeño discurso del Presidente, se dio vuelta y se fue. Lo hizo tan rápido que cuando De la Rúa, que sólo había caminado hasta la punta de la fila, seis lugares más allá, para saludar a Alfonsín, llegó al sitio del vicepresidente, Álvarez ya estaba camino a su despacho.

Casi murmurando, Carlos Balbín, el segundo de Ricardo Gil Lavedra en Justicia, comentaba todavía con asombro la salida del ministro y su recambio por Jorge de la Rúa.

—Me parece que acá los novios no saludarán en el atrio —dijo despacito el diputado del radicalismo cordobés Mario Negri.

El presidente de la Cámara de Diputados, Rafael Pascual, habitualmente divertido, estaba demudado. Había estado al lado de Álvarez, o sea que no podía verle la cara. Pero en el momento en que Flamarique se acercaba hacia ellos, presintió que con ese cruce se aproximarían también nuevas crisis.

—En ese momento el aire se cortaba con una tijera —contaría después a sus colegas de bloque—. Yo me dije: "Mmmm... estamos en serios problemas". Y eso que no podía mirar para el costado, porque sabía que me iba a enganchar la televisión.

La noche anterior, Pascual había hablado con De la Rúa:

—No tengo nada personal con nadie, pero no hagamos cagadas. No se apuren a llenar cargos, todo tiene que ser con el Frepaso, no hagamos bosta todo.

Pero los Sushi mandaban a decir:

—No vamos a entregar más.

Otra vez, el razonamiento parecía apuntar a que no estaba tan mal que De la Rúa gobernara solo, si por lo menos había podido tirar lastre.

—Un curioso criterio de coalición —comentó un diputado radical a otro.

Y uno de ellos repitió una frase de Negri, el más ingenioso de los diputados del interior:

—Ojo que, como dice Mario, cuando hay crisis ningún sector de poder se queda en la casa, apaga la luz y duerme hasta el otro día.

Después del juramento, Alessandro se quedó hablando con Storani y vio cómo Álvarez iba con Rodil al despacho de la vicepresidencia. Pensó que era un mal síntoma: en esos casos Chacho siempre se quedaba, saludando a los funcionarios, cargando a alguno o hablando de política. Después subieron Ricardo Mitre, Ernesto Muro, Hipólito Covarrubias, Irma Parentella, Nilda Garré y Juan Pablo Cafiero. José Vitar llegaría luego, llamado por Paula, la secretaria de Álvarez.

—Dice Chacho que vengas.

—¿Dónde están?

—Seguimos en la Casa Rosada.

***

Cuando Carlos Corach vio por televisión el gesto de Chacho en la asunción de Flamarique desconfió tanto que llamó a Ricardo Mitre.

—Che, ¿no cometerá la boludez de renunciar, no?

Mitre respondió confuso. A Corach no le quedó claro si el amigo de Álvarez no quería hablar o si él mismo no tenía posición tomada, pero por cualquier cosa eligió dejar en claro su postura.

—Mirá, transmitile mi opinión, por favor. Si renuncia, va a hacer mucho daño.

Cuando los senadores quisieron limar el poder de Álvarez, o hacer de cuenta que lo limaban, Corach había advertido:

—No jodan con el Chacho...

No era el único que pensaba lo mismo. El cálculo de algunos ex menemistas, o más propiamente de los menemistas con experiencia, juego político autónomo y la frialdad suficiente como para no ser personalmente rencorosos, era doble.

Por un lado, no eran amigos de la confrontación deportiva, sin objetivos de poder concretos.

Por otro lado, preferían a Chacho alineado con De la Rúa, justificando el impuestazo, explicando la rebaja de salarios y convirtiéndose en un disciplinado soldado del ajuste.

—Para que el gobierno esté mejor, conviene que Chacho siga adentro. Y para nosotros también. Opositores ya somos nosotros. ¿Para qué queremos más? —preguntaban los peronistas.

***

Chacho estaba francamente irritado con la jura del nuevo gabinete. En un momento, Paula interrumpió la reunión.

—Está el edecán de De la Rúa —le dijo.

Chacho gesticuló, sin contestar.

—El Presidente te quiere ver.

Los testigos recuerdan que Álvarez agitó los dedos de su mano derecha de abajo hacia arriba, con todo el desprecio de que era capaz, como si estuviera mandando a alguien al mismísimo infierno. Y su respuesta fue aun peor:

—Decile que estoy en el baño —ordenó como en una mueca.

Si De la Rúa pasó por alguna crisis matrimonial, debe haber comprendido en ese momento que el vicepresidente había llegado al punto exasperante del hastío. Hasta el juramento, Chacho se había cuidado mucho de esconder sus sentimientos en público, y le estaba costando cada vez más reprimirlos delante de testigos.

Prendió el televisor. Los nuevos funcionarios iban bajando de uno en uno para instalarse delante del micrófono y comparecer para dar la falsa sensación de que aquí no había pasado nada.

—Elisa Carrió dice que es inadmisible su presencia en el gabinete —preguntaron a Flamarique.

—Es una opinión de Elisa Carrió. Punto.

Lo interrogaron por Álvarez.

—El Presidente me ha otorgado una gran confianza —dijo Flamarique—. Éste es un respaldo no sólo a mi persona sino a un miembro del Frepaso. Mi relación con Chacho Álvarez es absolutamente normal. Me relevan porque se terminó una etapa en el Ministerio de Trabajo.

Colombo dijo que la salida de Gallo no le quitaba el sueño.

Storani se vio obligado a imaginar que el cambio tenía que ver con un relanzamiento del gobierno y negó que el nuevo gabinete tuviera que ver con las sospechas de coima.

—El Presidente tuvo en cuenta el balance de una gestión de gobierno y no la crisis del Senado.

Por exceso de diplomacia, había dado con la respuesta exacta: De la Rúa no tuvo en cuenta con el equipo que designó ese 5 de octubre la irritación social por el escándalo de los senadores.

Machinea dijo que mantener el rumbo económico, o sea a Machinea, da más confianza.

"Confianza" fue la palabra que utilizó, curiosamente, fuera del Salón de los Bustos, el senador Eduardo Menem:

—El doctor de la Rúa ha desechado cualquier imputación sobre Flamarique al designarlo en un cargo de tanta confianza. Quiere reafirmar el liderazgo. Él no va a admitir presiones, como las que habría recibido del vicepresidente, sobre algunos cambios.

Era simultáneamente un apoyo, un tendido de puentes, una advertencia, la intención de aprovechar la brecha entre De la Rúa y Álvarez para meter una cuña y hasta un mensaje: si De la Rúa no admite amenazas ni presiones, los senadores tampoco.

En el despacho de Álvarez se hizo un silencio pesado cuando habló el hermano del ex presidente justicialista.

Quedaba reforzado el análisis de los cambios que Álvarez iniciaba con sus colaboradores.

Coincidían en señalar un avance de Enrique *Coti* Nosiglia. Analizaban que estaba dado por la entronización de Chrystian Colombo en la jefatura de gabinete, la permanencia de Fernando de Santibañes, el debilitamiento del Frepaso y un freno para Álvarez.

—De la Rúa te está tirando los chanchos —azuzó uno de los diputados usando una expresión del interior—. Me parece que está como cebado.

Entre todos fueron redondeando un análisis que remataba en que la autoridad política de Álvarez quedaba muy cerca de cero. Si protestaba en público, estaría dando pie a los rumores de pulseada con el Presidente y a las advertencias sobre un debilitamiento de la autoridad presidencial. Si callaba, la que quedaba debilitada era su propia imagen.

En el escenario posible había sólo tres variantes.

Dos fueron mencionadas con todas las letras. Una, que Chacho callara. La segunda, que comenzara esa misma tarde la pelea pública contra la decisión de conformar de ese modo el gabinete.

La tercera fue imaginada por varios de los presentes como una posibilidad teórica, pero todos aseguran que nadie dijo la fatídica palabra de ocho letras que se haría realidad al día siguiente: renuncia. El análisis se completaba con la visión de que el delarruismo había iniciado una operación para fracturar el Frepaso. El plan consistiría en utilizar como ariete a Flamarique y su excelente conocimiento de las internas, sobre todo en la provincia de Buenos Aires, combinándolo con las necesidades políticas de Ibarra y la desesperación de Graciela Fernández Meijide, cada vez más solitaria y desprestigiada en el Ministerio de Desarrollo Social. Frente a ellos, que serían presentados como los razonables del Frepaso, Chacho quedaría como el loquito suelto. ¿Existió un plan de ese tipo? ¿Quién lo habría impulsado? ¿Para qué?

Después del juramento, Pedro Del Piero hizo un aparte con Jorge de la Rúa.

—¿Ahora cómo sigue? —preguntó, calculando que el hermano del Presidente le daría una clave del futuro.

Quedó asombrado con la respuesta del ex secretario general y flamante ministro de Justicia.

220

—Estoy sorprendido.

Cuando terminó el juramento Pedro Del Piero charló un momento con Alfonsín. Se fue caminando con él y terminó en el despacho presidencial. Saludó y salió.

En la explanada comentó:

—El lunes ni al cafetero vamos a poder echar del Senado.

Aunque conservaba los datos dentro de un halo de misterio, Álvarez había persuadido a su segunda línea de que la suya no era una simple intuición sino una convicción basada en datos reales.

—Quieren arrinconarme —decía—. Y esto es una escalada.

Cuando le pedían nombres se mostraba esquivo, pero unos minutos después, cada vez que Álvarez hablaba de conspiración aparecía en otro tramo de la charla el nombre de Nosiglia. Para Álvarez, un grupo a quien De la Rúa escuchaba lo había arrinconado, a su vez, hasta convencerlo.

***

La duda de los frepasistas, duda que comparte el resto del país hasta hoy, es si cuando De la Rúa imaginó el nuevo gabinete, con De Santibañes aún al frente de la SIDE y Flamarique en la Secretaría General, cometió un error de cálculo o realizó una maniobra deliberada. ¿De la Rúa no imaginó que entre las posibilidades figuraba que Álvarez podía dejar la vicepresidencia? ¿O lo imaginó pero, émulo de Maquiavelo, buscó esa salida para fortalecer la autoridad presidencial y quitarle el costado bifronte que tenía por el gran protagonismo de su *coequiper* después de la crisis del Senado? En otras palabras: ¿De la Rúa cometió una torpeza o el final fue buscado?

El Presidente asegura que jamás quiso que Álvarez se fuera, y Álvarez confesó a sus íntimos que le cree. Pero ahí termina la coincidencia. Por esos días, aunque tenían la línea de comunicaciones lacerada por las intrigas y debilitada por el recelo, los frepasistas aseguraban contar con información segura sobre la trastienda de la decisión de De la Rúa.

Veían un nombre clave: Antonio de la Rúa, el hijo mayor del Presidente y su hombre de confianza en situaciones de crisis.

Los frepasistas decían contar con información de primera mano según la que Antonio seguía esta secuencia de razonamiento:

- Chacho había tenido su momento rutilante cuando escaló las denuncias sobre coimas en el Senado. Lo había tenido por encima del Presidente.

- Más allá de la voluntad de ambos protagonistas, de hecho De la Rúa había quedado detrás de Álvarez en la consideración popular.

- Esa situación debía terminar: después del tiempo de Álvarez, había llegado el tiempo de De la Rúa.

- Álvarez había hecho demasiados gestos de autoridad. También en este punto era el turno del Presidente.

- Mantener a Flamarique en el gabinete, así fuera en otro puesto distinto del de ministro de Trabajo, y conservar a De Santibañes, serían dos gestos encaminados a restaurar la autoridad perdida de De la Rúa.

- Por eso el Presidente no debía dudar en producir los cambios dentro de ese marco de objetivos.

Antonio, estaban seguros los frepasistas, remató el análisis con una frase que encerraba un error de pronóstico y un error de diagnóstico:

—Chacho no se va, y si se va es problema de él.

La primera parte de la afirmación surgía del principio de que irse equivale a elegir al ostracismo, el destino de aquellos griegos que elegían vivir pero eran confinados en sitios remotos, desde no pudieran influir en la vida de la *polis*. La segunda parte descansaba en la idea de que la gente castiga al que se va de un cargo electivo. Y la vicepresidencia lo es.

Entre el cálculo equivocado y el cansancio ante ese vicepresidente que cada vez más, sentía, estaba dejándolo como un pobre presidente sin poder, De la Rúa se sintió seducido por la idea del mandatario fuerte coexistiendo, lo menos posible, con un vice que iría a tocar la campanilla del Senado.

Sin la ingenuidad de Antonio, De la Rúa pensó que contra la política pública de Chacho, él aplicaría el poder en estado puro, y frente a esa situación Álvarez no tendría más remedio que someterse y disciplinarse.

Antonio nunca calculó de verdad que Chacho se iría. Aunque ya sus relaciones con Álvarez estaban dañadas, cuando el hijo del Presidente se enteró de la renuncia se mostró verdaderamente desencajado, y los testigos coinciden en señalar que no representaba un papel de actor dramático.

De la Rúa terminó haciendo, entre la imprevisión y una realidad de crisis indetenible, un cálculo aun peor. Si era errado estimar que resultaba nula o casi nula la chance de que Álvarez dejara la vicepresidencia, parecía directamente irreal subestimar las consecuencias que una renuncia tendría, ya no para Chacho ni para la misma Alianza, sino para la supervivencia del propio De la Rúa en la Presidencia hasta el 2003.

Los mercados achacarían falta de liderazgo al gobierno argentino. De la Rúa podría intentar demostrarles que sin Álvarez quedaba homogeneizada la decisión en la cúspide, pero era obvio que ése podría ser en todo caso el beneficio secundario de la enfermedad que significaba la ruptura de la coalición de gobierno.

Incluso si olvidaban a Chacho como figura política importante, y lo dejaban en sus análisis en un segundo plano, convertido en el gurú de los cafés de Palermo, los analistas internacionales repararían sin duda en el debilitamiento de la Alianza dentro de la Cámara de Diputados. En el Senado la Alianza ya había comenzado con una minoría que ni siquiera las elecciones del 2001 parecían capaces de trocar en una mayoría automática como la que había gozado Menem. Y en Diputados el oficialismo había mejorado gracias a los votos delarruistas del 24 de octubre de 1999, pero los 38 legisladores del Frepaso eran decisivos para cualquiera de las dos necesidades imperiosas del Ejecutivo: ganar el quórum, primero, y contar con mayoría simple después.

Aunque en un principio se diluyera el escándalo de las coimas en el Senado, porque quizás a Chacho le costase mantener en un nivel alto de activismo en la denuncia de los sobornos, De la Rúa quedaría sospechado y salpicado, aunque más no fuese porque no había ido a fondo en un tema de transparencia.

Ése era, en los primeros días de octubre, un escenario que cualquiera podía imaginar. Ése fue el escenario que De la Rúa no imaginó, contento porque había escarmentado a Chacho y disponía, al fin, de un equipo propio. Sin Gallo de por medio, con Machinea fortalecido, Terragno fuera del gobierno y Chacho a un costado, el panorama que se le abría a De la Rúa era el de una homogeneidad sin conflictos. La calma chicha facilitaría el trabajo de Machinea, pensaban sus asesores más estrechos. En Justicia quizás no tuviera más sorpresas. ¿Acaso no habían escuchado al Presidente cuando gritaba contra la Oficina Anticorrupción, o cuando se refería al número dos, Manuel Garrido, un inteligente y honesto abogado con experiencia judicial, con un "Qué se cree ese pelotudo"? Con Jorge de la Rúa —soñaban— no habría más problemas. Y sobre todo quedaban en primera fila, además de Patricia Bullrich, tres legionarios aguerridos: Alberto Flamarique, Chrystian Colombo y Ricardo López Murphy.

***

Cuando llegó a la decisión de mantener a Flamarique en el gabinete, De la Rúa revisó dos resoluciones anteriores: la variante de la Secretaría Legal y Técnica y la embajada argentina en la Organización de los Estados Americanos, un puesto que el Presidente quería llenar con un hombre de confianza porque allí se tratarían cuestiones que iban desde la situación de los presos de La Tablada al proceso por el atentado a la AMIA. Para Flamarique sería la oportunidad de acercarse al ámbito de una de sus asignaturas pendientes: la política internacional.

Antiguo miembro de la organización peronista Guardia de Hierro y del Frente Estudiantil Nacional, Flamarique tiene la obsesión de armarse cuadros de situación clásica en los dirigentes políticos acostumbrados a un sistema de ideas sobre el mundo, donde todo tiene explicación y cada cosa su lugar.

En la Argentina, pocas organizaciones funcionaron como proveedoras de confort intelectual para sus cuadros.

Una fue el Partido Comunista. Tenía en el comunismo su fe, en Moscú su Vaticano, en la dirección de los partidos comunistas y obreros su colegio de cardenales y en el marxismo entendido como dogma su cuerpo teológico. Su proclividad a brindar todas las respuestas aumentaba, curiosamente, o no tanto, a medida en que se esclerosaban el pensamiento político impulsado desde el Partido Comunista soviético y el mismo régimen del socialismo real. En los 70, cuando Leonid Brezhnev conducía a la URSS como un émulo desteñido de José Stalin, la provisión de explicaciones autorreferenciales llegó a su nivel máximo de caricatura. Un libro soviético, reeditado en la Argentina por la editorial comunista, ofrecía datos reveladores sobre Sigmund Freud bajo el título *Qué pensamos del psicoanálisis*, en primera persona del plural, aludiendo a un sujeto colectivo necesariamente superior a cualquier desviacionismo individualista.

También el Movimiento de Integración y Desarrollo en tiempos de Arturo Frondizi y Rogelio Frigerio ofreció explicaciones omnicomprensivas, pero su originalidad es menor. Después de todo, Frigerio había construido una réplica de la matriz comunista que él mismo había conocido como responsable nacional de los estudiantes secundarios del PC.

La otra gran cantera natural dadora de cosmovisiones es, por definición, la Iglesia. Pero la jerarquía católica también había sufrido su crisis, y la capacidad de generar cuadros nuevos se encontraba limitada por la dispersión de las vocaciones, el crecimiento de las iglesias protestantes de distinto signo y la pérdida de legitimidad que padecía por su papel silencioso o cómplice durante la dictadura militar.

Con una organización basada más en la calidad y fidelidad de sus cuadros que en el número de sus militantes, originalmente receptora de figuras que habían llegado al peronismo desde una militancia trotskista, preocupada por el ejercicio de la política como puro esquema de poder, desde los años 60 la Guardia de Hierro conducida por Alejandro *El Gallego* Álvarez había crecido como formadora de dirigentes y, como una Compañía de Jesús laica, se había extinguido después. Sus cuadros se habían desperdigado. Deseosos de encontrar al líder nacional que sacara a la Argentina de la mediocridad de la existencia cotidiana, algunos de ellos se acercaron al almirante Emilio Eduardo Massera y su Partido de la Democracia Social, que debía terminar con las veleidades de la clase media porteña y reemplazarlas por una visión heroica de la vida. Otros dirigentes, la mayoría, fueron desperdigándose dentro del peronismo. Dejaron de formar una secta —una *orga*—, pero la mayoría siguió siendo fácilmente reconocible por un puñado de características:

- Despreciaban el personalismo.
- Buscaban papeles de segundo plano.
- Trataban de insertarse en estructuras orgánicas.
- Intentaban restaurar, en cualquier ámbito de la militancia o el Estado, una cosmovisión dentro de la cual integrar su tarea.
- Procuraban fijarse objetivos de máxima, a los que seguían llamando *estrategia*, y formas de alcanzarlos, que insistían en denominar *tácticas*.
- Dedicaban a la política el tiempo de un militante de izquierda y la energía de un sacerdote recién ordenado.
- Diseñaban permanentemente nuevos espacios de poder, que debían llevarlos, previo proceso de acumulación política, a otros espacios, en círculos concéntricos cada vez más amplios, hasta contar con una herramienta imbatible.

Flamarique era, en ese sentido, un *guardián*. En el gobierno no se dejaba tiempo libre salvo, en grageas, para la familia, las discusiones políticas o el ejercicio del backgammon por Internet, el único modo de dominar un insomnio crónico, que es la enfermedad inherente a los políticos quizás porque es inútil dormir si se puede usar las horas para el poder. De a ratos, Flamarique comenzaba una queja que haría más fuerte al dejar el gobierno.

—Está mal la clase política —decía—. Estamos mal.

Y completaba:

—No tenemos una estrategia para la nación.

Para el ex *guardián*, una estrategia suponía pensar la relación con

Brasil, con Chile y sobre todo con la Asociación de Libre Comercio de las Américas, el proyecto de ALCA que los Estados Unidos concretarían con el resto del continente, en teoría, en el 2005.

En la Argentina, en rigor, ese supuesto vacío de estrategia suelen llenarlo los *lobbistas* o los falsos influyentes, acostumbrados a nombrar el apellido Bush o los apellidos Gore o Clinton seguidos de anuncios sobre qué hará cada uno y qué le conviene a la Argentina, como si la Argentina integrara la lista de ingredientes con que se prepara el desayuno norteamericano.

Flamarique tenía una carta para cumplir con la asignatura pendiente. No lo sabía entonces —sólo podía intuirlo—, pero se enteraría el lunes siguiente a la crisis, el 9 de octubre. James Walsh, el embajador de los Estados Unidos, le enviaría la foto en la que ambos se saludaban, tomada en la recepción del 4 de julio del 2000. Ajeno a los hábitos diplomáticos, Flamarique averiguó si era habitual que, como gesto de cortesía, cada embajador enviara a sus seiscientos invitados una foto cuando además, como en este caso, no se trataba de viejos amigos sino de una relación que había comenzado ese día.

Le contestaron que no, y entonces guardó la foto aun con más cariño. Si era una cortesía, la demora resultaba inexplicable: ¿por qué Walsh había esperado que Flamarique saliera del gobierno? Más que una gentileza, era un símbolo político. ¿Washington quería decir, con el gesto de Walsh, que no lo consideraba corrupto? ¿O estaba significando que ponía en segundo plano el escándalo porque la reforma laboral estaba en primer lugar?

La posibilidad de decodificar cada pregunta en Washington, sin embargo, quedó trunca por propia decisión. Le costaría alejarse de su familia. Sus hijos eran grandes —dos de ellos viven en Mendoza, la hija mujer sigue una carrera en Buenos Aires— y su esposa, Cristina Zuccardi, es diputada nacional del Frepaso por Mendoza. Entonces, parecía una alternativa mejor aceptar la Secretaría General que le había ofrecido De la Rúa.

También en este punto tanto De la Rúa como Antonio, y el propio Flamarique, incurrieron en un insólito error de cálculo.

Es verdad que Chacho había dado el OK para la designación de su antiguo operador de máxima confianza. Pero ninguno de los tres, empezando por el Presidente, supo leer la situación completa más allá de las palabras. Un "sí" de Álvarez, dicho al pasar, como una respuesta de compromiso, les había parecido más efectivo que un cuadro inclinado, sin duda, hacia otro lado.

El vicepresidente se sentía en medio de un cerco.

Estaba convencido de que el gobierno había sido, cuanto menos, poco solidario ante el intento de desequilibrarlo partiendo de su vida personal.

Había dicho a Flamarique que debía renunciar.

Le había expresado lo mismo a De la Rúa y Storani.

Estaba herido porque no había obtenido ni la huida de Fernando de Santibañes ni la retirada de José Genoud.

Era claro que se sentía a disgusto dentro del gobierno.

Sonaba más que evidente su molestia por la escasa decisión de liderazgo de De la Rúa en la cuestión del Senado.

El Presidente erró. Flamarique, ya, no podía quedarse en la Casa Rosada salvo como parte de una provocación hacia Álvarez. Su reconocida capacidad de negociación estaba seriamente dañada por la erosión pública que había sufrido por no haber dejado a tiempo un puesto de gran exposición.

Antonio erró, aunque su responsabilidad dista de ser la mayor: su vida no es la política. En el segundo semestre del 2000, todos los funcionarios del gobierno le atribuían, aún, grandes condiciones como comunicador.

—Tiene gran habilidad para diseñar estrategias publicitarias, capta rápidamente el trazo grueso de una situación política y es el único capaz de moldear al padre y darle cierta frescura —decía un anónimo, por vocación propia, interlocutor de la administración delarruista.

Pero funcionarios de primero y segundo nivel estaban de acuerdo, al mismo tiempo, en que Antonio carecía de sutileza política y del hábito de medir las reacciones del adversario, en este caso de Álvarez. Podía ser notablemente perspicaz para posicionar un producto —y tenía un dominio innato del marketing— pero le costaba pararse ante un tablero y concebir escenarios.

Su propia historia con Shakira revelaba falta de sensibilidad.

Cuando el romance puso en peligro la imagen austera de los De la Rúa, Antonio respondió con el mismo argumento que terminaría usando su padre: el amor es el amor. En ningún momento se dio cuenta de que sólo los pacatos pensarían que podía ser problemático un chico de veintipico seduciendo a una de las cantantes latinas más populares del continente. El problema no era entrar en Shakira. Era salir del gobierno y volver. Más aún: era dejar sin una delimitación clara las fronteras entre lo público y lo privado, entre lo estatal y lo empresario, entre el Presidente y el Viejo. En política, se puede entrar y se puede salir. Lo que termina generando rechazo es el movimiento perpetuo de entrar y salir, entrar y salir, entrar y salir, en una oscilación donde ningún plano termina siendo diáfano e incluso un gesto de colaboración familiar puede ser tomado como la diversión frívola de un nuevo miembro del jet set.

La indefinición profesional de Antonio sumó otra dosis de incertidumbre a la imagen de un Presidente que necesitaba nitidez.

Ante una *performance* tan pobre en política, no se le podía pedir al hijo mayor de De la Rúa claridad sobre el futuro inmediato de Flamarique.

En cuanto al propio Flamarique, había caído en un pecado inconcebible para un analista de su nivel: no había sido capaz de distanciarse de sí mismo como si se tratara de otra persona para examinar de manera realista el aislamiento político en que había quedado.

Ningún apoyo del Frepaso sería suficiente, si le faltaba el endoso de Chacho.

Su imagen no podría mejorar si seguía en la cima del gobierno, como un cartel a la vista de todos. En la Argentina la gente no cree en la Justicia, y además el magistrado Carlos Liporaci no tenía el prestigio suficiente si tras la investigación lo declaraba libre de culpa y limpio en su honor.

Su delarruización, si ésa era la perspectiva, estaba condenada a ser siempre vergonzante: evidenciarla permitiría a Chacho demostrar que efectivamente el Frepaso había perdido el Ministerio de Trabajo y no ganado la Secretaría General de la Presidencia.

El establishment comenzaba a cortejarlo pero Flamarique no era, todavía, uno de los suyos, y tal vez no lo sería nunca. Lo dejarían caer.

***

Chrystian Colombo no había llegado a los 50 años y venía precedido de un aura de funcionario hiperejecutivo. Como presidente del Banco Nación, desde comienzos del gobierno de De la Rúa había conseguido generarse una imagen de resolutividad en tiempo récord. Lo alababan los gobernadores, lo respetaba el resto de los ministros, no lo atacaban los miembros del equipo económico, lo conocían los banqueros.

Colombo había hecho carrera en el Banco Río y en el gobierno de Alfonsín, cuando revistó en el Banco Nacional de Desarrollo, ya era conocido porque entre un grupo de jóvenes funcionarios de clase media pura, él ya había podido comprarse una casa en la zona norte del Gran Buenos Aires con la que era capaz de impresionarlos.

En un sentido, Colombo es como Mario Brodersohn, el ex secretario de Hacienda de Alfonsín. Si De la Rúa, por ejemplo, sabe de dinero, él sabe de plata. Siempre estuvo acostumbrado a manejarla, a ofrecerla, a tratar con clientes de carne y hueso, a mandar y a organizar.

Ex compañero de Cathy, la codiciada hermana de Enrique Nosiglia, Colombo se molestaba, sin embargo, cuando escuchaba datos sobre su presunta dependencia de *Coti*. No se consideraba un político —no era un político profesional—, pero se veía en condiciones de descollar sin ayuda.

—No es como los radicales, ni como los De la Rúa ni como los economistas —lo describió un compañero de gabinete—. No es ninguna de las tres cosas. Siempre está vinculado a los problemas concretos y no da muchas vueltas con las teorías: no habla desde ahí. Eso es muy útil para el Presidente, porque Fernando no es un tipo práctico y con Colombo entabla conexiones con un mundo que él no conoce.

La impresión sobre el ascenso fulgurante de Colombo es que De la Rúa necesitaba un gerente y lo contrató. Era lo previsible en un jefe de Estado que explica sus dilaciones simplemente por una presunta diferencia de estilos con cualquier otro político y suele recriminar a los ministros cuando los ve en Olivos, haciendo vida de corte.

–¿Están de tertulia acá?

Colombo nunca le dio esa sensación a De la Rúa. Terminó de conquistar al Presidente cuando una tarde fue llamándolo cada diez minutos a medida que iba aumentando el número de computadoras que –estimaba– podrían financiarse en un plan especial de créditos específicos del Banco Nación.

–No es de los que economistas que hablan –se enternecía De la Rúa–. Es de los que hacen.

El secretario de Hacienda, Mario Vicens, conocía de primera mano esa característica. Colombo había resuelto con él un problema de giros dando gritos y puñetazos sobre la mesa.

Su papel de ejecutivo con presencia suficiente como para enfrentarse a los gritos, también, con los gobernadores peronistas, terminaría de arrojarlo al cariño presidencial cuando en noviembre cerró el acuerdo con las provincias para compartir el déficit y controlar el gasto social.

De la Rúa había conseguido su gerente.

***

Ricardo López Murphy quedaba en el gabinete como una pieza de recambio frente a una eventual evaporación de José Luis Machinea. De la Rúa confiaba en él desde que en 1982 Fernando de Santibañes se lo había presentado para que lo tomara como su economista de cabecera.

Radical de familia, su padre había sido jefe de la policía bonaerense en tiempos de Arturo Illia y después, bajo gobiernos militares, usaba ese antecedente para sacar de la comisaría a los chicos de la Coordinadora de la provincia que caían presos por pintar consignas antidictatoriales.

Militante universitario en La Plata, López Murphy había descollado en la década del 90 como economista jefe de la liberal Fundación de Investigaciones Económicas Latinoamericanas (FIEL). En los primeros meses del gobierno de Fernando de la Rúa le había tocado subirse a un tanque averiado. Un Ministerio de Defensa sin presupuesto para comandar a unas Fuerzas Armadas sin misión era el escenario menos atractivo que podía imaginarse, para peor en medio del ajuste fiscal perpetuo.

El resto de los ministros respetaba a López Murphy. Le admiraban su disciplina para no limar la base de sustentación de Machinea a pesar de que era un colega suyo y un profesional respetado por la corporación de los economistas. Y reverenciaban su espíritu de sacrificio para aceptar el Ministerio de Defensa. Creían, incluso, que era un buen ministro. Se equivocaban: de todos los miembros del gabinete, López Murphy fue el único que inventó un problema donde no lo había. A los demás puede reprochárseles que no vieron el crecimiento industrial y lo plancharon, o no imaginaron una política social creativa, o no convirtieron al empleo en una causa nacional. Pero todos podrán decir que la herencia recibida tenía muchas caras y que acercarse sólo a una de ellas era una elección necesaria aunque quedasen otros frentes desguarnecidos.

Excepto el recorte presupuestario, López Murphy no sufrió el mal que aquejaba a sus compañeros de trabajo. Lo fabricó. Su lógica se basó en una frase: "A estos muchachos hay que ayudarlos". Los muchachos son los oficiales de las Fuerzas Armadas y la ayuda sería pertinente porque los militares se subordinaron al poder civil y soportaron estoicos la penuria fiscal.

López Murphy implantó en Defensa una lógica de toma y daca, como si los militares fueran un sindicato más de empleados estatales y no un cuerpo que espera, sobre todo, órdenes.

La subordinación al Presidente fue cristalina con el teniente general Martín Balza en la jefatura del Estado Mayor del Ejército. Balza dijo en 1995 que el Ejército no tuvo ningún justificativo para torturar, robar y matar y comprendió lúcidamente que la única variante posible para el arma, si es que quería mejorar su prestigio social, era seguir en ese camino. El esquema funcionaba como una cuarentena en la que las Fuerzas Armadas parecían haber sido puestas por las violaciones a los derechos humanos y la interrupción de los procesos democráticos. Balza entendió que asumir la cuarentena no quitaba lustre sino que, al revés, lo añadía, porque la sociedad podría ir perdiendo los resquemores frente a unos militares que ni siquiera podían usar el uniforme en la calle.

El sucesor de Balza, Ricardo Brinzoni, abanderado de la promoción del Colegio Militar donde Adalberto Rodríguez Giavarini fue el escolta, dio por terminado el tiempo de la cuarentena. Quiso instaurar la fórmula de la *verdad completa*, un modo de oponerse a la legitimidad de los juicios de la verdad que buscaban averiguar información sobre los desaparecidos aunque estuviera obturado el camino de la persecución penal.

López Murphy primero dio aire a las Fuerzas Armadas y después directamente las alentó en este papel de *lobbistas* independientes del poder civil. A principios del 2000, Brinzoni y Joaquín Stella, el jefe de la Armada, visitaron el Senado no para discutir técnicamente de la defensa sino para interceder por oficiales que habían sido puestos en observación por dirigentes de derechos humanos y legisladores. Brinzoni señalaría después ante diputados del oficialismo y de la oposición su agradecimiento a Chacho, que como presidente del Senado permitió esas visitas. Era cierto. Álvarez tampoco se había dado cuenta de que la cuarentena debía seguir en un país aún desgarrado por un intolerable dosaje de sangre y fuego.

La regresión de López Murphy al brindar independencia a los jefes de Estado Mayor fue comportarse como si hubiera negociado, cuando en rigor no lo había hecho ni tenía necesidad de hacerlo.

—Ricardo, es muy simple —le dijo una vez otro ministro con conocimiento del tema—: los militares tienen pensamiento binario. Vos los mandás y ellos obedecen.

—¿Y si uno no los manda? —preguntó un testigo de la conversación.

—Ah, entonces mandan ellos, porque cuando los militares no reciben órdenes hacen política todo el día.

Brinzoni pidió planes Trabajar. Dio su concepto propio de la verdad. Envió al general Eduardo Alfonso, secretario general del arma, a interesarse por la suerte del general Luciano Benjamín Menéndez cuando el antiguo Señor de la Vida y de la Muerte había sido detenido en Córdoba por el robo de bebés en cautiverio. La explicación fue que el interés era sólo humanitario.

Y propuso una mesa de diálogo que presentó como parecida a la de Chile aunque era fácil advertir sus diferencias. Brinzoni quería que la Iglesia católica fuera la convocante. En Chile no lo había sido aunque su prestigio democrático era mayor que en la Argentina. El general buscaba integrar a los organismos derechos humanos, como en Chile. Pero en la Argentina los organismos no querían sumarse a ninguna mesa porque veían abierta la senda de los juicios de la verdad. En Chile los integrantes de la mesa —religiosos, abogados humanitarios, militares, personalidades independientes— no garantizaban la impunidad a nadie. Sólo su silencio cuando una persona aportase datos, y el compromiso de llevar esos datos a la Justicia. La última diferencia era que los juicios de la verdad eran parte de un compromiso del Estado argentino con la Organización de los Estados Americanos, y hasta López Murphy debía saber que el gobierno no estaba en condiciones de agregarse un problema al que ya tenía de los presos de La Tablada, a los que debía garantizar el derecho de apelación por indicación de la OEA.

El ministro de Defensa cometió un error más durante sus primeros meses de gestión: no dio ninguna instrucción precisa al fiscal del Consejo Supremo de las Fuerzas Armadas, un organismo cuya relación con la Justicia era tan clara, para el juez Adolfo Bagnasco, como la del tribunal de disciplina de la Asociación del Fútbol Argentino. Por esa falta de instrucciones un ente administrativo, y no independiente, como el Consejo, terminó dictaminando que debía reemplazar a la Justicia civil en la investigación del paradero de los chicos apropiados a sus padres legítimos.

La pregunta, a fines del 2000, era ésta: ¿López Murphy aplicaría alguna vez en el Palacio de Hacienda su rigidez como ministro de Defensa?

Esa pregunta no era, por cierto, la que desvelaba a Chacho la noche del 5 de octubre en su despacho de la Casa Rosada.

Muy temprano para sus hábitos, a las nueve y media de la noche, dijo:

—No voy a hablar, porque si no, tengo que poner una mano.

Y ordenó:

—Vamos, que hay que pensar con tranquilidad qué nos conviene hacer.

Cuando abrió la puerta de su departamento, Liliana ya había llegado.

Una multitud espera a Chacho en la puerta del hotel Castelar. Entre todos, Álvarez destaca a su hermano Fernando, ejecutivo de la Coca-Cola. Se abrazan. Álvarez tiene la certeza de que en el Castelar está toda la gente cuya opinión puede resultarle importante. Se siente tranquilo. "Esto quiere decir que mi decisión es justa", piensa. Sabe que una decisión tan fuerte como renunciar a la vicepresidencia nunca tiene un acompañamiento homogéneo, y despierta controversias sobre todo entre dirigentes políticos, pero le parece notar en cada saludo no sólo un gesto de solidaridad personal sino un grado fuerte de adhesión.

Llegan sus hijos, Dolores, María y Lucía. Ramiro llamó desde Posadas, donde está trabajando. Paula acompaña a Liliana. Ninguno le manifiesta temor sobre qué pasará con ellos. Chacho refuerza su idea de que la renuncia tiene un rasgo insólito, abrupto, por haber sido definida en tan poco tiempo, pero a la vez está en la línea previsible de los acontecimientos. Sin duda el proceso fue más veloz que el del '89, cuando se formó el Grupo de los Ocho dentro del bloque justicialista. Aquel fue un desarrollo largo, con un detonante el día del indulto de Menem a los ex comandantes, pero ninguno de los diputados que se desgajaron del justicialismo es capaz de recordar una fecha, una reunión que valga más que otras.

¿Qué sentirá toda esta gente? Chacho se dice que no es alegría el sentimiento predominante. Y lo asombra la falta de asombro. ¿Cómo puede ser que algo tan excepcional como renunciar a la vicepresidencia sea recibido como una decisión lógica? Tampoco nota intranquilidad personal de nadie por su suerte, ni inquietud política por la suerte del Frepaso. La verdad es que la conmoción resulta tan colosal que tapa cualquier otro estado de ánimo.

***

En el Castelar, Nilda Garré se encuentra con el resto de los dirigentes del Frepaso. Están preocupados por la Alianza, pero destacan la renuncia como un gesto honesto y limpio.

—Podemos creer un poco otra vez en la política —les dice.

Está convencida de que es una decisión que implica desprendimiento.

—No es el ataque de un histérico —sentencia—. Tampoco un renunciamiento romántico. Puede servir para que reflexionemos sobre el sistema político en lugar de deslegitimarlo insultándolo.

Para la diputada, está claro que Leandro Alem o Lisandro de la Torre no se suicidaron por depresivos, sino porque tenían algo que señalar. Piensa que Álvarez, como ellos, expuso que el Senado era una institución en estado terminal, y que si no se depuraba corría el riesgo de herir al resto del sistema republicano.

Lo ve a Chacho por primera vez en todo el día.

—He vuelto a sentirme con ganas de hacer política —susurra Nilda mientras se abrazan.

No nota que Chacho esté contento. Tampoco ella lo está. Percibe la tristeza que emana de un nuevo fracaso de la política. Se acuerda de lo que pensó en 1976, cuando era diputada peronista y el golpe de Estado se aproximaba inexorable: "Si faltando tan pocos meses para las elecciones van a dar el golpe, es que realmente lo quieren dar, con voluntad, y están dispuestos a venir para quedarse". Para ella, decididamente, la crisis del Senado no es una casualidad.

***

En la Casa de Gobierno, el clima de nervios afecta a todos y derrumba barreras. Del cuchicheo habitual se pasa a la irritación abierta. Cristina Zuccardi, diputada por el Frepaso y esposa de Flamarique, grita a quien quiera escucharla:

—¿Por qué tiene que renunciar mi marido y no este otro que está acá?

"Este otro" es Fernando de Santibañes, el jefe de la Secretaría de Inteligen-

cia del Estado que no ha renunciado ni fue removido por De la Rúa a las 19.18 del viernes 6 de octubre, el momento en que Chacho lee su renuncia por televisión.

Álvarez se prepara para el discurso en la habitación 202 del Castelar. La cama recién hecha con la colcha estilo Liberty haciendo juego con los sillones individuales, un helecho junto al televisor, el escritorio de madera lustrada donde se puede instalar la notebook para dar los últimos toques al discurso, las flores en la mesita de luz, las cortinas anudadas por la mitad dándole color a un voîle blanco, una mesa redonda con dos sillas y el café en vajilla blanca. Pero no hay tiempo de usar nada. Chacho mira distraídamente el reloj. Las 19.15. Están atrasados.

—¿Bajamos?

***

El salón del primer piso rebalsa. Al fondo del gran espacio, que el hotel dispuso como un lugar único, sin las subdivisiones habituales, ya está instalada la tarima. Delante de un telón rojo de género espeso, algo parecido a un púlpito de madera. Álvarez sube a la tarima. Luce serio. Pone la versión definitiva del discurso sobre la tribuna. Liliana Chiernajowsky —campera beige y vestido marrón— se para a su lado. Parece desgarrada.

"Olé, olé, olé, olé / Chacho, Chacho..."

Las 19.18. Sin leer, Álvarez agradece a los que fueron a su casa. Después empieza: "Presento mi renuncia indeclinable al cargo de vicepresidente de la Nación". Los primeros aplausos. Retoma el argumento de que así tendrá más libertad para decir lo que siente y lo que piensa, tal como se había defendido ante Alessandro, y señala que no quiere perjudicar al Presidente. Escucha los silbidos. Continúa. Afirma que seguirá comprometido con la Alianza y con el gobierno, al que llama "nuestro". "He sido y soy leal al Presidente, y esto tiene que ir de la mano con la lealtad a mis convicciones, a la de mi fuerza política, y los compromisos con la ciudadanía que nos votó." Otra vez el "olé, olé, olé...". De nuevo los aplausos. Álvarez no quiere convertir el discurso en un acto de campaña. "Les pido por favor...", dice, levantando la mano derecha, y no completa la frase. No hace falta. Se entiende que no quiere interrupciones. Habla unos minutos de corrido. Su renuncia no debe ser tomada como una pulseada por el poder.

Siempre tuvo muy presente que las expectativas de nuestro pueblo —por una vez, no dice "gente" ni "sociedad"— se centran en la figura del Presidente. Es un reconocimiento, pero también el modo de plantear lo que sigue, el desacuerdo sobre la forma en que había que encarar la crisis de las coimas. "También sé que el cargo de vicepresidente no permite mayores desacuerdos en un tema tan sensible como el de los sobornos en el Senado." Después, un toque de Evita. "Y no renuncio a luchar, renuncio al cargo con el que me ha honrado la ciudadanía". La historia del Frepaso, "una fuerza nueva para, entre otras cosas, cambiar la forma de hacer política en este país". Y el golpe: "Parece paradójico y a la vez resulta cada vez más chocante. Cuanto más avanzan la pobreza, la desocupación, el escepticismo y la apatía, desde no pocos lugares se responde con dinero negro, compra y venta de leyes, más pragmatismo —dice elevando la voz, mientras vuelven los aplausos— y más protagonismo para quienes operan en la política como si fuera un negocio para pocos". "Y pegue, y pegue / y pegue Chacho pegue." Sin nombrarlo, Álvarez sigue escalando contra De la Rúa. "Esta realidad no acepta medias tintas. No se puede tratar el cáncer con aspirinas, ni alcanzan los discursos que remiten a la acción de una Justicia donde muchos de los que deben investigar los actos de corrupción difícilmente podrían soportar una investigación a fondo sobre su patrimonio." Más aplausos. Viene una estocada doble, contra el Senado y contra funcionarios del Poder Ejecutivo. Lejos de renunciar quienes tenían que hacerlo, "se han atornillado a las bancas y a los cargos, y ahora seguramente se amparan, como ya lo señalaron políticamente algunos, en las decisiones del Presidente para decir que nada ha pasado". Se frota la zona izquierda de la nariz con el índice derecho. Mira el texto. Continúa. "Respeto las determinaciones del Presidente. Sin embargo, no puedo acompañarlas pasivamente o en silencio, porque son contradictorias con las decisiones que vengo reclamando en el Senado de la Nación. Sigo teniendo la convicción de que hacer gestos políticos fuertes es lo que está esperando la sociedad para resolver la crisis política." Una pausa, y la promesa final. "Voy a seguir trabajando sin descanso por los valores y contenidos que fundaron la Alianza, porque constituye esta garantía de cumplir con el contrato social y ético que establecimos con la mayoría de nuestro pueblo, el 24 de octubre de 1999. Muchas gracias." Vuelven los aplausos, pero Chacho todavía no terminó. Sin leer,

240

retoma un texto que había incluido en la versión original, pero que había prometido a sus colaboradores no difundir porque tenía un tono demasiado duro. "Voy a seguir defendiendo la Alianza, para que la Alianza siga siendo el instrumento que pueda mejorarles la vida a los argentinos, que eso es lo importante. Todo lo demás es anécdota. Lo importante es que cumplamos lo que le dijimos a la gente, que mejoremos su vida, su nivel de ingresos, su dignidad, su participación. Y siempre he creído que, para lograr estas condiciones, teníamos que tener otra política. Me da mucha vergüenza que un joven de 16, 17 o 18 años sienta que la política sea similar al delito, sienta que los que hacemos política, y los que tenemos cargos, los tenemos para incrementar nuestro patrimonio. Me da mucha vergüenza que se sigan promocionando figuras que son las responsables de que la gente asocie la política al delito. No lo vamos a permitir. Y vamos a seguir luchando para cambiar esta situación. Muchas gracias."

Son las 19.29. Chacho se besa con Liliana y quedan abrazados. Su mujer le pasa la mano derecha por la nuca. Chacho le acaricia la mejilla y ella toma, con la izquierda, la muñeca de la mano que la está acariciando. Álvarez se queda cerca de la bandera argentina, en un rincón de la tarima. Todos se acercan y lo abrazan. Desfilan Aníbal Ibarra, Graciela Fernández Meijide. Está Alicia Castro, muy efusiva. Lucía, flaca y alta, de pulóver verde, casi se le cuelga del cuello. Y Norberto La Porta, Nilda Garré, Marcela Bordenave, Juan Pablo Cafiero, Enrique Martínez, Darío Alessandro, Marta Cichero, Eduardo Jozami, Pedro Del Piero, Silvia Sapag...

En Telefé, el analista Rosendo Fraga señala tres puntos:

- "Este discurso es la ruptura de la Alianza."
- "Las crisis en política escalan por errores de cálculo."
- "El Álvarez en la plenitud es el que acabamos de ver."

Después hace un vaticinio que no se cumplirá: "Ahora hay que esperar el discurso de Fernando de la Rúa; sin duda será una respuesta política a Álvarez".

A las 21.30, el Presidente aparece ante la pantalla. Luce pálido y demacrado y es difícil creerle el índice que cruza el televisor de izquierda a de-

241

recha y de abajo a arriba y la mano sacudiéndose con énfasis para marcar una frase. Y, sobre todo, es difícil creerle la frase. Fernando de la Rúa la dice buscando sonar convencido. Se pone más serio aún, mira directo a la cámara con sus cejas marcadas y corre el telón sobre la increíble historia de su ruptura con Chacho, las coimas en el Senado y el estallido en la Alianza. Dice: "Aquí no hay crisis".

EPÍLOGO
¿Y AHORA?

¿Qué quiere Chacho? ¿Hizo mal en renunciar? ¿Está arrepentido? Después de su renuncia, Carlos Álvarez se convirtió en el mayor misterio de la historia política de los últimos años. Y ya no era sólo Fernando de la Rúa la única persona intrigada por la decisión de su ex vicepresidente. La pregunta por las intenciones y los planes se popularizaron hasta golpear con la regularidad y la constancia de un martillo neumático.

Chacho se encerró en su oficina de la Casa del Frente, una hermosa construcción en Callao, entre Bartolomé Mitre y Perón. Es una zona evocativa para un político. Muy cerca están las ruinas de lo que fue la confitería Del Molino, donde se tejió el embrión de la futura Alianza. Más allá, el Congreso, donde Álvarez construyó su popularidad como diputado durante los diez años de Carlos Menem. El mismo lugar donde después quiso poner a prueba, ya como presidente del Senado, si funcionaba una parte del contrato electoral de la Alianza, la que vinculaba a los votantes con las promesas de transparencia.

En su oficina de cuatro por cuatro, de paredes peladas, sólo sobresale una biblioteca y, en un estante, la foto en sepia de la primera reunión entre Ricardo Balbín y Juan Perón, en 1973. No hay placas ni diplomas. Sus certificados de diputado y de vicepresidente ya están enmarcados y cuelgan afuera, en el pasillo. Adentro, un perchero aloja siempre el saco azul oscuro que se ha convertido en el uniforme de Álvarez. Al costado del escritorio hay una caja con libros que Chacho ha comprado para dictar unas conferencias sobre globalización y democracia. Ya subrayó un artículo de Jürgen Habermas en la *New Left*

Review y un trabajo del dirigente de la izquierda socialdemócrata alemana Oskar Lafontaine.

Hay días en que Álvarez está nervioso. Sus visitantes se dan cuenta porque camina con el cigarrillo en la mano izquierda y el vasodilatador para el asma en la derecha. El asma es una amenaza permanente, imposible de solucionar con la indiferencia. Cuando se hace más aguda, Álvarez luce tenso, duro, casi como el día del cambio de gabinete.

Desde octubre, muchos de los protagonistas ya no están en su lugar. Cuando la Alianza cumple un año en el gobierno, el 10 de diciembre del 2000, queda claro que el poder desgasta a quien no lo tiene.

Fernando de Santibañes tuvo que dejar, al fin, la Secretaría de Inteligencia del Estado, donde fue reemplazado por Carlos Becerra, un radical alfonsinista que a su vez le dejó la Secretaría General a otro, José Horacio Jaunarena. De Santibañes no detenta ningún cargo. Repite a quien quiera escucharlo que prefiere los caballos a los políticos. Y ríe.

A medias entre Mendoza y Buenos Aires, Alberto Flamarique no encontró una ubicación nueva. Quiere hacer política, pero el Frepaso ya no es un destino para él.

José Genoud se apartó de la presidencia provisional del Senado y fue reemplazado por Mario Losada. El senador mendocino ya no anda por los pasillos del Congreso. Parece retraído.

Mario Pontaquarto no es más el secretario parlamentario. Arrastra su buen humor para presentarse como el fusible necesario entregado por el radicalismo en medio de la crisis. No es un sospechoso. Es un héroe.

Augusto Alasino no retomó la conducción del bloque, pero tampoco se resignó a vegetar. Organiza homenajes a la Justicia y se presenta como la encarnación en el Senado de Cristo y Sacco y Vanzetti, víctimas de la injusticia humana.

Juan Melgarejo renunció. Fue el único.

Emilio Cantarero todavía no tiene su monumento. Pero no hay que perder las esperanzas, todo llega en la vida.

Jorge Massat no llegó a renunciar a la banca. ¿Por qué hacerlo, si la gente parece haberse olvidado de las denuncias de su sobrina?

Los que denunciaron el sistema de gobernabilidad tarifada o se sumaron a las acusaciones de Álvarez han quedado radiados.

Silvia Sapag experimenta el rechazo de sus colegas. Algunos están abiertamente resentidos. Perdieron la posibilidad de cobrar un peaje para votar la ley de hidrocarburos.

A Antonio Cafiero ya no lo visitan como antes, para escuchar sus cuentos de político veterano.

Pedro Del Piero sigue con atención las seis causas abiertas sobre irregularidades en el Senado.

Al final, la Alianza no se ha roto, e incluso algunos miembros del Frepaso crecieron en su rol político.

Nilda Garré es viceministra del Interior con Federico Storani.

Marcos Makón, asesor de Chacho, coordina la Jefatura de Gabinete con Chrystian Colombo.

Darío Alessandro continúa como jefe del bloque de diputados de la Alianza. A los 48 años, casi 49, se convirtió en una de las figuras más respetadas de la Alianza. Su papel no es fácil. Los socialistas ya abandonaron el bloque y un grupo de diputados del Frepaso de extracción sindical puede imitarlos en cualquier momento. Pero Alessandro, que conoce a Chacho desde hace 27 años, cuando en 1973 él era presidente del Centro de Estudiantes de Filosofía y Letras por la Juventud Universitaria Peronista y Álvarez militaba en su barrio, ha ganado capital de confrontación con el propio De la Rúa. Puede criticar directamente la debilidad política del gobierno porque nadie como él en el Frepaso trabajó por la continuidad de la Alianza. Puede pelear junto con José Vitar por más gastos sociales en el presupuesto para el 2001 porque antes ha callado en público y sólo discutió en privado. Detrás de él se alinea la mayoría de los diputados frepasistas, pero también los radicales como Mario Negri, Jesús Rodríguez y Horacio Pernasetti: en la Cámara de Diputados, la alianza entre ellos contra el menemismo fue el precedente de la Alianza.

Alessandro también puede tomarse ciertas libertades que lo alejarán de la úlcera. Puede decir ya, en público, que reconoce la capacidad de Álvarez pero no estuvo de acuerdo con su renuncia. Se lo dijo en la mañana del 6 de octubre. Chacho debe reconocerle la frontalidad y, sobre todo, su papel de negociador paciente durante el divorcio y después del divorcio, mientras Álvarez y De la Rúa se acomodan al nuevo estatus.

Ciclotímico, Chacho vive sometido al tironeo de la realidad y al que generó su propia renuncia.

Evita hablar mal de De la Rúa después de haberse descargado con Andy Kusnetzoff en el programa *Maldito Lunes*.

—Cuando terminó el juramento de los nuevos ministros, ¿dijiste "se van todos a la con..."?

—Sí, sí, dije eso.

—¿Lo querés a Fernando?

—Nunca confundo la política con el amor. No tengo relaciones carnales con ninguno.

—¿De la Rúa tiene carisma?

—Fernando no tiene buen carisma, tiene prestigio, pero la sociedad venía del ultracarisma de Menem.

—¿Y era aburrido?

—Uy, es una de las personas más aburridas que conocí. Transité no sé cuántas horas de avión en la campaña. Con Fernando tenés que aprender animación.

Álvarez no volvió a hablar así del Presidente, pero ante sus colaboradores se muestra fastidiado con él. La imagen que proyecta De la Rúa en la Casa del Frente no es distinta de la que percibe buena parte de los argentinos: un presidente débil, sin capacidad de entusiasmar, jaqueado por los mercados o temeroso de herirlos, que carece de un proyecto atractivo y convocante, preocupado por durar.

Cuando se pone autocrítico, Chacho recurre a su mejor sonrisa y dice cosas como ésta:

—Qué gobierno que hemos hecho, ¿eh?

Cualquiera podría imaginarlo perplejo como los votantes de la Alianza, que no encuentran en la gestión del primer año verdaderos elementos de satisfacción. Chacho, igual, se cuida. No mucho, pero se cuida. Alerta a sus diputados contra las simplificaciones:

—No entren en que yo soy el culpable de todo. Ahora resulta que todos me votaron a mí, y no a De la Rúa...

Está aterrado ante la mera posibilidad de que la crisis económica se profundice —la realidad, conviene recordarlo, es infinitamente empeorable— y no quiere quedar como el responsable de haberla generado. Procura eludir la bolilla negra de los mercados y el veto de la gente. Su futuro, como siempre, está abierto. No es un ajedrecista ni un estratega, y tampoco acostumbra realizar pequeñas jugadas que, por acumulación, terminen creando un nuevo escenario. Los escenarios, para Chacho, son gigantes y novedosos o no existen. Más que por jugadas de ajedrez, Álvarez se mueve trazando una serie de permanentes huidas hacia adelante. "Qué va a hacer, hoy por hoy, ni él mismo lo sabe", escribió el día de su renuncia el periodista Mario Wainfeld, quien fue atisbando el desenlace de la crisis con notable exactitud. "Pero sí es seguro que —a diferencia de la mayoría de sus colegas— teme mucho menos a comer anchoas en el desierto que a caminar por la calle sin que la gente le diga 'Dale Chacho'."

Su problema, luego de la renuncia, es que el "Dale Chacho" empezó a mezclar mensajes, oscilante entre el "Dale Chacho" de los que seguían emocionados por su gesto y el "Dale Chacho" de quienes pedían un mayor compromiso con el gobierno, entre el "Dale Chacho" de los que reclamaban una ruptura de la Alianza y el "Dale Chacho", mayoritario, de los que buscaban una fórmula de continuidad de la Alianza con un Álvarez peleando espacios, ideas y proyectos.

La gran disyuntiva de Álvarez era —es— la economía. Ya dio por cerrada la etapa Machinea, aunque estima personalmente al ministro, pero carece de un plan alternativo y sufre porque el Frepaso no tiene un economista-estrella. Y él, un personalista como pocos, no concibe nada sin un personaje fuerte que encarne una idea en un nombre y un apellido. No lo seducen un nombre y dos apellidos, los de Ricardo López Murphy. Lo ve demasiado ortodoxo. ¿Y Domingo Cavallo? Chacho tiene una antigua afinidad con él. Cuando era diputado, Álvarez desconfiaba de los que se acercaban con propuestas extrañas.

—Tengo un tipo que ayuda a los políticos, nunca te va a pedir nada —decían hablando de Alfredo Yabrán, el enemigo de Cavallo.

Cuando Cavallo aún era ministro de Economía de Carlos Menem y denunciaba a Yabrán en el programa de Mariano Grondona, Chacho vio que había un espacio de conveniencia mutua y lo llamó.

—Lo vi ayer en lo de Grondona. Tenemos antecedentes. El diputado Franco Caviglia ya había denunciado este tema y queremos conversar. Como usted adentro del gobierno no va a poder hacer nada porque hay mafias comprometidas, queremos ayudar y colaborar.

—Vénganse a las cinco y media por el Ministerio —respondió Cavallo. Álvarez fue con Graciela Fernández Meijide y José Vitar. Al salir, Cavallo cambió de tema y les dijo una frase que siempre recordarían:

—Por favor, no hablen más de los fondos reservados, porque ésa es la plata que hay para sacar las leyes.

Con Cavallo, a Chacho le sobreviene el deslumbramiento por los grandes escenarios, los que cambian de un golpe la política tal como se conocía hasta ese momento. Pueden adivinarse sus sentimientos encontrados. La racionalidad le dice que Cavallo en el gobierno es una opción inviable. La intuición le indica que, por la presión de los operadores financieros y la propia inutilidad de la Alianza, esa opción puede ser inexorable como una ley de la naturaleza. Es posible que Álvarez nunca tome la iniciativa de incorporar a Cavallo al gobierno. Ésa es su racionalidad. Pero es muy posible que si la crisis empuja hacia esa salida que parece increíble, casi humillante, porque significa la admisión de que la Alianza no pudo cambiar el país de Menem, Chacho no se resista. Ésa es su intuición.

Su estómago, el mismo estómago que le indicó, el viernes 6 de octubre, que no debía tolerar más la convivencia con los senadores del peaje, lo obligaba el 10 de diciembre, cuando debía estar festejando en el balcón de la Casa Rosada el primer año de la Alianza en el gobierno, a no romper la coalición.

Así funciona el político que sacudió —tal vez con demasiada violencia— la modorra de la Argentina. Pero ¿hizo bien? A continuación, sin vueltas, la respuesta a ésa y a otras preguntas. Éstas son, lector, las conclusiones del autor:

1. Chacho hizo bien en investigar y mal en renunciar. Debió haber aumentado la intensidad de la pelea contra la corrupción en el Senado; debió haber peleado y ofrecido una batalla abierta dentro de la Alianza. De la Rúa no podía expulsarlo del gobierno y su actitud hubiera fortalecido a la Alianza. Pero, a la encerrona en que fue confinándolo la inacción de las máximas autoridades de la Casa Rosada, el jefe del Frepaso sumó una profecía autocumplida: terminó construyendo él también las rejas de las que, después, buscaría escapar.

2. De la Rúa no se empeñó a fondo en la investigación de las coimas del Senado. Frenó al síndico general Rafael Bielsa para que no perjudicara a Fernando de Santibañes, no lo alentó a que siguiera pesquisando, desconfió de la Oficina Anticorrupción y en lugar de coordinar con Chacho una política común pensó que las denuncias y el hiperprotagonismo del vice opacaban su poder.

3. De la Rúa se equivocó al judicializar la política y no frenar la politización de la Justicia.

4. El gobierno pudo crear, y no lo hizo, un cuerpo especial de fiscales y peritos para investigar el patrimonio de los senadores.

5. Una vez que Álvarez dejó el gobierno, De la Rúa no avanzó políticamente en la depuración del Senado. Sin Chacho espoleándolo, se abandonó y no presionó para generarles costos políticos a los senadores sospechados.

6. Chacho vaciló en el manejo del Senado. Primero no atacó a fondo y recién más tarde aceleró. Pero eso no le quita méritos: en política la transparencia no la garantizan los puros sino los que, por convicción o por interés, recogen las oportunidades para sintonizar con las preocupaciones de la sociedad.

7. Chacho se equivocó al no rechazar explícitamente el gabinete.

8. De la Rúa erró al creer que la falta de un rechazo explícito significaba una aprobación.

9. El Presidente cometió un error de cálculo al cambiar el gabinete. No sólo pensó que Chacho no se iría. Estimó que su ida no lo perjudicaría. La jugada fue perjudicial para el país, para la Alianza, para Álvarez y para él mismo.

10. Salvo algunas excepciones, el Frepaso terminó pareciéndose a Expedición Robinson, estimulado por los movimientos de Álvarez. Aunque son pocos, la crítica es despiadada y se someten a un proceso de selección natural que envidiaría Darwin.

11. El radicalismo como partido no se tomó en serio la transparencia como parte del contrato electoral. Actuó morosamente en el Senado.

12. De la Rúa perdió una gran oportunidad de liderazgo político al encabezar el proceso de transparencia. La tenía más a mano que la solución económica.

13. El gobierno puede haber cometido un pecado original: planchó el ciclo económico ascendente de la industria.

14. Los votantes de la Alianza no tenían grandes ilusiones, pero tampoco esperaban perder tan rápido sus pocas esperanzas, frustrados no ante las dificultades sino ante el magro entusiasmo que generaba el gobierno.

15. Varias maniobras convergentes coincidieron en un punto: aprovecharon que el eslabón débil de Álvarez era su temor a que complicaran su vida privada para desestructurarlo.

16. Parte de esa maniobra la urdió la cúpula de la SIDE.

17. En lugar de pelear articuladamente para cambiar la SIDE, Álvarez se quedó en una defensa personal.

18. Chacho desestimó la información que le acercaron en el sentido de que Nicoletti podría haber participado en recabar detalles para la intoxicación publicitaria que sufrió la opinión pública. No exploró detalladamente el papel de las segundas líneas de la Secretaría.

19. Habló con el embajador norteamericano James Walsh sobre Daniel Hadad, magnificando el papel de la revista que había calificado a los inmigrantes de "invasión silenciosa", sin darse cuenta de que ambos tenían un tema en común que no era ése: la desconfianza hacia las operaciones de la SIDE en política interna y la interceptación ilegal de teléfonos.

20. O Chacho y De la Rúa sobrevaloraron *La Primera*, o, lo que es más grave, tomaron sus notas como un indicador de otra realidad: que el gobierno plantaba allí sus operaciones internas sucias.

21. El solo hecho de dar por cierta esa realidad instauró una desconfianza imposible de saldar.

22. Fernando de Santibañes generó el recelo de los servicios de inteligencia extranjeros, y también su segundo, Darío Richarte.

23. Salvo en la decisión de reducir personal, aunque sería bueno que el Congreso supervisara quién se fue y quién quedó, el gobierno está involucionando en su manejo de la SIDE. Considera un profesional respetable a Eduardo Brousson, un oficial que fue despedido del Ministerio del Interior por espionaje interno. Su defensa (alegó que obedecía órdenes) lo acerca a la aberración de la obediencia debida para cumplir órdenes ilegales.

24. El vicepresidente se hastió de la convivencia con De la Rúa. Una noche después de la renuncia definió ante Nelson Castro lo que debe hacer un presidente (y se supone que De la Rúa no hacía): "Recoger las demandas de la sociedad, que son muchas veces difusas, y convertirlas en un mensaje claro para liderarla".

25. Frustrado por la falta de éxitos en la gestión del gobierno, escaló el conflicto con De la Rúa hasta que no pudo desandarlo.

26. Su renuncia fue un gesto ético valioso. Marcó un alto grado de desprendimiento y dio testimonio de la conversión del Senado en un sistema mafioso. El Senado quedó como la institución más penosa de la Argentina.

27. La renuncia fue un gesto político equivocado.

28. Álvarez tuvo el valor de acompañar a Silvia Sapag en la denuncia del convenio de Neuquén con Loma de la Lata.

29. Después fue incoherente cuando no criticó el acuerdo del gobierno con Repsol sobre Loma de la Lata.

30. De la Rúa demostró durante la crisis que exagera el valor estratégico de su familia.

31. El Presidente convirtió equivocadamente a su hijo Antonio en un operador político cuando es, en realidad, un decoroso estratega de *marketing* pero un político improvisado.

32. Chacho agitó temas, pero no organizó a la Alianza en torno de ellos. De la Rúa ni agitó ni organizó.

33. Los sectores progresistas de la Alianza demostraron su complejo de inferioridad frente a la política de seducción de los mercados.

34. El Presidente erró al no utilizar fusibles políticos que, al saltar, le permitieran preservar la instalación. Álvarez seguiría hoy en el gobierno y De la Rúa sería, paradójicamente, más fuerte.

35. Álvarez se equivocó al no plantear una política abierta hacia Flamarique.

36. Flamarique no debió haber seguido en el cargo contra la voluntad de Álvarez y con el solo apoyo del Presidente.

37. Ese esquema confirma que la Alianza es un proyecto aún incipiente, aunque será difícil profundizarla en medio de la crisis política. Y en cualquier momento puede pasar de proyecto incipiente a proyecto frustrado.

38. La reunión del Presidente con Carlos Menem fue negativa para la credibilidad de la coalición. Ningún peligro institucional justificaba ese acercamiento.

39. Ricardo López Murphy, uno de los probables sucesores de José Luis Machinea, es responsable del retroceso en la relación del poder político con las Fuerzas Armadas. Rearmó el partido militar, que había desaparecido.

40. El único gesto de autoridad y eficiencia del gobierno en diez meses fue la aprobación de la reforma laboral. Y quedó asociado a la sospecha de coimas que el Ejecutivo no se esforzó por esclarecer.

Dicen que cuando hay desencanto es porque la ilusión fue exagerada. Pero en diciembre de 1999 la ilusión era módica. Demasiado módica como para merecer un desencanto tan profundo como éste.

APÉNDICE

EL DISCURSO DE RENUNCIA*

En primer lugar quiero agradecerle mucho a la gente que hoy vino a nuestra casa, que no la pudimos saludar porque no quise, no quisimos que se confunda esto con un acto político, y quiero transmitirles los fundamentos de mi decisión. Presento mi renuncia indeclinable al cargo de vicepresidente de la Nación. Lo hago para poder decir con libertad lo que siento y lo que pienso. Y al mismo tiempo para no perjudicar al Presidente ni alterar la vida institucional. Sobre todo, en una etapa donde la mayoría de la gente, nuestra gente, sufre una situación difícil desde lo laboral y lo social, y la Argentina necesita confianza interna y externa para volver a crecer. Voy a seguir defendiendo el proyecto de la Alianza, y a nuestro gobierno. Voy a seguir bregando por las cosas que le prometimos a la gente el 24 de octubre del año pasado. Quiero con este gesto, con mi renuncia, alejar las interpretaciones internistas, o de lucha por el poder. He sido y soy leal al Presidente, y esto tiene que ir de la mano con la lealtad a mis convicciones, a la de mi fuerza política, y los compromisos con la ciudadanía que nos votó. De aquí que mi renuncia, les pido por favor, deben tomarla también como un acto de lealtad; no soy parte de ninguna pulseada por el poder, no me empuja ningún ánimo de debilitar la figura presidencial; siempre tuve presente, muy presente, que las expectativas de nuestro pueblo se centran en la figura de nues-

* Pronunciado por Carlos Álvarez el 6 de octubre de 2000, en el hotel Castelar.

253

tro Presidente. Así lo entendí desde que fui nominado en la fórmula, y así lo sigo y seguiré entendiendo, y también sé que el cargo de vicepresidente no permite mayores desacuerdos en un tema tan sensible como el de los sobornos en el Senado. Y no renuncio a luchar, renuncio al cargo con el que me ha honrado la ciudadanía, fundé una fuerza nueva para, entre otras cosas, cambiar la forma de hacer política en este país, en nuestro país; estoy convencido de que estamos ante una crisis terminal de hacer política, en la relación entre el poder político y el poder económico, y del vínculo entre la política y la gente. Lo vengo sosteniendo, no es de ahora, sino de más de diez años, cuando me fui del Partido Justicialista. Parece paradójico y a la vez resulta cada vez más chocante, cuando más avanza la pobreza, la desocupación, el escepticismo y la apatía, desde no pocos lugares se responde con dinero negro, compra y venta de leyes, más pragmatismo y más protagonismo para quienes operan en la política como si fuera un gran negocio para pocos. Esta realidad no acepta medias tintas, no se puede tratar el cáncer con aspirinas, ni alcanzan los discursos que remiten a la acción de una Justicia, y muchos de los que deben investigar los actos de corrupción difícilmente podrían soportar una investigación a fondo sobre su patrimonio, de aquí que esta situación debe enfrentarse con una enorme cuota de decisión: o se está con lo viejo, que debe morir, o se lucha por lo nuevo, que esta crisis debe ayudar a alumbrar. Atravesamos tres crisis los argentinos, la crisis político-social, la crisis moral y la crisis económica. Para combatir la primera he manifestado que los senadores que protagonizaron las decisiones de los últimos años del Senado debían renunciar; lejos de ello, han intentado la política del avestruz, se han atornillado a las bancas y a los cargos, y ahora seguramente se amparan, como ya lo señalaron políticamente algunos, en las decisiones del Presidente para decir que nada ha pasado. Confío en que mi renuncia contribuya a que tomen las decisiones que la sociedad y la gente espera, que se den cuenta de que deben hacer gestos, que aun en la decadencia nos acerque el nivel de dignidad que no tuvieron en el ejercicio de la función.

Nunca pretendí ocupar el lugar de la Justicia. No he culpado a nadie judicialmente, no es mi función. Eso sí: pedí gestos políticos contundentes, que den cuenta de lo que piensa, siente y demanda la mayoría de la gente. Muchos senadores creyeron que el conflicto se dirimía en términos personales; no quisieron darse cuenta de que su desprestigio es ante nuestros compatriotas. No se enfrentan conmigo, están enfrentados con la gente. Respeto las determinaciones del Presidente, sin embargo, no puedo acompañarlas pasivamente o en silencio, porque son contradictorias con las decisiones que vengo reclamando en el Senado de la Nación. Sigo teniendo la convicción de que hacer gestos políticos fuertes es lo que está esperando la sociedad para resolver la crisis política.

Por último, nadie debe entender que esta renuncia significa abandonar mis compromisos y responsabilidades. Voy a seguir trabajando sin descanso por los valores y contenidos que fundaron la Alianza. Porque constituye esta garantía de cumplir con el contrato social y ético que establecimos con la mayoría de nuestro pueblo, el 24 de octubre de 1999. Muchas gracias.

[A continuación, Álvarez dejó el texto escrito e improvisó lo que sigue:] Quiero decirles a todos mis compatriotas que no se necesita ser vicepresidente para luchar por una Argentina mejor. Para luchar por lo que hemos soñado, para luchar por lo que sentimos, le quiero decir a mucha gente, que me dijo o que me puede decir que no renuncie, que voy a seguir peleando por los mismos ideales que peleé en mi vida. Construir una Nación más autónoma, construir una sociedad más justa, más igualitaria; lo voy a hacer desde el llano. Con la misma voluntad, con la misma vocación, con la misma firmeza y el mismo compromiso que tuve en mi larga vida militante. Y que voy a seguir defendiendo la Alianza, para que la Alianza siga siendo el instrumento que pueda mejorarles la vida a los argentinos, que eso es lo importante, todo lo demás, es anécdota; lo importante es que cumplamos con lo que le dijimos a la gente, que mejoremos su vida, su nivel de ingreso, su dignidad, su participación. Y siempre he creído que, para lograr estas condiciones, teníamos que tener otra política. Me da mucha vergüenza que un joven de 16, 17, 18 años sienta que la política sea similar al delito, sienta que los que hacemos política, y los que tenemos cargos, los tenemos para incrementar nuestro patrimonio. Me da mucha vergüenza que se sigan promocionando figuras que son las responsables de que la gente asocie la política al delito. No lo vamos a permitir. Y vamos a seguir luchando para cambiar esta situación. Muchas gracias.

EL DISCURSO DE DE LA RÚA*

Compatriotas: el vicepresidente nos ha comunicado su renuncia. Es un hecho importante y quiero decirles a los argentinos que lo lamento. Pero también: no hay crisis ni problemas.

Hemos compartido muchas luchas juntos. Esta no. Soy el Presidente y debo seguir gobernando el país para cumplir el mandato del pueblo.

Agradezco el respaldo que me expresa en su renuncia, me acompañó en el gobierno en absoluta coincidencia, nos tocó la situación más difícil, déficit, desempleo y pobreza que dejó el anterior gobierno y fuimos juntos a enfrentarlos.

Hoy se aleja, cuento con que la Alianza se mantendrá unida y los funcionarios en sus cargos.

Asumí los desafíos del gobierno en tiempos difíciles para el país en que nos precisamos todos. El pueblo nos eligió y hay que cumplir hasta el fin los mandatos.

Represento a las instituciones, pero sobre todo, las esperanzas del pueblo que eligió este gobierno.

Repito: son tiempos difíciles para afrontarlos y pelear y voy a pelear hasta el final todas las batallas.

Él elige un nuevo puesto de lucha, yo seguiré gobernando para cumplir el mandato del pueblo, porque lo que importa es la gente, la gente que sufre y quiere trabajo, que se reactive la economía y que vayamos para adelante. Vivo y me desvelo por todos los argentinos.

* Pronunciado el 7 de octubre de 2000 en la Casa Rosada.

Para gobernar asumimos costos y decisiones difíciles. No hay que temer, hay que poner decisión y coraje.

Compatriotas: que quede claro que aquí todos estamos jugados contra la corrupción, combatiré la corrupción en todos los frentes, mi gobierno es de puertas abiertas y cuentas claras. Así lo mostramos y hemos actuado juntos para ese fin y frente a la desgracia del Senado lamento que el vicepresidente lo deje antes de conseguir su total depuración. Eso tiene que cambiar. En la lucha contra la corrupción no hay medias tintas. Quienes estamos comprometidos en esa batalla sabemos que la lucha es de todos los días, en todas las circunstancias y en todos los escenarios. El objetivo es aplastar la corrupción para que desaparezca de nuestra patria. Ése fue y es mi compromiso.

Garantizo las instituciones y estoy al frente del liderazgo moral de la Nación. A los corruptos hay que destruirlos y ejercer el poder con claridad en ese rubro.

En el día de ayer establecí las bases de un nuevo gobierno. Como Presidente organizo mi propio gobierno y lo he hecho buscando la máxima eficiencia, he reforzado el rumbo económico y el cambio social, he reorganizado la administración para ganar en eficacia y resultados concretos. Es mi potestad como Presidente, es mi responsabilidad diseñar el gobierno que garantice la mayor eficiencia.

La responsabilidad del gobierno está a cargo del Presidente de la Nación, de nadie más. Tengo la potestad y el deber de elegir a quienes me acompañen en la función. Y lo hago por su capacidad y fidelidad ética y su convicción para acompañar a hacer una nueva política.

Estoy con el cambio para terminar la crisis moral, económica y social que venía asolando a la Nación. He fijado un rumbo para sacar el país adelante. Ayer lo he confirmado y hoy lo vuelvo a hacer ratificando a cada uno de mis ministros y funcionarios, nadie me va a mover de mis convicciones. Tengo el gobierno necesario para conseguir el éxito y estoy en el camino que necesitamos para salir adelante.

Compatriotas: tengo una tarea que cumplir y voy a cumplirla hasta el final. El gobierno está en marcha y vamos hacia el futuro. Muchas gracias por escucharme.

DECLARACIONES DE BIENES*

Jorge Alfredo Agúndez

FECHA DE INGRESO A LA FUNCIÓN PÚBLICA: 10-12-95.

FAMILIA: Casado con Blanca Martha Cacace Presti (abogada), tres hijos.

INMUEBLES: 6 propiedades en la provincia de San Luis (120.000; 25.000; 20.000; 50.000; 40.000; 60.000).

VEHÍCULOS: Renault Megane RT 2.0 98 (21.000); Peugeot 405 SR 96 (13.000); Volkswagen Golf GTD 97 (15.000).

DEPÓSITOS: Cuenta corriente, saldo negativo: -440.

INGRESOS: Senador: 9332 mensuales; abogado: 20.000; locación: 7200-3648 mensuales.

Augusto José María Alasino (PJ, Entre Ríos)

INMUEBLES: 11 propiedades en Concordia, 1 departamento en Buenos Aires (849.297).

VEHÍCULOS: Ford F-100 93, Lancha Four, Fiat Uno (28.360).

OTROS BIENES: Ganado, bienes del hogar e implementos agrícolas, 119.771.

TÍTULOS O ACCIONES: 37.472.

DINERO EN EFECTIVO: 103.000.

OTROS INGRESOS: Ganancias anuales de actividades profesionales y agropecuarias, 101.693.

PATRIMONIO TOTAL: 1.137.900.

Juan Carlos Altuna (UCR, Chubut)

FECHA DE INGRESO A LA FUNCIÓN PÚBLICA: 10-12-98.

FAMILIA: Casado con Susana Netfer Delbes.

INMUEBLES: 1 casa en Pico Truncado (12.500); 1 campo en Cabo Blanco

---

* Fueron presentadas por los propios senadores en el 2000 y corresponden al ejercicio de 1999. Las cantidades están expresadas en pesos, salvo que se indique otra moneda.

(160.000); 4 propiedades en Comodoro Rivadavia (35.000; 200.000; 30.000; 180.000); 1 casa en Rada Tilly (250.000).

VEHÍCULOS: Fiat Tempra 96 (7000), y Ford Escort 98 (12.000).

DEPÓSITOS: 1430.

TÍTULOS Y ACCIONES: 62.000.

DINERO EN EFECTIVO: 1000.

INGRESOS: Senador: 4387; contador público: 48.000 anuales; locación de inmuebles: 13.560 anuales.

INGRESOS MENSUALES TOTALES: 9517.

PATRIMONIO TOTAL: 770.930.

EDUARDO CÉSAR ANGELOZ (UCR, Córdoba).

INMUEBLES: 1 propiedad en Capital Federal y 7 en Córdoba (505.000).

VEHÍCULOS: Pagliettini (Lancha), Renault TXE 92, Renault TXI 94, Peugeot 405 96 (37.000).

TÍTULOS: Acciones ordinarias: 253.695.

PATRIMONIO TOTAL: 795.695.

EDUARDO ARIEL ARNOLD

FECHA DE INGRESO A LA FUNCIÓN PÚBLICA: 10-12-98.

FAMILIA: Convive con Hilda Ortencia Hernández; un hijo.

INMUEBLES: 2 propiedades en Santa Cruz (32.500; 85.000); 1 en Chubut (75.000), y 1 en Capital Federal (73.000).

VEHÍCULOS: Jeep Cherokee Crysler 99 (40.000); Moto-agua Jeet-sky Yamaha 98 (6500); Cuatriciclo Yamaha 98 (2500).

DINERO EN EFECTIVO: 17.500.

DANIEL BAUM (PJ, Neuquén)

INMUEBLES: 1 propiedad en Capital Federal, y 2 en Neuquén (359.176).

VEHÍCULOS: Peugeot 405 GR 96 (13.500).

TÍTULOS: Acciones varias: 87.000.

OTROS INGRESOS: Como comerciante: 18.000 anuales.

PATRIMONIO TOTAL: 459.676.

EDUARDO BAUZÁ (PJ, Mendoza).

FECHA DE INGRESO A LA FUNCIÓN PÚBLICA: 10-12-87.

INMUEBLES: 12 propiedades (departamentos, casas y campos en Mendoza y La Serena, Chile) por un total de 785.850.

VEHÍCULOS: Renault Laguna 96 (22.500); Fiat Tempra 94 (9500); Mitsubishi Nativa 98 (47.400).

BIENES DEL HOGAR: 38.855.

DEPÓSITOS: 11.069.

TÍTULOS Y ACCIONES: 548.824.

DINERO EN EFECTIVO: 4830.

INGRESOS: Senador: 6162; alquileres: 30.000 anuales; intereses: 47.400 anuales.

INGRESOS MENSUALES: 12.612.

PATRIMONIO TOTAL: 1.468.828.

RICARDO BRANDA (PJ, Formosa)

INMUEBLES: 2 propiedades en Formosa y 2 en Buenos Aires (250.000).

VEHÍCULOS: Peugeot 95, Mercedes Benz de colección, Fiat Palio Weekend (37.000).

TÍTULOS: Acciones ordinarias: 161.103.

OTROS INGRESOS: Alquileres: 4800 anuales; venta de acciones: 130.000.

PATRIMONIO TOTAL: 448.103.

LEOPOLDO BRAVO

FECHA DE INGRESO A LA FUNCIÓN PÚBLICA: 1973.

FAMILIA: Casado con Ivelise Ilda Falcioni (abogada).

INMUEBLES: 3 en San Juan (60.000; 45.000), y 1 en Chile (40.000).

VEHÍCULOS: Renault 19 93 (11.000).

DEPÓSITOS: Caja ahorro: 500; otra: 100.

INGRESOS: Senador: 4356; jubilación: 4126.

FERNANDO VENANCIO CABANA

FECHA DE INGRESO A LA FUNCIÓN PÚBLICA: 09-12-92.

FAMILIA: Casado con Yosilda Manuela Lema Vázquez (ama de casa).

INMUEBLES: 2 propiedades en Salta (9964; 8500); 3 en Jujuy (10.906; 10.906; 2000) y 1 en Capital Federal (30.000).

VEHÍCULOS: Peugeot 406 99 (30.000); Chevrolet Blazer 99 (40.000); Ford Galaxy 94 (5000).

DEPÓSITOS: Plazo fijo: 140.000; otro: 140.000; caja de seguridad: 10.000.

INGRESOS MENSUALES: Senador: 4557.

ANTONIO FRANCISCO CAFIERO (PJ, Buenos Aires)

FECHA DE INGRESO A LA FUNCIÓN PÚBLICA: 10-12-92.

INMUEBLES: 1 en San Isidro (364.417); 4 en Capital Federal (84.242; 16.183; 16.184; 6880); 1 en Pinamar (28.973); 1 tiempo compartido Platinum N° 313 (21.000).

VEHÍCULOS: Renault Laguna 97 (22.500).

OTROS BIENES MUEBLES NO REGISTRADOS: Mobiliario, vajilla, artefactos, adornos, libros (50.000).

TÍTULOS Y ACCIONES: Pérez Companc 10.486 (53.688); C.M.A. Europa 5143 (6206); C.M.A. Emergente 262.594 (269.780); C.M.A. Argentina 383.594 (369.822); C.M.A. Renta fija 5.575.200 (160.565).

DINERO EN EFECTIVO: 4000; 159 dólares.

INGRESOS: Senador: 4923; acciones: 22.083; títulos públicos varios: 1317; C.M.A. renta fija: 7895; venta automóvil Peugeot 405 SR 95: 10.000.

EMILIO CANTARERO (PJ, Salta)

FECHA DE INGRESO A LA FUNCIÓN PÚBLICA: 10-12-95.

FAMILIA: Casado con María del Huerto Eletti (ama de casa).

INMUEBLES: Propiedades en Salta (1.970.000), en Córdoba (160.000), 1 departamento en Capital Federal (200.000).

VEHÍCULOS: Mazda 94 (15.000); BMW 94 (31.000); Renault 19 (13.000); Peugeot 406 (25.000); Mitsubishi Montero 99 (48.000).

DEPÓSITOS: 250.

TÍTULOS Y ACCIONES: 260.691.

DINERO EN EFECTIVO: 12.000 dólares.

INGRESOS: Senador: 4972; gastos reservados: 20.000 anuales; director de una empresa: 90.000 anuales.

INGRESOS MENSUALES: 14.138.

PATRIMONIO TOTAL: 2.734.941.

JOSÉ FERNANDO CARBONELL (PJ, Tucumán)

INMUEBLES: 11 fincas, casas, terrenos, cocheras y departamentos en Tucumán (423.349).

TÍTULOS: Participación en sociedades: 1.236.967.
OTROS INGRESOS: Alquileres: 16.888 anuales; abogado: 8000.
PATRIMONIO TOTAL: 1.660.316.

CARLOS VLADIMIRO CORACH (PJ, Capital Federal)
INMUEBLES: 3 propiedades en Del Viso, 7 en Capital Federal, 1 en Mar del
   Plata (760.000).
VEHÍCULOS: Renault Laguna RXE 96; Fiat Barchetta coupé 97; Toyota
   coupé 80 (46.500).
TÍTULOS: Acciones ordinarias: 195.789.
OTROS INGRESOS: Locación: 48.000 anuales.
PATRIMONIO TOTAL: 1.002.289.

REMO JOSÉ COSTANZO (PJ, Río Negro)
FECHA DE INGRESO A LA FUNCIÓN PÚBLICA: 10-12-89.
FAMILIA: Casado con Norma Fanny Gianny (ama de casa).
INMUEBLES: Propiedades en Río Negro (350.000); 1 casa en Viedma
   (110.000); 1 departamento en Capital Federal (59.000).
VEHÍCULOS: Peugeot 405 93 (14.000); Peugeot 106 98 (13.000); Peugeot
   406 99 (32.000).
DINERO EN EFECTIVO: 45.000.
PATRIMONIO TOTAL: 623.000.

CARLOS LEONARDO DE LA ROSA
FECHA DE INGRESO A LA FUNCIÓN PÚBLICA: 11-12-87.
FAMILIA: Casado con Mónica Adela Arroyo (juez de Cámara).
INMUEBLES: 2 propiedades en Capital Federal (110.000; 48.000).
VEHÍCULOS: Citroën XSara 99 (21.925).
DEPÓSITOS: Cuenta corriente: 1887.
DINERO EN EFECTIVO: 40.000.
INGRESOS MENSUALES: Senador: 5900.

PEDRO DEL PIERO (Frepaso, Capital Federal)
FECHA DE INGRESO A LA FUNCIÓN PÚBLICA: 10-12-97.
FAMILIA: Convive con Silvia Biondo (docente); tres hijos.
INMUEBLES: 1 casa en Capital Federal (160.000); varias propiedades en

Sierra de la Ventana (50.000); 2 departamentos en Capital Federal (26.896; 59.984).

VEHÍCULOS: Ford Orion 95 (13.900).

BIENES DEL HOGAR: 23.000.

DEPÓSITOS: 5944.

TÍTULOS Y ACCIONES: 9900.

DINERO EN EFECTIVO: 3000.

INGRESOS: Senador: 6000; abogado (en 1998): 40.000 anuales.

INGRESOS MENSUALES TOTALES: 9333.

PATRIMONIO TOTAL: 352.624.

ARTURO ROLANDO DI PIETRO (PJ, Santa Fe)

FECHA DE INGRESO A LA FUNCIÓN PÚBLICA: 21-12-95.

FAMILIA: Casado con Susana Beatriz Cassinelli.

INMUEBLES: 2 casas en Hughes, Santa Fe (40.000; 5000); 1 departamento en Rosario (45.000); 2 campos en Hughes (51.943; 98.350); 2 campos en Wheelwright, Santa Fe (15.271; 53.000); 1 departamento en Capital Federal (25.000).

VEHÍCULOS: Wolkswagen Passat 96 (18.000); Wolkswagen Saveiro 97 (7000); Tractor Jhon Deere 97 (8000).

OTROS BIENES MUEBLES NO REGISTRABLES: Animales vacunos (40.200); trigo en stock (7000).

DEPÓSITOS: Cuenta corriente: 4020; plazo fijo: 60.914.

DINERO EN EFECTIVO: 500.

OTROS INGRESOS: Actividad agropecuaria: 5000 anuales. (No declara su sueldo como senador.)

INGRESOS MENSUALES: 417, más su salario, que no declara.

PATRIMONIO TOTAL: 474.678.

EDGARDO J. GAGLIARDI

FECHA DE INGRESO A LA FUNCIÓN PÚBLICA: 10-12-83.

FAMILIA: Casado con Hilda Benítez (empleada); dos hijas.

INMUEBLES: 2 propiedades en Capital Federal (150.000; 10.000); 4 en Río Negro (220.000; 50.000; 60.000; 70.000).

VEHÍCULOS: Megane Scenic 98 (25.000); Twingo 98 (9000); R21 Break Renault 97 (14.000); Gomón Gallegari Caimand 90 (5000).

OTROS INGRESOS: Alquileres: 12.000 anuales.

INGRESOS MENSUALES: Senador: 3907; cónyuge: 1010; jubilación ordinaria provincia Río Negro: 3153.

RAÚL GALVÁN (UCR, La Rioja)

FAMILIA: Casado con Martha Antonia Brígido (jubilada docente).

INMUEBLES: 2 casas, 1 departamento y 1 terreno en La Rioja (311.211).

VEHÍCULOS: Peugeot 405 95 (14.000); Peugeot 306 96 (9000); Volkswagen 99 (22.000).

DEPÓSITOS: 55.933.

DINERO EN EFECTIVO: 7000.

INGRESOS MENSUALES: Senador: 7.826; jubilación: 3992.

PATRIMONIO TOTAL: 419.144.

JOSÉ MARÍA GARCÍA ARECHA (UCR, Capital Federal)

FAMILIA: Casado con Magdalena Ocampo; tres hijos.

INMUEBLES: 3 departamentos en Capital Federal (75.000; 300.000; 24.000); propiedades en un country y en Cañuelas (400.000).

VEHÍCULOS: Peugeot 406 98.

BIENES DEL HOGAR: 40.047.

DEPÓSITOS: 13.000.

DINERO EN EFECTIVO: 152.000.

INGRESOS: Senador: 9100; martillero público: 120.000 anuales.

INGRESOS MENSUALES: 19.100.

PATRIMONIO TOTAL: 1.004.047.

JOSÉ GENOUD (UCR, Mendoza)

INMUEBLES: 1 propiedad en Mendoza, 1 en San Luis y 1 en Capital Federal (254.129).

VEHÍCULOS: Subaru Rural 95; Peugeot 405 97; Ford F-100 99 (57.800).

TÍTULOS: Fondo Común de Inversiones: 88.914.

OTROS INGRESOS: Actividad agropecuaria: 12.371.

PATRIMONIO TOTAL: 400.843.

JOSÉ LUIS GIOJA

FECHA DE INGRESO A LA FUNCIÓN PÚBLICA: 10-12-95.

FAMILIA: Casado con Rosa Ángela Palacio (ama de casa), tres hijos.

INMUEBLES: 5 propiedades en San Juan (38.000; 55.000; 45.000; 60.000; 70.000); 1 en Capital Federal (35.000).

VEHÍCULOS: Mitsubishi Montero 98 (32.000); Ford Escort 99 (16.500); Peugeot 405 96 (13.000).

DEPÓSITOS: Cuenta corriente: 9348; caja de ahorro: 2644.

DINERO EN EFECTIVO: 1640.

INGRESOS: Senador: 4940; actividad agrícola: 16.000 anuales; alquiler de tierras: 15.000 anuales; gastos por traslados y combustible: 4200 mensuales.

LUIS AGUSTÍN LEÓN (UCR, Chaco)

FECHA DE INGRESO A LA FUNCIÓN PÚBLICA: 09-12-83.

FAMILIA: Casado con Marta Cristina Longombardo; un hijo menor a cargo.

INMUEBLES: 2 departamentos en Capital Federal (68.426; 29.920); 1 terreno en Buenos Aires (4738); 1 casa en Resistencia (60.971).

VEHÍCULOS: Peugeot 405 96 (16.000); Peugeot 505 89 (7000).

DEPÓSITOS: Cuenta corriente: 1287.

TÍTULOS Y ACCIONES: Bonos previsionales: 2.468.

DINERO EN EFECTIVO: 11.000.

INGRESOS MENSUALES: Jubilación: 4121. (No declara salario como senador.)

PATRIMONIO TOTAL: 200.524.

ALCÍDES HUMBERTO LÓPEZ

FECHA DE INGRESO A LA FUNCIÓN PÚBLICA: 10-12-91.

FAMILIA: Casado con Liliana Graciela Varea (escribana).

INMUEBLES: 3 propiedades en Entre Ríos (100.000; 70.000; 20.000); 1 en Capital Federal (90.000).

VEHÍCULOS: Renault Megane 99 (22.500); Volkswagen Golf 98 (19.000).

DEPÓSITOS: Caja de ahorro: 1175; otra: 2450; otra: 86; cuenta corriente: 340.

DINERO EN EFECTIVO: 8000.

INGRESOS: Dieta y gastos de representación: 5109; abogado: 5350 anuales.

MARIO ANÍBAL LOSADA (UCR, Misiones)

FAMILIA: Casado con Dora Mirta de Aquino.

INMUEBLES: 5 propiedades en Posadas (60.000; 70.000; 15.000; 15.000; 20.000); 1 en Capital Federal (120.000).
VEHÍCULOS: Mitsubishi 97 (15.000); Jeep Chrysler 98 (28.000).
DEPÓSITOS: Cuenta corriente: 1200; otra: 2000; caja de seguridad: 3000.
DINERO EN EFECTIVO: 10.000.
INGRESOS: Senador: 4300.
PATRIMONIO TOTAL: 359.000.

JORGE FEDERICO LOTH MIKKELSEN (PJ, Santiago del Estero)
INMUEBLES: 5 en Santiago del Estero (45.000).
VEHÍCULOS: Mercedes Benz ML 320 99 (60.000).
OTROS BIENES: Pinturas, objetos de arte, antigüedades (120.000).
DINERO EN EFECTIVO: 60.000 dólares.
PATRIMONIO TOTAL: 285.000.

ALBERTO RAMÓN MAGLIETTI (UCR, Formosa)
FAMILIA: Un hijo a cargo.
INMUEBLES: 4 propiedades en Formosa (150.000; 70.000; 235.000; 170.000).
VEHÍCULOS: Mercedes Benz (56.000).
DEPÓSITOS: Cuenta corriente: 9604; plazo fijo: 17.000.
TÍTULOS Y ACCIONES: Acciones Clase B: 3988; títulos: 600.000; otros: 250.000.
DINERO EN EFECTIVO: 82.000.
DEUDAS HIPOTECARIAS: Banco Caja de Ahorro: 9920.
OTROS INGRESOS: Inmobiliaria: 120.000; ganadería: 60.000; jubilación ordinaria: 4078; pastaje-campo: 24.000.
INGRESOS: Senador: 3725.

ENRIQUE JOSÉ MARIO MARTÍNEZ ALMUDEVAR
FECHA DE INGRESO A LA FUNCIÓN PÚBLICA: 08-04-92.
FAMILIA: Casado con Norma Lilia Elsa Sánchez (jubilada); un hijo.
INMUEBLES: 4 propiedades en La Pampa (49.770; 35.595; 378.243; 10.538); 3 en Capital Federal (38.305; 4962).
VEHÍCULOS: Renault Laguna 97 (19.000); Peugeot 405 96 (14.000); Toyota Hilux 98 (22.000).

DEPÓSITOS: Cuenta corriente: 1000; caja de ahorro: 9.

DINERO EN EFECTIVO: 8000.

INGRESOS: Senador: 6015; arrendamiento: 75.000 anuales; jubilación docente: 470.

HORACIO MASSACCESI (UCR, Río Negro)

INMUEBLES: 3 lotes en Villa Regina, Río Negro (401.000).

VEHÍCULOS: Renault 19 96 (8378).

PATRIMONIO TOTAL: 409.378.

JORGE JOSÉ MASSAT

FECHA DE INGRESO A LA FUNCIÓN PÚBLICA: 09-12-92.

FAMILIA: Casado con Liz Aurelia Fiant (comerciante); una hija.

INMUEBLES: 7 propiedades en Santa Fe (80.000; 23.132; 34.585; 31.500; 29.580; 41.715; 15.000).

VEHÍCULOS: Peugeot 406 SV 2.0 99 (31.029); Gol Gli 97 (13.000); entrega auto Peugeot 406 SV 97 (19.000); crédito prendario Citibank por 11.500 dólares.

DEPÓSITOS: Caja de ahorros: 118 dólares.

TÍTULOS Y ACCIONES NO COTIZABLES EN BOLSA: Euroamericana S.R.L. Participación 51 por ciento (236.113).

OTROS INGRESOS: Venta de propiedades: 38.800 dólares; crédito hipotecario: 63.000 dólares.

DINERO EN EFECTIVO: 23.445 dólares.

INGRESOS: Senador: 4548; reintegros mensuales (pasajes-combustible): 2400.

HÉCTOR MARÍA MAYA (PJ, Entre Ríos)

INMUEBLES: 5 propiedades en Entre Ríos; 1 en Capital Federal (200.000).

VEHÍCULOS: Peugeot 505 SR 91, Peugeot 605 SV3 96 (41.000).

DEPÓSITOS: Caja de ahorro: 12.700; plazo fijo: 614.198.

OTROS INGRESOS: Abogado: 67.400 anuales; jubilación: 4078. (Maya aclaró que dona su dieta desde 1995.)

PATRIMONIO TOTAL: 867.898.

JUAN IGNACIO MELGAREJO

FECHA DE INGRESO A LA FUNCIÓN PÚBLICA: 10-12-95.

FAMILIA: Casado con Iris Ana Guirado (docente jubilada).

INMUEBLES: 1 propiedad en Santa Cruz (120.000); 4 en Río Gallegos (5000; 5000; 3000; 10.000); 1 en Capital Federal (65.000).

VEHÍCULOS: Peugeot 405 96 (10.000); Toyota Carina 80 (2000).

DEPÓSITOS: Caja ahorro: 169; otra: 7589; cuenta corriente: 348.

DINERO EN EFECTIVO: 100.000.

INGRESOS: Senador: 4500; gastos pasajes y combustible: 4200 mensuales; librería: 200.000 anuales; jubilación cónyuge: 1900.

JAVIER REYNALDO MENEGHINI

FECHA DE INGRESO A LA FUNCIÓN PÚBLICA: 14-02-96.

FAMILIA: Casado con María Isabel Zavalía (docente); siete hijos.

INMUEBLES: 3 propiedades en Santiago del Estero (29.028; 43.491; 10.806); 1 en Capital Federal (77.317).

VEHÍCULOS: Alfa Romeo 98 (23.700); Peugeot 206 99 (18.000).

OTROS BIENES MUEBLES NO REGISTRABLES: Estudio y vivienda familiar, 21.600.

DINERO EN EFECTIVO: 45.000.

INGRESOS: Senador: 4762.

EDUARDO MENEM (PJ, La Rioja)

INMUEBLES: 10 propiedades en La Rioja (387.306) y 1 casa en Núñez (464.438).

VEHÍCULOS: Renault Laguna 97 (22.000).

TÍTULOS O ACCIONES: 350.000 en un fondo común de inversión.

DINERO EN EFECTIVO Y SALDOS DE CUENTA: 206.498.

OTROS INGRESOS: Alquileres: 150.600 anuales.

PATRIMONIO TOTAL: 1.430.242.

LUIS ARTURO RAMÓN MOLINARI ROMERO

FECHA DE INGRESO A LA FUNCIÓN PÚBLICA: 10-12-98.

FAMILIA: Casado con Liliana Nélida Bosio (funcionaria); cuatro hijos.

INMUEBLES: 4 propiedades en Córdoba (166.000; 2052; 38.950; 9012); 1 en Capital Federal (93.000).

VEHÍCULOS: Renault 21 97 (16.000); Renault Megane 98 (17.000); Peugeot 306 98 (19.000).

DINERO EN EFECTIVO: 25.000.

INGRESOS: Senador: 4790; locación: 4200 anuales.

LEOPOLDO RAÚL GUIDO MOREAU (UCR, Buenos Aires)

FECHA DE INGRESO A LA FUNCIÓN PÚBLICA: 10-12-83.

FAMILIA: Casado con María del Carmen Banzas (diputada); cinco hijos.

INMUEBLES: 1 casa en San Isidro (407.000); 1 casa en Punta del Este (153.000).

VEHÍCULOS: Peugeot 406 98 (30.000).

BIENES DEL HOGAR: 15.000.

INGRESOS: Senador: 4541; UCR: 2000.

PATRIMONIO TOTAL: 605.000.

RAMÓN BAUTISTA ORTEGA (PJ, Tucumán)

INMUEBLES: 5 propiedades en Capital Federal (1.400.000); 1 en Estados Unidos (237.286).

DEPÓSITOS: Cuenta corriente: 56.490; plazo fijo: 971.449 dólares; cuenta corriente: 173.634 dólares.

TÍTULOS O ACCIONES: 714.675.

OTROS INGRESOS: Chango Producciones: 29.035; derechos de autor: 94.094 anuales.

DINERO EN EFECTIVO: 9200.

PATRIMONIO TOTAL: 3.685.864.

ERNESTO RENÉ OUDÍN (PJ)

INMUEBLES: 22 propiedades en Misiones (470.000); 3 en Capital Federal (151.000).

VEHÍCULOS: Volkswagen Passat 96; Renault 21 95; Peugeot 206 99; Peugeot 206 99 (70.000).

OTROS BIENES: Muebles y utensilios del hogar (50.000).

DEPÓSITOS: Plazo fijo: 236.503 dólares; cuenta corriente: 7740.

TÍTULOS O ACCIONES: Documentos a cobrar: 83.360.

OTROS INGRESOS: Locación de inmuebles: 68.870.

DINERO EN EFECTIVO: 200.000 dólares.

PATRIMONIO TOTAL: 1.337.473.

Ángel Francisco Pardo (PJ, Corrientes)

INMUEBLES: 3 propiedades en Corrientes, 1 en Capital Federal, 1 en Maldonado, Uruguay (360.000).

VEHÍCULOS: Grand Cheroke Rural 97; Ford K 99; Quin Silver (Motor Mercuri Pescadora) (44.000).

OTROS INGRESOS: Abogado: 60.000 anuales; jubilación: 6210.

PATRIMONIO TOTAL: 404.000.

Mario Luis Pontaquarto

FECHA DE INGRESO A LA FUNCIÓN PÚBLICA: 31-12-83.

FAMILIA: Casado con Silvana Costalonga; tres hijos.

INMUEBLES: 1 casa en Buenos Aires (180.000).

VEHÍCULOS: Peugeot 406 98 (23.000); Renault Clio 98 (7500); Caballo de carrera (3500).

DEPÓSITOS: Caja ahorro: 15.000.

INGRESOS MENSUALES: Secretario parlamentario: 9000.

Ruggero Preto (Movimiento Popular Fueguino, Tierra del Fuego)

FECHA DE INGRESO A LA FUNCIÓN PÚBLICA: 10-12-95.

FAMILIA: Casado con María Ana Rosales (ama de casa); dos hijos.

INMUEBLES: 1 propiedad en Ushuaia, Tierra del Fuego (230.000), y 1 en Capital Federal (200.000).

VEHÍCULOS: Korando 4x4 (18.000); Peugeot 406 (25.000); Peugeot 306 (23.000):

INGRESOS: Senador: 9775; socio gerente de una empresa: 180.000 anuales; alquileres: 25.245.

PATRIMONIO TOTAL: 496.000.

Tomás Rubén Pruyas (PJ, Corrientes)

INMUEBLES: 1 propiedad en Capital Federal (130.000); 6 en Corrientes (135.000; 25.000; 36.000; 10.000; 5.000; 10.000).

VEHÍCULOS: Isuzu (45.000); Peugeot 405 (30.000).

DEPÓSITOS: Caja de ahorro: 6323; otra: 15.679 dólares; plazo fijo: 40.000; cuenta corriente: 17.060.

ACCIONES ORDINARIAS: 93.575; efectivo: 5000.

PATRIMONIO TOTAL: 565.000.

BEATRIZ IRMA RAIJER (PJ, Córdoba)

FECHA DE INGRESO A LA FUNCIÓN PÚBLICA: 14-07-99.

INMUEBLES: 1 departamento en Córdoba (85.000), y 1 terreno en Carlos Paz (17.000).

VEHÍCULOS: Volkswagen-Polo Clasic 99 (19.000):

OTROS BIENES: Cuadros de Caraffa (6200) y Malanca (5700).

INGRESOS TOTALES MENSUALES: 8800.

PATRIMONIO TOTAL: 132.900.

MANUEL AUGUSTO RODRÍGUEZ

FECHA DE INGRESO A LA FUNCIÓN PÚBLICA: 22-12-99.

FAMILIA: Casado con María del Carmen García; tres hijos.

INMUEBLES: 4 propiedades en Formosa (120.000; 135.000; 300.000; 260.000), 1 en Capital Federal (35.000).

VEHÍCULOS: Chevrolet Silverado 98 (30.000).

OTROS BIENES MUEBLES NO REGISTRABLES: Hacienda vacuna, 676.000; maquinarias y equipos, 243.500.

INGRESOS: Ganadero-comerciante: 172.500 anuales; jubilación ley provincial: 3007 mensuales.

MARCELO JUAN ROMERO (Movimiento Popular Fueguino)

INMUEBLES: 3 propiedades en Tierra del Fuego (220.000).

VEHÍCULOS: Hyundai Accent GS 1998 (8000).

DEPÓSITOS: Cajas de ahorro: 2400; otra: 2000 dólares.

OTROS INGRESOS: Alquiler de inmueble: 19.200 anuales.

PATRIMONIO TOTAL: 251.600.

JOSÉ ANTONIO ROMERO FERIS

FAMILIA: Casado con María Isabel Josefa Brisco (ama de casa).

INMUEBLES: Capital Federal (335.000).

VEHÍCULOS: Peugeot SR Sc 405 93 (13.500); Ford Galaxy 2.0 L 93 (8200); Renault 21 RTI 95 (13.500); Ford Explorer 92 (20.400).

DEPÓSITOS: Cuenta corriente: 2195; cuenta corriente: 1881.

DINERO EN EFECTIVO: 15.000.

INGRESOS: Senador: 7337.

Néstor Daniel Rostán (UCR)

INMUEBLES: 1 propiedad en La Pampa (67.750) y 4 en Buenos Aires (181.500).

VEHÍCULOS: Flota de camiones y acoplados: 266.000; vehículos y camionetas: 47.000.

OTROS BIENES: Cabezas de ganado; 209.950; instalación de ordeñe y fábrica de lácteos: 390.000.

TÍTULOS: Acciones ordinarias: 838.680.

OTROS INGRESOS: Actividades independientes: 83.000.

PATRIMONIO TOTAL: 2.083.880.

José María Sáez (UCR, Chubut)

FECHA DE INGRESO A LA FUNCIÓN PÚBLICA: 10-12-95.

INMUEBLES: Capital Federal (15.000); Puerto Madryn (162.000).

VEHÍCULOS: Alfa Romeo (15.000); Pick Up Toyota (33.000); Renault Clio (16.300); Ford Focus (25.600); Ford Escort Ghia (23.500).

DINERO EN EFECTIVO: 7500 acciones nominativas: 1.175.705.

INGRESOS MENSUALES: 132.000.

PATRIMONIO TOTAL: 290.000.

Hugo Abel Sager (PJ, Chaco)

FECHA DE INGRESO A LA FUNCIÓN PÚBLICA: 10-12-93.

FAMILIA: Casado con Marcela Tourn; dos hijos.

INMUEBLES: Propiedades en Puerto Tirol, Chaco (60.000).

VEHÍCULOS: Fiat Duna (10.020); Renault R 19 (10.000).

INGRESOS MENSUALES: 9000.

PATRIMONIO TOTAL: 80.020.

Osvaldo Rubén Sala (PJ, Chubut)

INMUEBLES: 1 en Capital Federal, 3 en Puerto Madryn (Chubut), 2 en Tres Arroyos, Buenos Aires (450.000).

VEHÍCULOS: Peugeot 405 96 (11.000).

OTROS INGRESOS: Artesanías (pinturas) 25.000; locaciones: 15.600.

PATRIMONIO TOTAL: 461.000.

HUMBERTO ELÍAS SALUM (UCR, Jujuy)

FECHA DE INGRESO A LA FUNCIÓN PÚBLICA: 10-12-95.

FAMILIA: Casado con María Celia del Carmen Arostegui; dos hijos.

INMUEBLES: 11 en S.S. de Jujuy (2108; 11.065; 18.000; 219; 7380; 24.793; 6520; 171.045; 8133; 69.159; 79.940).

VEHÍCULOS: Rover 416 S1 EO5 97 (19.000); Land Rover CN6 542 99 (40.000).

DEPÓSITOS: Caja de ahorro: 5477 dólares; otra: 3906; cuenta corriente: 5.416.

ACCIONES ORDINARIAS: 118.001; cuota parte: 54.317.

DINERO EN EFECTIVO: 400.

INGRESOS: Senador: 4283; alquileres: 37.200 anuales; jubilación: 1795; dividendo de sociedad anónima: 5500.

INGRESOS TOTALES MENSUALES: 14.678.

PATRIMONIO TOTAL: 644.881.

JULIO ARGENTINO SAN MILLÁN (PJ, Salta)

FECHA DE INGRESO A LA FUNCIÓN PÚBLICA: 10-12-92.

FAMILIA: Casado con Patricia Méndez Patrón; seis hijos.

INMUEBLES: 4 en Salta (184.885; 30.000; 20.000); 1 en Capital Federal (59.500).

VEHÍCULOS: Pick Up Isuzu (22.000); Weekend Fiat Duna (8000).

DINERO EN EFECTIVO: 9000.

INGRESOS MENSUALES TOTALES: 8714.

PATRIMONIO TOTAL: 334.000.

FELIPE RODOLFO SAPAG (Movimiento Popular Neuquino)

INMUEBLES: 1 en Capital Federal, 1 en Neuquén (36.850).

VEHÍCULOS: Jeep Cherokee 95; Jeep Isuzu 99 (52.400).

TÍTULOS: Acciones ordinarias: 13.000.

OTROS INGRESOS: 89.250 anuales.

PATRIMONIO TOTAL: 102.250.

SILVIA ESTELA SAPAG (Movimiento Popular Neuquino)

FECHA DE INGRESO A LA FUNCIÓN PÚBLICA: 11-98.

FAMILIA: Un hijo a cargo.

INMUEBLES: 6 departamentos, 1 local, 1 terreno y 1 campo en Neuquén (120.000; 120.000; 120.000; 60.000; 120.000; 60.000; 18.000; 45.000; 72.000); 2 terrenos en Río Negro (38.000; 18.000); 1 departamento en Capital Federal (160.000).

VEHÍCULOS: Fiat Palio 97 (21.000).

ALHAJAS VARIAS: 28.000.

DEPÓSITOS: Caja de ahorro: 10.000.

DINERO EN EFECTIVO: 15.000.

INGRESOS: Senadora: 8994; alquileres: 60.000 anuales.

INGRESOS TOTALES MENSUALES: 13.994.

PATRIMONIO TOTAL: 865.000.

ALBERTO MÁXIMO TELL (PJ, Jujuy)

FECHA DE INGRESO A LA FUNCIÓN PÚBLICA: 07-02-96.

FAMILIA: Casado con Eugenia Alicia Scaro; tres hijos.

INMUEBLES: 9 en Jujuy (8901; 4750; 29.854; 104.906; 50.815; 34.427; 24.107; 3784; 505).

VEHÍCULOS: Chevrolet Blazer Tahoe (31.300); Volkswagen Golf GLX (16.000).

DEPÓSITOS: 35.000.

ACCIONES Y TÍTULOS: Clase C: 39.571; otros: 9720.

DINERO EN EFECTIVO: 64.000.

INGRESOS MENSUALES TOTALES: 8824.

ROBERTO ULLOA (Acción Renovadora, Salta)

FECHA DE INGRESO A LA FUNCIÓN PÚBLICA: 07-96.

FAMILIA: Casado con Gloria de la Serna (ama de casa).

INMUEBLES: 1 departamento en Capital Federal (90.587); 1 oficina en Salta (35.000); otras propiedades en Buenos Aires (401.141); 1 propiedad en Salta (77.169).

VEHÍCULOS: Renault 19 96 (13.000); Isuzu 99 (20.000); Fiat Spazio (5000); Pick Up Ford F-100 (2000).

OTROS BIENES: Máquinas, hacienda vacuna y existencia sin vender de cosechas: 472.619.

DEPÓSITOS: 7200.

DINERO EN EFECTIVO: 20.000.

INGRESOS: Senador: 3264; jubilación: 3944; retiro desde 1973: 60.000 anuales.
INGRESOS MENSUALES: 14.181.
PATRIMONIO TOTAL: 1.143.716.

HORACIO USANDIZAGA (UCR, Santa Fe)

FAMILIA: Casado con María Cristina Castells; un hijo.
VEHÍCULOS: Honda Accord (20.000); Honda Civic (13.000).
INGRESOS MENSUALES: 4660.

OMAR MUHAMAD VAQUIR (PJ, Santiago del Estero)

FECHA DE INGRESO A LA FUNCIÓN PÚBLICA: 19-07-73.
FAMILIA: Casado con Hilda Marta Dolores Fernández Ventura (licenciada en Ciencias Políticas).
INMUEBLES: 3 departamentos en Capital Federal (300.000; 80.000; 40.000); 2 propiedades en Luján (150.000; 40.000).
VEHÍCULOS: Peugeot 505 94 (11.300); Peugeot 406 98 (32.600).
DEPÓSITOS: Cuenta corriente: 30.000.
TÍTULOS O ACCIONES: Bonos de bancos extranjeros: 178.986; acciones ordinarias: 204.884.
DINERO EN EFECTIVO: 357.500.
INGRESOS: Senador: 8869; médico urólogo: 68.000 anuales; cónyuge: 210.000 anuales.
INGRESOS MENSUALES: 32.035.
PATRIMONIO TOTAL: 1.425.270.

DANIEL ALBERTO VARIZAT (PJ, Santa Cruz)

FECHA DE INGRESO A LA FUNCIÓN PÚBLICA: 10-12-87.
FAMILIA: Casado con Silvia Beatriz Molina; dos hijos.
VEHÍCULOS: Chevrolet Blazer 93 (17.000); Fiat Duna 93 (5000).
DEPÓSITOS: Cuenta corriente: 45.000.
INGRESOS: Senador: 6000.

CARLOS ALBERTO VERNA (PJ, La Pampa)

FECHA DE INGRESO A LA FUNCIÓN PÚBLICA: 10-12-83.
FAMILIA: Casado con Rosa del Carmen Vicente (ama de casa); una hija a cargo.

INMUEBLES: La Pampa (160.281); departamentos en Capital Federal (195.609).

VEHÍCULOS: Fiat Uno 94 (10.000); Renault Clio 98 (12.000); Renault Megane 98 (23.800).

DINERO EN EFECTIVO: 82.000.

INGRESOS: Senador: 7956; alquiler rural: 4600 anuales.

INGRESOS MENSUALES: 8339.

PATRIMONIO TOTAL: 483.690.

PEDRO GUILLERMO VILLARROEL (Frente Cívico, Catamarca)

FECHA DE INGRESO A LA FUNCIÓN PÚBLICA: 19-05-93.

FAMILIA: Casado con María Zaida.

INMUEBLES: 1 en Buenos Aires (65.000); 3 en Catamarca (31.265; 27.748; 8227).

VEHÍCULOS: Peugeot 306 (11.300).

DEPÓSITOS: Plazos fijos: 51.519; 16.557; 24.340; 68.929 dólares.

DINERO EN EFECTIVO: 2900.

INGRESOS MENSUALES: 4303.

JORGE ANTONIO VILLAVERDE (PJ, Buenos Aires)

FECHA DE INGRESO A LA FUNCIÓN PÚBLICA: 11-12-95.

FAMILIA: Casado con Adriana Marucco.

INMUEBLES: 1 en Capital Federal (70.000); 7 en Buenos Aires (29.884; 5200; 8900; 31.233; 10.259; 45.000; 90.000).

VEHÍCULOS: Peugeot 306 XR (15.000); Ford Mondeo (24.000).

DEPÓSITOS: Cuenta corriente: 937; otra: 896; plazos fijos: 56.205.

DINERO EN EFECTIVO: 10.000.

INGRESOS MENSUALES: 9600.

PATRIMONIO TOTAL: 326.000.

JORGE RAÚL YOMA (PJ, La Rioja)

FECHA DE INGRESO A LA FUNCIÓN PÚBLICA: 07-89.

FAMILIA: Casado con Mónica Mariel Perafán; tres hijos.

INMUEBLES: 2 departamentos en Capital Federal (250.000; 21.000); 1 departamento en La Rioja (48.000), 1 casa en La Rioja (45.000); otras propiedades en La Rioja (180.000; 21.000).

VEHÍCULOS: Jeep Grand Cherokee 99 (30.000); Audi (20.000).

DEPÓSITOS: 1048.

DINERO EN EFECTIVO: 5000.

INGRESOS: Senador: 10.180; abogado: 40.000 anuales; alquileres: 18.000 anuales.

INGRESOS MENSUALES: 15.013.

PATRIMONIO TOTAL: 621.000.

HORACIO ANÍBAL ZALAZAR (PJ, Chaco)

FECHA DE INGRESO A LA FUNCIÓN PÚBLICA: 10-12-95.

FAMILIA: Casado con Teresa Claudia Genari.

INMUEBLES: 6 en Chaco (116.238; 32.820; 32.779; 29.978; 22.552; 15.493); 1 en Paso de la Patria, Corrientes (3336), 1 en Córdoba (13.124); 1 en Capital Federal (40.000).

VEHÍCULOS: Renault Clio 97 (11.500); Honda Accord 92 (15.000); Renault 19 94 (10.200); Peugeot 405 96 (19.000).

DEPÓSITOS: Cajas de ahorro: 1695; cuenta corriente: 404; plazo fijo: 194.075; otro: 126.151.

INGRESOS: Senador: 8708; alquileres: 20.000 anuales.

ÍNDICE ONOMÁSTICO

Justo, Agustín Pedro: 138.
Kiernan, Sergio: 74.
Kiguel, familia: 63.
Kiguel, Marcelo: 63.
Kooy, Eduardo van der: 85, 90, 91, 120.
Kulish, Manuel: 64.
Kusnetzoff, Andy: 246.
Lacroze de Fortabat, Amalita: 66.
Lafontaine, Oskar: 244.
Lagos Escobar, Ricardo: 170.
Laje, Antonio: 74.
Lanusse, Alejandro Agustín: 137, 138.
Lanusse, Ezequiel: 211.
La Porta, Norberto: 241.
Latorre, Nelson (El Pelado Diego): 155, 158.
Lavín, Joaquín: 171.
León, Luis: 49, 50.
Levene, Ricardo: 137.
Levingston, Roberto Marcelo: 138.
Levit, Sergio: 207.
Liporaci, Carlos: 16, 109, 229.
Literas, Gustavo: 199.
Llach, Juan: 101, 190.
Lombardi, Hernán: 195.
Lombardo, Héctor: 79.
Lopérfido, Darío: 75-77, 84, 135, 205.
López, Artemio: 214.
López Murphy, Ricardo: 65, 66, 215, 224, 231-234, 247, 252.
Losada, Mario: 244.
Luder, Ítalo Argentino: 141.
Lula: véase Da Silva, Luiz.
Luque, Guillermo: 25, 26.
Maccarone, Roque: 67.
Machinea, José Luis: 53, 63, 71, 80, 83, 145, 167-169, 171-176, 178, 180, 200, 215, 219, 224, 231, 232, 247, 252.
Majul, Luis: 147.

Makón, Marcos: 245.
Mansilla, César: 66.
Manzano, José Luis: 23, 209.
Maquiavelo, Nicolás: 24, 132, 221.
Maradona, Diego Armando: 78.
Marciano, el: 155.
Martínez, Enrique: 241.
Martínez, Víctor: 131.
Martínez de Hoz, José Alfredo: 33, 63.
Martínez de Perón, María Estela (Isabel): 99, 140, 160.
Marutian, Sergio Andrés: 116.
Massat, Jorge (Juncadella): 58, 117, 245.
Massera, Emilio Eduardo: 226.
Massoni, José: 199.
Maya, Héctor: 51.
Maza, Ángel: 111.
Mazzón, Juan Carlos: 132
Melgarejo, Juan: 116, 244.
Meneghini, Javier: 49.
Menem, Carlos Saúl: 16, 28, 29, 34, 35, 48, 60, 62, 87, 89, 99-101, 107, 116, 122, 147, 148, 161, 168, 172-175, 185, 187, 191, 192, 208, 223, 237, 243, 246, 248, 252.
Menem, Eduardo: 53, 91, 112, 219.
Menem, Zulema María Eva (Zulemita): 91.
Menéndez, Luciano Benjamín: 234.
Menéndez, Matilde: 109, 155.
Mera Figueroa, Julio: 138.
Mercado, Tununa: 138.
Mitre, Ricardo (El Turco): 31, 34, 41, 48-50, 76, 77, 93, 97, 149, 166, 181, 182, 203, 217.
Mitterrand, François: 72.
Molinari Romero, Luis: 114.
Morales, María Soledad: 25, 108.
Morales Solá, Joaquín: 68, 90, 91, 103, 120.

GRACIAS

Rita, mi mujer, alentó, creyó y soportó (sobre todo soportó) más allá de lo tolerable para cualquier ser humano. Mis hijos, Iván y Bárbara, observaron divertidos el basurero atómico en que se había convertido el escritorio mientras yo, encerrado en casa, disfrutaba del placer inmenso de verlos crecer entre la mañana y la noche. Por suerte, para ellos y para mí, ya entienden lo que significa un padre apasionado con su oficio. Fernando Sokolowicz, Jorge Prim y Hugo Soriani, de *Página/12*, ni se imaginan cómo ayudó a este libro el ejercicio común de trabajar tantos años con un margen increíble de libertad y audacia. Ernesto Tiffenberg escuchó, bancó y esperó. Me alegra confirmarlo de la misma manera en que todos los días, durante unas cuantas horas, compruebo que nos une una idea: los dos haríamos como un privilegio lo que desarollamos como un trabajo. Mario Wainfeld y Sergio Moreno en el diario y Jorge Sigal y Pablo Mendelevich afuera son amigos e interlocutores de lujo para desplegar esta enfermedad incurable del periodismo político. Los jefes y redactores de *Página*, también. Gracias por haber podido ensayar con ellos —fue involuntario, lo juro— unas cuantas mañas de edición que terminé aplicando conmigo mismo. Funcionarios y políticos de primer nivel, ministros, secretarios de Estado, embajadores, senadores y diputados aceptaron conversar francamente sólo a cambio de que se respetaran las reglas profesionales pactadas. No todo está perdido en la política. No todo está perdido en el periodismo. Miguel Rodríguez Arias y Angel Berlanga consiguieron ágilmente materiales de televisión que resultaron esenciales para reconstruir el clima de la crisis. Carlos De Andrés fue un prolijo rastreador de archivos. Ernesto Semán se comportó como un generoso compañero de ping-pong intelectual. Luis Majul no anduvo con vueltas. Juan Forn aconsejó bien. Florencia Verlatsky leyó los originales al editarlos con tanto rigor como velocidad, cuando eran necesarios ambos. Reencontré a Paula Pérez Alonso, la editora de esta colección. Veo que sigue igual de sincera, pero más sabia. Dos personas leyeron los originales antes que la editorial. Una de ellas fue mi viejo, Súlim Granovsky. Me gustó descubrir que tiene el olfato político y periodístico intacto. A la otra persona no puedo nombrarla. Basta decir que confió en mi locura de escribir un libro en caliente más que yo mismo, y que supo transmitir su convicción. Ahora espero su novela. Hay dos anónimos más que aportaron datos y análisis como lo hacían todos los días con nuestro amigo. Perdón, pero ellos saben. El mate, Adriana Varela, los Beatles, Duke Ellington y Jordi Savall pusieron lo suyo. Gracias también.

Impreso en Verlap S.A.,
Comandante Spurr 653, Avellaneda,
Provincia de Buenos Aires,
en el mes de diciembre de 2000.